史楠 编著

数字化组织打造

2.0

钉钉用户必备工具书

中国出版集团
研究出版社

图书在版编目（CIP）数据

数字化组织打造 2.0 /史楠编著. —北京:研究出版
社，2024.3
ISBN 978-7-5199-1634-3

Ⅰ.①数... Ⅱ.①史... Ⅲ.①企业管理-数字化-研
究 Ⅳ.①F272.7

中国国家版本馆 CIP 数据核字(2024)第 011884 号

出 品 人：陈建军
出版统筹：丁　波
责任编辑：安玉霞

数字化组织打造 2.0

SHUZIHUA ZUZHI DAZAO 2.0

史楠　编著

研究出版社 出版发行

（100006　北京市东城区灯市口大街 100 号华腾商务楼）

四川福润印务有限责任公司 新华书店经销

2024 年 3 月第 1 版　2024 年 3 月第 1 次印刷

开本：710 毫米×1000 毫米　1/16　印张：17.5

字数：260 千字

ISBN 978-7-5199-1634-3　定价：98.00 元

电话（010）64217619 64217652（发行部）

《数字化组织打造2.0》编写人员

主　编　史　楠

副主编　杨　丹

编委会成员（排名不分先后）

黄辉权　　安　伟　　赵　洋　　荆　超

陈晓萌　　汪丽玉　　胡倩倩

总策划　黄亚一

智能时代，成为『超级组织』

钉钉总裁·叶军

当下，人工智能正在重新定义人类组织生产、创新创业的方式。

AIGC 敲击着鼓点，创业者信步进场，仿佛一夜间就冒出一批"大家伙"。

风靡世界的 ChatGPT 母公司 OpenAI，估值近千亿美金，员工不到 800 人。

Midjourney，年营收上亿美金的硅谷独角兽，也只有几十名员工。"像我们这样的创业公司，几年后将遍地都是"， Midjourney 的老板 David Holz 预言。

当人们还在震惊于 OpenAI 和 Midjourney 的超高人效比，Pika 出现了——这家包括老板在内只有 4 名正式员工的 AI 视频公司，成立只有半年，就拿到了 5500 万美金融资，估值超 2 亿美金。

这些横空出世的公司还有一个共同特征：超级精悍、快速迭代的组织。我们把这样的组织叫做"超级组织"。它们正是数字化组织的最高形态。

某种意义上，钉钉也是这样一个组织，我们长期保持克制的规模打造最小闭环的"涌现型组织"，我们服务的企业组织在三年内从 1500 万增至 2500 万，用户规模也从 3 亿增至今天的 7 亿。这 2500 多家万企业组织，在数字技术的链接、协同、驱动下，实现了组织的数字化。

2020 年以来，我国数字经济保持两位数高速增长，数字经济规模在 2022 年迈过 50 万亿人民币大关。数字经济与实体经济深度融合，成为助力经济社会高质量发展的有力推手。以通用人工智能为代表的新技术、新应用推动了实体经济转型升级，同时也实现了数字产业的蓬勃发展。

钉钉和钉钉服务的上千万企业组织，正是这一进程的参与者。

记得中欧商学院杨国强教授有一个流传甚广的"杨三角"理论，即"企业成功=战略×组织能力"，大意是说在战略正确的前提下，组织能力决定了一家企业的上限。工业时代，在劳动生产率保持不变的情况下，公司提高营收的方法，只能是扩大组织的规模。并且，随着人员的扩张，大企业病将不可避免地出现，"规模不经济"又将削弱组织整体效能。而今天，硅谷这些明星公司的涌现，刷新了我们对组织的认识——公司的效能取决于组织的能量，而不仅仅是人员的数量。

2024年1月，钉钉推出了AI超级助理，目前已有70多万家企业组织和钉钉共创AI，在钉钉超级助理帮助下，大型企业可以破解"规模不经济"难题，小型企业得到专业级能力支持实现跨越式发展。接下来，钉钉还将上线AI Agent Store，我们将把它打造成国内最活跃的AI Agent孵化、分发和交易平台。让AI普惠更多组织，让企业迸发更高活力。

我们相信，在这一波AIGC为代表的数字技术帮助下，个体创造力和组织效能将被提升到一个新的高度——过去网络效应几何级放大了组织能力，而未来人工智能则可以为一家公司带来指数级增长机会。

AIGC引领的人工智能时代，一个人就可以成为一支队伍。

超级组织，也将成为AI时代公司发展的必然方向。而本书所描绘和揭示的内容，正是一家公司从数字化组织迈向智能化超级组织的必修课。

数字化赋能千行百业

饿了么总裁·方永新

　　钉钉的初衷是解决组织沟通协同中的问题，目前已有 7 亿用户和超过 2500 万个企业组织，千行百业在钉钉上生根发芽。以教育行业为例，为了更好地服务教育用户，钉钉瞄准学校的数字化管理需求，从 2018 年 6 月开始寻找学校共同研发教育产品，也陆续拜访了全国多级教育行政主管部门了解需求。2019 年 3 月，钉钉发布了"未来校园"解决方案，推出专门针对教育行业的家校功能，为教育行政主管部门、大学、中小学等不同的教育领域提供了较为完善的产品服务与解决方案，包括备课排课、网课直播、在线考试、在线家长会等功能，最大化地还原了线下课堂的能力。

　　钉钉提供了平台化的能力，通过底层的数字化技术（如物联网、人工智能、云计算、大数据等）来实现普惠教育。钉钉平台具有开放、普惠等特点，教育领域各个细分专业的合作伙伴都可接入进来，共同促进教育行业数字化的发展。在教育行业的案例里，钉钉的优势可总结为一句话：践行"公益的心态、商业的手法，技术的力量"模式，通过数字化组织建设和技术为教育客户带去价值。

　　我的经历使我深刻理解了数字化转型的重要性及其挑战。在钉钉，我们面对的是如何利用数字技术改变传统教育模式、提高教学和学习的效率。而在饿了么，我们的任务是将数字化深度融入本地生活服务，提升用户体验和运营效率。我深信无论是教育、本地生活服务，还是企业，数字化都是提升效能、增强竞争力的关键。

对企业而言，有没有未来不能仅靠一个人，要靠整个团队，要激发全体员工的创造创新力去为企业创造价值。只有全员都完成在线化，组织氛围才能全面提升。而实现"一切业务数据化，一切数据业务化"的目标，则需要企业将管理运营应用打通在同一个平台上，否则各个业务之间互为孤岛，就无法实现真正的数字化。

《数字化组织打造2.0》不仅是一本关于如何使用钉钉的书，它更是一本关于如何在数字时代领导和管理组织的实践指南。这本书深入浅出地介绍了数字化转型的方法和工具，特别是钉钉在内的一系列创新技术如何被有效地应用于组织管理和运营中。

这本书不仅仅是一本指导手册，更像一座桥梁，连接过去和未来，连接技术和商业，连接理论和实践。在饿了么，我正在应用我在钉钉时期积累的经验和知识，帮助商家实现更高效、更智能的运营。我相信，《数字化组织打造2.0》能为更多组织带来类似的启发和指导。

推荐每一位希望在数字化时代里提升自己和组织效能的企业领导者和管理者阅读这本书。在这个快速变化的时代，了解并掌握数字化转型的核心要素至关重要。《数字化组织打造2.0》将是你们的宝贵资源和指南针，帮助你们在数字化的浪潮中乘风破浪。

自序

数字化组织是面向未来的组织

鑫蜂维董事长·史楠

数字化组织是面向未来的组织，而钉钉则是引领数字化组织浪潮的先驱。我们与钉钉合作共创已有 10 年，通过 160 万家组织的服务经验，我们深刻认识到，真正的数字化组织必须面向未来。人类的进步需要技术和工具的推动，而大部分缺乏进步的原因在于找不到适用的场景或缺乏相关工具的应用。组织管理也不例外，通过数字化的方式可以实现双重增长。所有的数字化方法和工具都旨在服务于组织和提升商业效能，帮助企业更快、更好、更省力地发展。数字化组织的终极目标是让全员善用工具，并且能够创造工具来推动组织的发展。本书旨在阐述数字化组织的本质以及如何实现数字化转型。我们深信，数字化的转型将为组织带来巨大的潜力和机遇，为企业带来更高效、更优化的运营方式。

数字化组织不是简单的将线下的工作线上化，而是要道法术器贯通。作为一个企业家，我亲身的经历是变革是痛苦的，但是不破不立，数字化组织打造是一把手工程，从企业家自己开始的提升认识，统一管理层乃至全员的认知。数字化组织打造的落地必须要有机制方法来做执行保障，比如建立委员会、设立奖惩机制，战略性的事就要匹配到战略的资源。器是工具，不论是钉钉原生，还是 SaaS、PaaS，都是帮助我们拿到管理成果和业绩结果的工具，人肉管不如流程管，流程管不如工具管，我们最终都要借助工具来实现管理效能。在过去的 10 年中，不论是我们自己，还是我们的合作伙伴，我们看到了很多先知先觉的优秀企业家，他们在为企业更好、更快、更健康的发展不断探索，这更加坚定了我们要帮助企业少踩坑，以尽可能低门槛的方式进入到数字化组织时代。

　　数字化组织=管理数字化+业务数字化+营销数字化。管理数字化是土壤，业务数字化是果实，营销数字化是植物成长必备的空气、水。三者缺一不可，希望通过这本书让企业家和管理者快速了解到数字化组织的相关场景、方法和工具。祝愿所有数字化组织转型道路上的企业家越来越好。

■ 前　言

数字化组织转型已是大势所趋

在 2023 年 2 月 27 日，中共中央、国务院印发《数字中国建设整体布局规划》（以下简称为《布局规划》），其中提到了几点非常关键的信息内容，对企业组织发展具有强大的指导意义。

首先，数字中国是中国式现代化的重要引擎，是构筑国家竞争新优势的有力支撑，加快数字中国建设，对全面建设社会主义现代化国家，全面推进中华民族伟大复兴具有重要意义和深远影响。这一点指出了数字中国的价值意义和重要地位。

其次，推进数字技术和实体经济的深度融合。在农业、工业、金融业、教育、交通、能源等重点领域加速数字技术创新应用，这点明确指出了重点行业领域优先进行数字经济发展。

最后，强化企业科技创新的主体地位，发挥科技型骨干企业引领支撑作用，这就为企业发展指明了方向及创新思路。

在数字中国的布局规划当中，我们国家提出了希望企业能够进行加速创新。而企业的创新往往来自一线员工，因为他们是离客户最近的人，他们是能够真正听见炮火声音的人。而员工的创新创造如何能被挖掘出来，就需要企业给他们提供这样的土壤。

企业组织作为国家发展的经济支撑之一，如何在数字中国中发挥自己的巨大力量。我们不难发现，每家企业在雇用员工的过程中，有的企业主会认为我们购买的是员工的时间，就会在员工的早晚出勤上卡得很严，要确保他能够在工作时间内处在工作岗位上产生价值。有的企业主则认为，我们购买的是员工的创新创造力。一名员工，他在单位时间之内，如果能够创新创造，促进企业发展的各项成果，其所带来的价值是无法用时间来进行衡量的。那是否能用金钱来衡量，也要看该项创新能带来的价值。如何为企业员工提供创新的土壤呢？公平公开的企业氛围，公正有序的企业制度，公开平等的评选规则，鼓励创新的保障机制，都能够为我们企业的员工提供一个发挥自身创造性的舞台。

员工在企业中的发展，恰恰也依据了我们企业的政策来进行相应的创新创造。这个实际上就是我们政策引领的重要价值和意义。国家指导企业，企业指导员工，这些都离不开我们的政策支持。无论是国家发展中的数字中国政策，还是企业内部的各项政策。

撰写本书的出发点

2020 年我们出版了《数字化组织打造 1.0》，获得了 5 万左右的好评。很多企业家或对数字化组织感兴趣的个人反馈对他们使用钉钉很有帮助，可以指导其操作。经过 4 年的发展，钉钉的产品不断优化迭代，我们的数字化组织理论体系和方法均逐步升级完善，所以总结提炼最佳实践推出《数字化组织打造 2.0》，希望帮助钉钉用户更快更好地推进数字化组织转型。

随着企业数字化转型逐渐深入，企业需要的不仅仅是 1.0 中的实操，还有更多的案例和场景分析。2.0 中我们基于钉钉 7.0 版本的工具，对企业 15 个管理模块进行分析，并给予解决方案。数字化组织的终局是善用工具，本书涵盖了钉钉最新工具，如 AI 助理、钉闪会。除了工具，本书还引入了"OKR""数字化管理师"的新理念，致力于向大家分享数字化组织打造更快捷有效的方法。

本书是用好钉钉的必备书，不管你是企业管理者还是对数字化组织感兴趣的个人，都可以随手翻阅。书中围绕企业管理中"人""财""物""销"四个方面，对 15 个模块展开叙述，助力企业实现数字化组织转型。第一章讲数字化组织的基本知识和数字化组织落地必备的资源，如数字化组织委员会、数字化管理师，第二到十三章讲管理数字化、业务数字化和营销数字化，最后一章讲 AI 助理。

希望你把这本书放在工位或者床头，在遇到管理问题或者数字化难题的时候，可随手翻阅，相信你可以在书中找到答案！

目 录 Contents

第1章

数字化组织总论

■ 学习目标

通过学习本章，了解数字化组织的本质，建立数字化认知。

（1）建立数字化组织的道（统一思想）、法（机制保障）、术（策略执行）、器（工具落地）的认知。

（2）成立数字化组织委员会，推动企业数字化组织升级。

（3）培养内部数字化管理师，为企业数字化储备人才。

1.1 认知数字化组织

1.1.1 为什么要做数字化组织

在进行本章数字化组织学习之前，我们先以简单的案例让各位更好地理解生活中的一些数字化表现形式。就餐、打车、购物场景中，数字化的方式已经很常见甚至成为很多人的习惯。

在数字化之前，上班族在中午吃饭的时候，一般会选择离写字楼比较近的一个菜品和服务还可以的餐馆，这个时候我们也发现离写字楼最近的餐馆的生意一般也是最好的。如果你问这个餐馆的老板，为什么你家生意这么好，那这个老板大概率会告诉你，"我们家的菜品质量好，我们家的服务好，我们家的回头客多"。但是实际上最核心的要素是因为他家的餐馆离写字楼最近，因为他花了高额的租金获取了客流。而在今天的数字化时代，我们可以不用下楼了，在手机上点个外卖，会送到我们这里来。这个时候会发现，餐馆离写字楼近的少了，在写字楼附近的大餐馆的生意也没那么好了。这实际上就是数字化带来我们和餐馆之间连接的方式、渠道、效率的变化。

因为我们在手机上可以看到每一家餐馆的菜品价格、距离、配送时间以及客户的评价。这个时候，假如说今天您的餐馆还没有运用数字化，那我去您这儿吃饭，结果不能手机支付，那是不是让我吃霸王餐？如果我今天在美团、大众点评上找不到你家这个餐馆，或者看到不好的评价，那是不是就不去了呢？所以说，数字化给整个餐饮行业带来的冲击，是底层结构性的改变。

我们再说一下出行。在过去打车的时候，一般会走到容易打到车的十字路口或者路边。今天我们打车都是在手机上叫好车，车来了，我们再出去。这个时候我们会发现数字化让我们的乘客和出租车之间连接的效率大大提升了，我们的乘车体验也大大得到了提升。数字化对我们今天的出行也是带来了结构性的改变。

在没有数字化之前，大家买东西也好、买衣服也好，都会选择到门店采购，而现在相信大部分人已经不怎么去实体店购物了，淘宝、京东、拼多多、抖音等多种 App，满足了大家日常采购的大部分需求，只需要在手机上轻松下单，即可以在几天后，甚至当天，收到自己满意的物品。

从上面几个案例，相信大家已经非常了解在数字化时代我们生活中的便捷之处了。而这些变化的本质核心是：通过改变"供给侧"与"需求侧"的连接方式，从而提升效率，创造更高的社会价值、经济效应等。了解了生活中的数字化，下面我们来聊一聊工作协同中的数字化。

我们在企业组织的数字化发展进程中不难发现，各大商业巨头是非常看好这个数字化赛道的。各大关键巨头齐聚相关的企业 IM 及协同的这条新赛道。我们以比较知名的几家企业为例，阿里巴巴发明了钉钉，腾讯发明了企业微信，字节跳动拥有了飞书，还有百度如流、美团大象等。

我们会发现这些非常有前瞻性的企业组织，它们不约而同地在数字化上投入了大量时间和精力。而它们所研发的这种协同操作系统，恰恰是为了能够通过数字化的力量，让人与人之间的距离、空间能够极大地缩小。因此，如何能够在其中占到领先地位，其实是每个巨头在思考的问题。

但实际上，作为其他的企业组织，大家面临的问题是什么？我们要认识到数字化操作趋势是未来。今天，无论我们选择的是哪一款数字化智能操作系统，其本质都是回归到帮助我们企业降本增效、提升效能产能，从而为国家创造经济价值。因此，我们可以把企业分成三大类。第一类叫先知先觉的企业。这类企业以各大巨头为例，它们不仅意识到数字化的重要性，还研发了对应的产品，能够去顺应时代的潮流，在满足自己需求的同时，能够帮助其他有这样愿望但没有这种能力的中小企业。第二类企业是后知后觉的企业。这些企业在别人的发展历程中，可能会意识到，原来它们也需要投入时间精力去开展数字化。在这个过程中，它们就会紧跟先驱的脚步，逐渐地投入这件事情。而最后一类企业属于不知不觉的企业，这些企业可能认为数字化跟我无关，我只需要做好当下我的各项工作就可以了。

《数字跃迁》中调研了一组企业组织的寿命趋势图。在 1965 年的时候，企业组织的平均寿命是 33 年；到 1990 年的时候，企业组织的平均寿命是 20 年；而经过预测发现，到 2026 年企业组织的平均寿命只有 14 年。我们不难发现，33 到 20 到 14，这是一个逐渐下降的趋势。那么为什么会有企业寿命逐渐缩短的趋势呢？很大一部分原因就在于企业在发展过程中是否能够适应优胜劣汰的企业政策、市场环境等。企业组织在发展过程中，也遵循达尔文进化论这个理论，相信大家都是非常理解的。

达尔文进化论的核心本质其实是优胜劣汰。所以，企业组织在发展过程中，从来都没有离开过三种形态。第一种是企业非常成功。无论是效能的发展，还是企业上市等各种不一的展现形式，其本质是能够在满足企业发展需求的过程中，还能够去创造社会价值。第二种企业，它本身有一定的产品优势或者技术优势，或者人才优势。但是它不能够占据一定的市场空间，在发展进程中就会不断地萎缩，就会被一些大企业、有眼光的企业，根据它们的优势特点进行并购，让它们成为大型企业组织发展中的一个单元。而最后一种企业其实也是我们刚才提到的后知后觉的企业。这些企业最终一定会在历史发展长河中逐渐消失，因为它们没有适应生态发展的整体环境。

1.1.2 什么是数字化组织

什么是数字化组织？在回答这个问题之前，我们不妨看一下这个词是由"数字化"+"组织"两个词组合而成。那么大家一起先来了解一下这两个词的基础定义，以下词条引自百度百科。

数字化：将任何连续变化的输入，如图画的线条或者声音信号转化为一串分离的单元，在计算机中用 0 和 1 表示，通常用模数转换器执行这个转换。数字化即是将许多复杂多变的信息转变为可以度量的数字数据。再以这些数字数据建立起适当的数字化模型，把它们转变为一系列二进制代码，引入计算机内部，进行统一处理，这就是数字化的基本过程。当今时代是信息化时代，而信息的数字化也越来越为研究人员所重视。

而随着我国数字化持续发展，现在数字化已经不是单纯的 IT 技术，也不是单纯的 IT 信息化，而是利用云计算，人工智能，4G、5G 物联网等技术的融合应用，帮助企业在连接效率、数据应用、智能算法等三个维度实现企业最优决策的高效输出，帮助企业提升经营效率和用户体验，实现企业未来的可持续性发展。

组织：在一定的环境中，为实现某种共同的目标，按照一定的结构形式、活动规律结合起来的，具有特定功能的开放系统。简单来说，组织是两个以上的人在一起为实现某个共同目标而协同行动的集合体。它是以目的为导向的社会实体，具有特定结构化的活动系统。

本书为了大家更好地理解，我们后续所有介绍，均以目前占比较高的"企业组织"为例。组织的构成有几大要素。

（1）人：具有主观能动性，且最为复杂多变，不易管控。

（2）共同目标：组织存在的目的意义，以企业为例，企业组织存在的主要目的是通过自身产品产生社会价值、经济效应等。

（3）结构：分工协作的表现。由部门、岗位、职责、从属关系构成。保证人们可以进行沟通、互动并交流他们的工作。

（4）管理：以计划、执行、监督、控制等手段保证目标的实现。

通过对以上两个词的理解，我们不难发现，数字化组织即将组织中的几大要素产生的行为、目标、结构、管理等进行数据量化，输入计算机，通过一定的数字化模型，推动组织持续稳定地发展。

基于企业组织的要素，我们为数字化组织具体定义为数字化组织＝管理数字化+业务数字化+营销数字化。通过三个方面的数字化，从而实现企业组织的共同目标。如果我们把数字化组织当成一幢高楼，管理数字化是基石，是地基，是不可撼动的基础，业务数字化是在地基之上的高楼，营销数字化则是高楼装饰后的外观。

为什么我们称"管理数字化"是基石，其根本原因在于，组织中的人是唯一具有主观能动性的要素，而主观能动性的创造性带来的价值是不可估量的，因此充分发挥"人"的力量，将为数字化组织带来巨大的变化。

为了帮助读者们更好地理解数字化组织。我们来认识一下三家企业。

管理数字化代表企业康帕斯，这是一家从传统电脑零售起家的企业，他们经历了电脑零售、金融租赁、企业服务等多元化的业务发展过程。自 2014 年下半年开始，他们将企业组织架构、日常管理行为、部门协同配合、文化宣传等通通搬到线上，明确了权责分工，使员工的行为线上化、透明化、高效化，从数据上就可以非常容易地看到管理动作的及时性、部门协同的配合度、文化宣传的有效性等。在数字化发展进程中，他们持续探索如何利用数字化工具降本增效，如何利用数据信息进行有效的经营决策。基于数据的支撑，他们简化了很多重复无效的管理动作，大大地提升了人力成本，以"经理助理"岗为例，在 2017 年时，他们为所有的经理级管理职位配置了经理助理这个岗位，帮助经理承担一些琐碎的、事务性的工作，而到了 2021 年，这些岗位通通取消，为企业每年节省了 40 万元的成本。而这个岗位取消的主要原因在于，将人做的重复性的工作，用系统工具替代了。

业务数字化代表企业法保网，这是一家 2019 年成立的企业，他们的主营业务是通过线上咨询的方式，给客户提供法律相关的服务保障，如合同起草、审核、输入，法律条款确认这些内容。传统的企业，大型企业都会配有自己的法务部门，但是中小企业更多会选择外聘法律咨询顾问的形式，但是这类形式的时效性往往较慢。而这家公司提供的线下咨询服务，最快可以 30 分钟响应并解决需求。截至 2023 年 3 月，累计服务 18 万+客户，付费客户 11 万+，文本处理量 200 万，咨询 5000 万次，诉讼量 2 万件，而这样的服务体量，他们的正式交付员工仅 100 余人，是如何做到如此庞大的服务支撑呢？他们通过技术力量开发系统后，可以借助法律专业大学生的力量解决一部分基础咨询工作。同时通过系统的支持，400 家代理商使用销售工具，达到销售合作。他们企业内部的数据大屏可以实时显示他们的业务服务数据，用以支撑他们的业务发展。

营销数字化代表企业希音（SHEIN），2021 年 5 月，SHEIN 取代亚马逊（Amazon）成为美国 iOS 和 Android 平台下载量最多的购物应用，2022 年上半年，SHEIN 的销售额突破了 160 亿美金，同比增速超 50%。这是一家中国企业，但是做的是跨境电商的服装销售，他们通过千人千面的 App 界面设计的营销手段，让很多国外用户均认为它是本地企业，同时他们采用小单快返的营销模式，所有的服装上架下架均根据客户的点击、反馈、好评等作决定，而且他们不需要批量提前生产，这样节省了大量成本，可以根据客户下单的样式，快速出成品，实现零库存。这同样是数字化技术力量的体现。

1.1.3　如何成为数字化组织

如果企业组织确定要发展成为数字化组织，那么一定离不开怎么做这件事。作为一家亲历近 10 年企业数字化发展的代表，我们自己走了不少弯路，那么如何能帮助到读到本书的各位企业家不再复现我们曾经出现过的问题，建议企业组织从以下"道、法、术、器"四方面来逐步落实数字化进程，并在进行过程中不断地纠偏、调整，以适应自己企业的发展阶段。

1. 道：统一思想

为什么说要成为数字化组织？我们需要做的第一件事情是统一思想。大家要知道一件非常重要的事情，就是企业组织的员工，他们的思想文化水平不同，对于业务的理解深度也不同。同时对于数字化发展理念的认知就更具差异化。基于这样的大背景，我们企业组织当中没有对一件事情达成统一高度的标准，就无法形成统一的企业语言、企业行为。

因此，真正的数字化发展进程中的第一件事情是，要在能够综合提升团队成员的数字化理论基础上明确相关方向。而这件事情的第一责任人，一定是企业的企业主，我们可以称之为董事长或者总经理，他们需要坚定地确认这件事情是必须要坚决落实到位的。他们需要把数字化升级转型这个项目作为企业的一把手工程及战略型项目。

为了达成这个项目的成功，在这个过程中，需要通过进行自上而下的宣导、讲解、宣传，让每个人都能够充分理解企业为什么要做这件事情，做这件事情对企业产生的巨大价值是什么。这样，当员工在接到执行指令后，才不会产生大量的抱怨，才不会"上有政策，下有对策"，从而导致执行不到位。但是这个整体的过程实际上是艰难且波折的。这就需要我们的一号位在这个过程中果敢决策，而是不人云亦云。所以我们把统一思想，让所有人的认知水平达到一个水平，并且能够让大家在执行中落实到位作为基石，夯实我们的企业发展过程中的第一步。这将助力企业数字化组织打造在实际推进过程中事半功倍。

2. 法：机制保障

机制保障这件事情，是在企业数字化升级转型项目当中最重要的一点。为什么这么说呢？因为在实现数字化这件事情的过程中，它不是一件一蹴而就的事情，而是在企业的发展进程中的一项长期稳定的机制，才能够保障我们这件事情落实到位。

而在一家企业发展过程中，谁是进行机制设计的人呢？毋庸置疑，一定是企业的一号位，但是如果一号位既要承担统一思想的作用，又要进行机制的设计。他下边的那些高管将没有发挥力量的作用。而一家良性健康发展的企业，就需要我们企业的人、财、物、销等各大关键的业务负责人能够首先认同这件事情，认同企业数字化发展的重要性。

同时，在自己的认知思想上，与董事长或总经理保持同频一致，并能够进行机制的设计，确保我们的目标方向明确清晰，并能将目标方向拆解成项目、任务，到达一线变成可执行的动作，而一线执行动作过程中，执行情况如何检验，就需要机制保障和对应的奖惩规则来确保落地动作执行到位。

你可以理解成它实际上是非常重要的一个手段。这个手段主要解决的问题是什么？就是当我们所有人都明确这件事情要做且必须要做的时候，那个执行标准是什么？按执行获得了好的成果，如何奖励？出现了偏差的问题，如何纠正？造成了坏的影响，如何处罚？

3. 术：策略执行

所有一线员工的动作执行是否到位。在上一部分中，我们提到了需要有对应的保障机制。但是保障机制其实是来检验我们执行成果的。而执行这件事情的先后顺序，我们需要结合企业的当前现状来进行剖析。其实数字化对大部分企业来说，在理解上是存在误区的。

有的企业认为我买了一个软件就是数字化了。有的企业认为我们现在在用微信沟通与协同也是数字化。有的企业认为数字化不就是信息化吗？我们的 IT 部门一直在做这个事情。所以不难发现，企业对一件事情的理解程度不同、分析判断不同，他们将会采取不同的策略打法，去实现自己的最终目标，而正确地进行数字化组织升级，打造一定离不开有正确的策略，有百分百的落地执行，有相应的机制保障。我们如何确认一家企业能正确地制定策略呢？这需要企业对自己当前数字化的发展进行一个有效的诊断。因为我们的企业发展阶段不同，它自然就会有不同的策略执行。

像第一类企业已经购买了软件，这些软件之间的数据如何打通，就需要有对应的连接器或者开发工具。他们的策略方案就可能首先是评估各个软件之间的数据有没有可能打通。如果有，如何打通，需要投入的各项成本和精力分别是多少？第二类企业可能还没开始做数字化这件事情，他们就不妨借鉴市面上比较成功的一些企业的最佳实践。然后从管理数字化的基础做起。第三类企业可能现在已经发展得非常不错，并且有了一定的数字化工具。他们在整体的工具使用上，是不是还有提升的空间？他们的策略就是评估各个部门工具使用的水平差异，针对这些水平差异进行有效的缩短。还有第四类企业，可能还没有想清楚该怎么做，又保持着谨慎的态度，就不妨先从一个最需要数字化发展的部门，以最小闭环单元为单位进行测试。

当然，企业可能不仅仅限于上述的几类情况。整体来说，有效地评估自己当前的阶段，并且依据评估结果来选择对应的策略，将能够极大地促成企业数字化组织打造的成功。

4. 器：工具落地

工欲善其事，必先利其器。我们在任何的发展过程中都离不开工具的使用。像本章开头我们介绍的生活化例子，无论是打车、就餐、购物，都有对应的 App。企业在数字化组织打造这件事情上，一定也需要合适的趁手的工具。刚刚，我们也介绍了不同的企业巨头，他们都在纷纷地去研发数字化组织操作系统。

我们可以理解为未来企业在数字化组织升级的过程中，他们一定是有工具支撑的。就像现在企业日常办公中一定会用 office，是一样的发展趋势。那如何选择正确的工具？如何让工具在企业内落地生根发芽呢？首先这就需要我们明确自己企业当下所处的阶段是什么。

其次就是需要我们去思考这个工具是不是能够全员上手。为什么会提到呢？咱们在 1.1.2 中有提及，企业如果需要不断地自主创新，那么一线员工、那些离炮火最近的人，他们的自主创新是最能够体现价值的，而他们的声音是需要一个舞台和土壤的。

这个土壤其实就是我们统一的企业办公平台。统一的企业办公平台在选择的过程中，一定是结合自己的阶段、员工对数字化的认知理解深刻度、我们的上手容易程度、企业的发展类型等，来进行工具的正确选择。选择工具、对员工培训之后，我们一定要让全员把工具使用起来。工具在使用的过程中，才能更好地更新迭代。同时，当工具被善加利用之后，趁手的工具能够让员工如鱼得水地产生价值，员工则可以极大地提升个人的效能，这将带来公司主体效能加倍的结果。而具有创新探索精神的员工，如果能够结合企业的发展过程中去创造工具，就能够加速推动企业的发展。

因此我们说在工具落地这件事情上，需要做到的是：

（1）评估自己需要什么样的工具。

（2）选择合适的工具。

（3）推动全员把工具熟练掌握。

（4）鼓励员工自主创新，创造工具，加速企业发展。

1.2 数字化组织委员会

1.2.1 为什么建立数字化组织委员会

数字化组织升级不是一朝一夕的事情，需要一个有决策力、有洞察力、有执行力、有学习力的团队来持续推进。

1. 定位

委员会是公司数字化组织升级的心脏。委员会的态度和能力在一定程度上决定了企业数字化组织转型的成功概率。

2. 权利

决策权：确定数字化组织的战略方向。

立法权：制定机制保障数字化组织升级。

奖惩权：对公司执行好的部门/人员进行奖励，对于执行不好的部门/人员进行处罚。

3. 职责

带领组织持续增长：持续学习，持续带领组织升级数字化。

定期复盘：每周定期进行委员会会议，有目标、有进度、有提升。

接受监督：接受公司成员对于数字化组织升级战略执行的监督。

1.2.2 数字化组织委员会是什么

如图 1-1 所示，每个企业在建立数字化组织委员会时都要先明确委员会的架构。

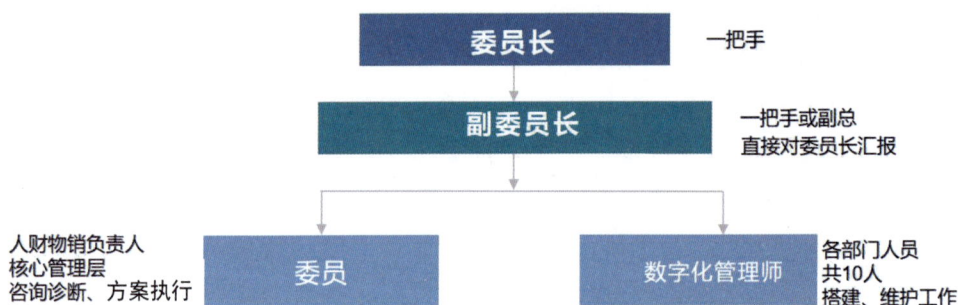

图 1-1 数字化组织委员会架构

（1）委员长。

由企业一把手担任，负责对各项结果审核评估，最终生成可执行方案。

（2）副委员长。

统筹委员会各项工作，负责整个项目的协调工作，直接对委员长汇报组委会工作。

（3）委员。

各部门负责人及核心管理层，负责参与数字化咨询专家的访谈工作、提出数字化组织实施落地的建议、带领团队执行，在项目推动过程中发挥重要作用。

（4）数字化管理师。

数字化管理师是项目落地执行人员。由公司各部门人员组成，建议至少 5 人参加数字化管理师培训，考取相关证书，负责对数字化平台进行后续维护、员工培训等工作。

1.2.3 如何建立与运行数字化组织委员会

1. 创建委员会

（1）时间。

在企业开始数字化组织项目后的 2 天内，完成委员会创建。

（2）人员。

企业一把手任委员长，一把手或由一把手指定一名核心高管作为副委员长，各部门负责人作为委员，每个部门至少评选 1 名人员作为数字化管理师培养人选。

（3）授权。

在数字化组织启动会上介绍委员会组织架构，并明确委员会权责。

2. 制定奖惩

对于每个项目，应当制定明确的奖惩规则，以鼓励高效率的工作，并处罚不负责任或者无效率的工作。

（1）责任制：明确每个团队成员的职责范围，并且在项目进行中不断检查和评估成员的工作表现。

（2）时效奖励：对于在规定时间内完成任务的团队成员，应当给予时效奖励，如表彰信、荣誉证书等。

（3）绩效奖励：对于项目中表现优异的团队成员，应当及时给予表彰和奖励，如加薪、发奖金、晋升等。

（4）处罚机制：对于工作中表现不佳或者不负责任的团队成员，应当进行批评和处罚，如降职、警告、辞退等。

3. 发布公告

通过公司公告正式宣告数字化组织委员会的目标和权责、委员会的相关机制、奖惩等。

4. 定期开展会议

会议是一种常见的交流方式，对于团队或组织的协作和决策都非常重要，有助于交流信息、制定计划、推动决策、提高团队凝聚力。会议可以帮助团队或组织更好地完成任务和达到目标。

委员会需每周进行定期例会，及时发现问题解决问题；每季度开展复盘总结会，从过去的经验教训中及时调整，推进数字化转型项目成功。建议委员长尽量不要缺席前两个月的会议周会，要给予委员会充分的重视和关键决策意见。

5. 落实奖惩

（1）准备。

奖惩的本质是告诉大家我们要什么行为/人，不要什么行为/人，所以在发布公告通知之前，一定要先做好以下步骤。

①明确目标和标准：明确要奖励的行为和要处罚的行为的标准和范围，以确保奖惩的公平性和合理性。

②识别行为：确定要奖励或处罚的行为，并确保它们符合预定标准。

③收集证据：收集证据以支持所选择的奖惩行为，例如通过观察或其他途径。

④确定责任人：确定谁应对奖励或处罚负责，例如领导或直接相关人员。

⑤实施和跟踪：将奖励或处罚的决定实施到位，并跟踪结果，以确保达到预期效果。

⑥评估和反馈：对奖惩的结果进行评估和反馈，以确定其有效性和可行性，并作出必要的调整。

（2）面谈。

做好以上工作后，还不能直接草率地进行奖惩，尤其是处罚，要事先和当事人做好沟通。基于证据和责任人，做出奖励或处罚的决定，并将其传达给相关人员。

在面谈时，需要注意以下几点。

①确定面谈的目的和议程，让双方都清楚地知道要谈论什么。

②以积极、开放的心态进行沟通，不要过于主观或片面地评价对方。

③关注对方的具体表现和成就，提出具体的问题和建议，以帮助对方改进。

④鼓励和肯定对方的优点和努力，提高其自信心和积极性。

⑤对于存在的问题和挑战，提出具体的解决方案和建议，并给予必要的支持和帮助。

面谈应该是一次积极、有建设性的交流，既要关注问题，通知奖惩，也要关注改进和发展。

（3）发布通知。

对于关键时间或者人员的奖励一定要广而告之，不止在全员群、公司现场等多种途径进行宣传，还可以发布公告，做到"好事铺天盖地"。

对于处罚，需要在委员会群内发布公示，视情节严重程度决定是否要发布在全员群或者公司公告中。

（4）执行。

决策人、执行人和评判人不能是同一批人，保证有法必依、执法必严。

6. 知识库存档

委员会的所有不涉密资料都可以纳入公司知识库中统一管理。

（1）使用知识库统一存档也有助于提高组委会成员之间的效率，并有助于提升团队沟通水平，使企业在日常运营中获得更好的管理结果。

（2）知识库还可以用于文档和信息的收集和共享，并提供安全的数据存储，确保文档安全，并减少管理成本。

（3）委员会接受全员监督，并把公司数字化组织进展公示，统一思想。

（4）员工可以从知识库中查阅他们所需要的信息，提高参与度。

7. 更新迭代

在周例会或季度会议中有助于组委员运作的建议均可更新到机制中，也可开放公司建议通道，广纳谏言。

1.3 数字化管理师

1.3.1 数字化管理师是什么

数字化管理师是使用数字化智能移动办公平台，进行企业或组织的人员架构搭建、运营流程维护、工作流程协同、大数据决策分析、上下游在线化连接，实现企业经营管理在线化、数字化的人员。

数字化管理师需要掌握管理知识、软件与平台知识和相关法律、法规知识等。

1.3.2 数字化管理师如何学

1. 学习目标

（1）第一阶段：用好钉钉。

（2）第二阶段：整个组织全员善用工具。

2. 学习阶段

集中学习阶段，建议和相关人员通过约定时间集中学习基础场景和工具，对公司实际架构进行搭建，如表 1-1 所示：

表 1-1　数字化管理师团队学习

谁学	团队学习建议成班，配备班长、学习委员、组长 班长：定期组织班级活动 学习委员：问题统计、作业 组长：本组出勤、积分
学什么	1.数字化组织管理 （1）配置组织架构 （2）管理组织架构 2.数字化沟通管理 （1）建立沟通平台 （2）传递沟通信息 （3）保障沟通安全 3.数字化协同管理 （1）人员协同 （2）文件协同 （3）会议协同 （4）工作流程协同 4.数字应用开发管理 （1）选择服务方案 （2）提供解决方案 （3）建立业务平台 （4）提供软件运维服务 5.数据管理 （1）采集数据 （2）分析数据
练什么	1.学习心得/笔记 2.在公司的实际架构操作
考什么	1.公司内部组织 PK，数字化管理师储备人员汇报自己的学习成果 2.在公司内实践并得到评价：每人至少 5 次实际服务及反馈

第 2 章

人力资源管理

■ **学习目标**

系统化学习人力资源管理，掌握数字化工具。

（1）建立标准化的组织架构、入转调离机制与流程。

（2）运用人才盘点、绩效管理等方式对人员分层，及时发现人才。

（3）掌握用数字化工具落地企业文化的方法。

2.1 认知人力资源管理

2.1.1 人力资源管理的重要性

人是企业的核心资产。彼得·德鲁克说二十一世纪是知识经济时代，企业之间的竞争从根本上来说将是人才的竞争，人力资源作为企业重要而稀缺的"第一资源"，其重要性日益凸显。

2.1.2 人力资源管理的常见误区

表 2-1 针对人才战略和人才管理列出了三个误区。

表 2-1　人力资源管理的常见误区

是什么	不是什么	说明
员工全生命周期管理	招人、算考勤	很多企业缺少人力资源规划和全生命周期管理
从企业战略出发	头疼医头，脚痛医脚	人才战略要跟上业务发展，减少人员能力拖后腿现象
管人的数量和质量	注重人的数量	企业不能忽视人员的能力培养

2.1.3　人力资源管理解决办法

人力资源管理要关注和人相关的方方面面，如图 2-1 所示。

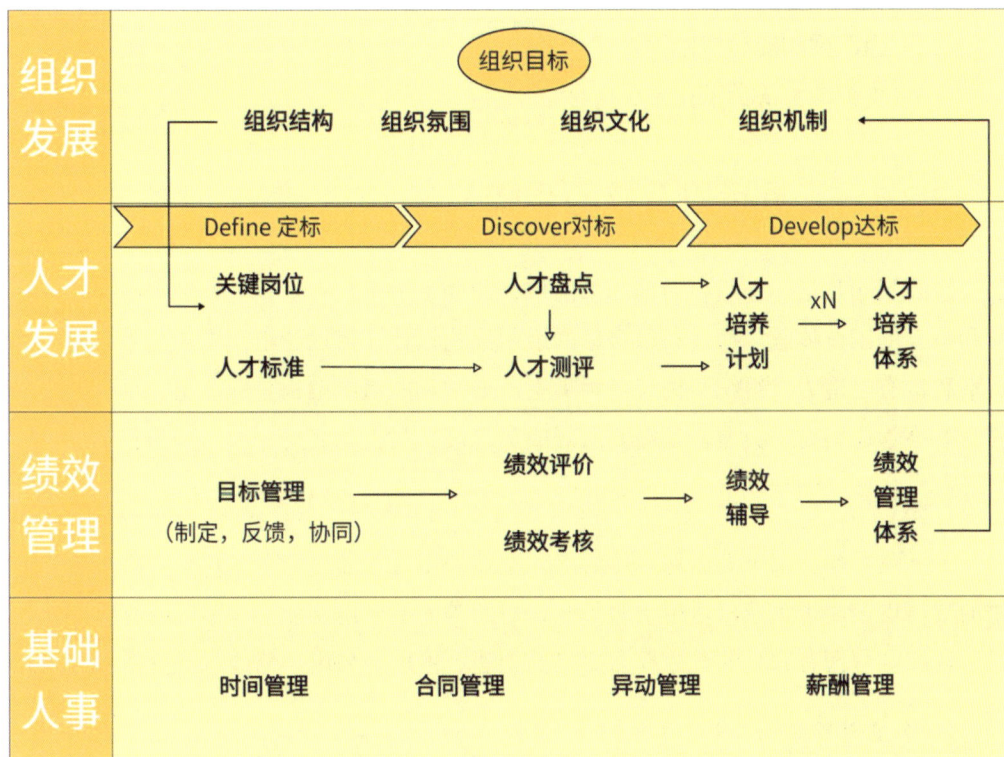

图 2-1　人力资源一览图

2.2　组织管理

2.2.1　常见问题

（1）无明确的组织架构框架：组织管理层级关系不清晰，职责不清晰，易造成推诿。

（2）层级过多：组织结构层级过多会导致信息传递效率低下、决策周期过长。

（3）组织架构更新不及时：缺少流程化管理架构变动，存在人员信息对不上或者架构变动无法留痕的现象。

2.2.2　解决办法

（1）建立数字化的组织架构。

（2）组织架构变动用流程管理。

（3）维护完整的员工花名册信息。

2.2.3　工具运用及核心步骤

组织架构是指一个组织内部的部门层级和职责分工，它直接关系到组织的运转效率和员工的工作体验。通过科学合理的组织架构设计，可以让组织更加高效、有序、灵活和富有创造力。组织架构有多种类型，最常见的组织架构是职能型、项目型和矩阵型，不管选用哪种类型，都需要做好成员管理、员工花名册、部门和角色管理。

1. 成员管理

个人账号是员工个人注册，然后加入企业使用，归属权为个人。企业账号及其产生的数据均归属于企业，适用于服务业、电商等需要使用功能工作账号的行业。企业对创建的账号拥有完全的管控权力，包括创建、停用、启用、修改、删除等。

2. 员工花名册

花名册是人员的基本信息，企业需要花名册"齐全、准确"。在数字化的平台上，企业可自定义花名册的字段，做好统一配置之后，全公司都可以使用。如图 2-2 所示。

图 2-2 自定义员工花名册信息

人员面试填写个人信息时，扫码按照员工花名册的字段填写，这样就可以减少员工入职后重复登记个人信息，即使面试者未通过面试，填写的信息也会在线化存储，有助于企业形成人才库。

为了确保员工信息的完整性，企业可以要求员工在入职当天完成在线花名册填写。使用在线花名册后，员工操作非常方便，在手机端就可以上传相关资料。

3.部门管理

（1）部门群

部门群是工作沟通的一个高频阵地，大多数情况下，企业使用的部门群都是手动管理，员工会加入多个和工作相关的群组，一旦手动清除离职人员不及时，就会增加公司的信息安全隐患。

根据组织架构自动生成的部门群可以避免以上情况。群内成员随着架构变动自动加入或退出部门群，指定部门群主让公司可以对部门群更精细化地管理。

（2）组织架构调整。

企业遇到架构调整时，需要先做流程审批留痕，然后在"部门设置"中调整"上级部门名称"即可。

（3）角色管理。

角色是组织架构重要的组成部分，主要作用是帮助组织规范更多的审批流程，提高流程处理速度，减轻管理员负担，具体可在流程管理章节学习。

（4）分/子公司及外部伙伴管理。

一些企业会遇到特殊部门、分/子公司甚至有上下游合作伙伴需要协同的情况。比如有外聘的顾问团需要协作，需要和经销商有高频的沟通协同时，就可以用组织架构来进行管理。

方法一：同一架构管理。

需要统一管理分/子公司，但是又要人员相互不可见。或有少量下游合作伙伴，需要文件、流程协同、沟通数字化。可以将分/子公司、合作伙伴当做部门，放在一个组织架构管理，只要做好部门权限设置，就可以实现仅可见部分人，或只有某些人可见该部门的效果。如图 2-3 所示。

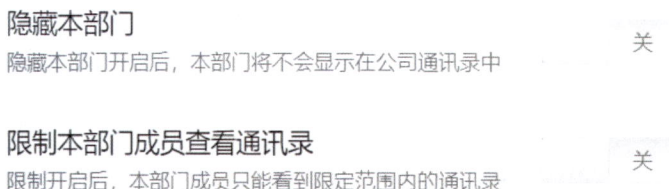

隐藏本部门
隐藏本部门开启后，本部门将不会显示在公司通讯录中   关

限制本部门成员查看通讯录
限制开启后，本部门成员只能看到限定范围内的通讯录   关

图 2-3　部门特殊设置

方法二：不同架构管理。

如果有中大型企业的分/子公司有独立的运营权限，在数字化办公平台上也需要相对独立的操作，或者下游合作伙伴多，这种场景可以运用组织关联。组织关联给中大型组织提供了强大的组织架构管理能力，实现了跨组织通讯录、应用的互联互通，帮助上下级组织无缝沟通、协同。

2.3　招聘管理

2.3.1　常见问题

（1）缺乏招聘计划：缺人的时候开始招人，没有公司整体的招聘计划。

（2）招聘流程不够高效：公司缺乏规范化的招聘流程，出现招聘反馈不及时的现象。

（3）招聘目标不明确：用人部门不清楚自己招聘岗位的要求。

（4）面试反馈不足：面试官面试反馈不及时或者内容非结构化。

2.3.2　解决办法

（1）规范公司的招聘流程。

（2）使用数字化的招聘工具。

（3）建立公司人才池。

2.3.3　工具运用及核心步骤

（1）制定招聘计划：根据公司的年度计划制定招聘计划，预估需招聘岗位、人数等。

（2）确定招聘需求：明确招聘的职位、数量、薪资、时间等需求。

（3）提交招聘流程：优化招聘流程，利用数字化招聘平台进行简历筛选和面试评估，提高招聘过程的效率和准确性。

（4）发布招聘信息并筛选简历：利用数字化招聘平台或社交媒体等渠道发布招聘广告，吸引优秀的求职者。利用数字化招聘平台进行简历筛选，根据设定的条件自动筛选出符合要求的简历，减少人力成本和时间成本。如图 2-4 所示。

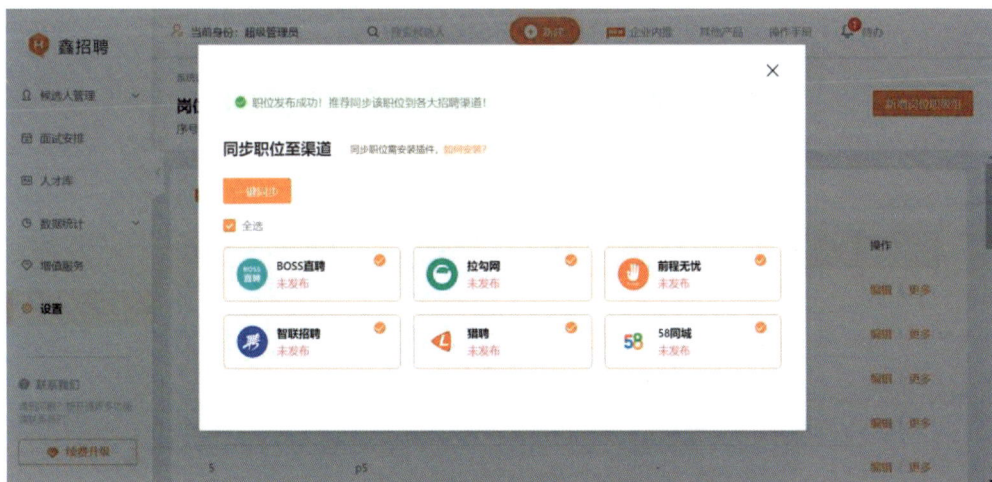

图 2-4　职位一键发布到招聘平台

（5）人才测评：企业可以使用数字化测评工具对面试者进行价值观或者人才类型的测评，帮助面试官更全面了解面试者，并可以有侧重点地安排后续的面试问题。企业可以使用成熟的 MBTI、职业锚、PDP、DISC 测评，企业也可以根据自己的价值观要求设置测评题目，人才测评示例如图 2-5 所示。

图 2-5　人才测评

（6）面试与反馈：HR 创建候选人后，候选人进入面试流程。HR 可将候选人指派给用人部门筛选、安排面试、发起 offer 审批，HR 可随时查看候选人状态和进度。使用数字化工具进行面试各个环节的及时反馈，打通钉钉日程，高效及时提醒，如图 2-6所示。

图 2-6　面试安排与反馈

（7）背景调查：进行背景调查，确认求职者的工作经历和学历等信息，确保招聘过程的合法性和透明性。

（8）发放工作 offer：通过数字化招聘平台或邮件等方式发送工作邀约，确认求职者接受工作，完成招聘过程。

（9）建立人才库。

公共人才库：被添加的候选人可暂放于公共人才库，便于有用时盘活。

黑名单：加入黑名单的候选人若再次投递公司职位，系统会发出提示。

入职人才库：已入职的员工自动加入入职人才库。

离职人才库：已离职的员工自动加入离职人才库，可再次入职。

2.4　转正及晋升

2.4.1　常见问题

（1）标准不清晰，缺乏明确的要求。

（2）流程不规范，缺少透明公开。

（3）晋升通道开放的时间不明确，员工缺少动力。

2.4.2　解决办法

（1）建立转正及晋升的制度，并沉淀在公司知识库。

（2）建立标准化流程，在线管理转正及晋升。

2.4.3　工具运用及核心步骤

1. 建立制度与机制

转正和晋升是公司常见的人力资源管理场景，公司需要建立统一制度来管理。基本上所有的公司都有相关的制度，唯一需要注意的是制度的及时更新，避免制度和实际操作两张皮。

转正时间一般是 3-6 个月，建议企业可以每月设定固定的时间统一组织转正，如将每月 3 号设置为转正答辩日。

晋升时间在很多公司都是随机的，甚至晋升的人员都是领导依据印象中员工平时的表现来确定的。为了让员工感觉到相对公平，并在公司看到发展空间。建议企业可以每年设置 1-2 次开放晋升通道的机会，明确晋升条件即可，参考案例可看标准化流程中晋升表单的说明。

2. 建立标准化流程

为了使员工提交的流程内容清晰、资料完整，标准化的表单上需要有相关的说明文字将要求写清楚。审批流程节点上角色职责也要清晰，以给予员工及时反馈。

以晋升审批表单及流程为例。

晋升条件、审批流程提交时间和 PPT 的要求在表单中说明清晰，这样做的好处在于员工可以快速获取到晋升的重点信息，对于想要晋升的人员，可以拿这些条件和自己对比，快速判断自己是否具有晋升资格。

晋升审批的流程要闭环。除了常见的上级领导和人事审批，还可以加入晋升结果的反馈节点。公司给予官方回复，再由人事和上级领导和员工进行具体职级、薪资变化的沟通。晋升审批流程如图 2-7 所示。

图 2-7　晋升审批流程

3. 发布启动通知

企业的晋升机会是面向所有员工开放的，晋升的流程也是相对公开与公平的，所以企业需要发布公告通知晋升通道开放这一重要消息。

4. 结果公示

建议企业晋升评审结果不仅要一对一给员工反馈，也对全公司进行公示。一方面是对本次晋升活动的闭环反馈，另一方面对于晋升人员的再次认可与表彰，对于其他员工而言也是树立标杆的过程。

2.5 离职管理

2.5.1 常见问题

（1）紧急离职：公司没有充足的时间储备人员。

（2）离职交接不完善：人已经离职了，但是还有工作物料没有归还公司。

（3）人员信息未更新：人员离职了还在工作群中，甚至还在发放工资。

2.5.2 解决办法

（1）用数字化流程进行离职管理。

（2）离职交接要闭环。

2.5.3 工具运用及核心步骤

1. 人才盘点

在本章第6节中会专门讲解人才盘点，在这里提到是想让企业注意，员工离职都是有迹象的，企业要多分析洞察，提前干预和影响，而不是收到离职审批后再采取挽留动作。另外，人才盘点后发现绩效持续低于预期的人员，公司要有汰换的机制和管理动作。

2. 离职申请

离职申请表单中需要说明重要事项，如提前多少天发起，不同司龄、职级的员工走不同的审批流程，申请和交接的提交顺序等。待员工离职申请和交接流程走完之后，再由公司人事部门操作移除架构。离职申请流程中，需要明确每个节点的职责，挖掘员工离职的真实原因。

图 2-8　离职申请表单及流程

3. 离职面谈

（1）了解人员的背景信息。

员工的司龄、在公司的贡献、离职的原因、上级管理者的评价等都需要提前了解，这样有助于管理者或人事明确和员工谈话的目的，以及谈话的具体方法。

（2）明确谈话的目的。

一般分为"主动离职"和"被动离职"两种情况，对于主动离职的目的一般是挽留人才，挖掘其离职原因；对于被动离职，一般是传达政策，安抚员工，避免纠纷。

（3）现场面谈。

面谈让员工愿意表达、真实表达。谈话中要明确表示尊重员工的选择，这是打消离职员工顾虑非常关键的一步。面谈过程中回顾员工的履历背景、参加过的项目经历，查阅过往的考评记录，寻找员工的高光亮点，让员工能够敞开心扉说明真实原因。

（4）谈话总结。

即使最终无法成功挽留员工，还是要以发展的眼光完成面谈，如"我们还有合作的机会，如果公司将来需要您，请您务必回来""如果您找工作需要我帮忙的话，请尽管说，我一定尽力""希望您能把在这里所学的知识用到将来的工作中，我相信您会有更好的发展前途"。

4. 离职交接

部分企业离职申请发起之后，员工就不到公司上班了，为避免这种情况，企业需要在员工培训的时候就讲明离职申请和离职交接的流程顺序。当然，企业也可以再用一个流程包含申请和交接，这个可以根据企业情况来定。

离职交接中最重要的是要完成客户的交接，需要在离职交接中重点说明。另外，工作电脑、工作手机、门禁卡等公司物品也需要 IT、行政等部门分别确认。这里可以通过流程并行审批来同时推进，既保证时效性，又保证交接完整无遗漏。建议工作交接事项一定要在线上流程中留痕，避免口头交接不清导致交接人后续工作难开展，或者出现公司物料缺少的现象。如图 2-9 所示。

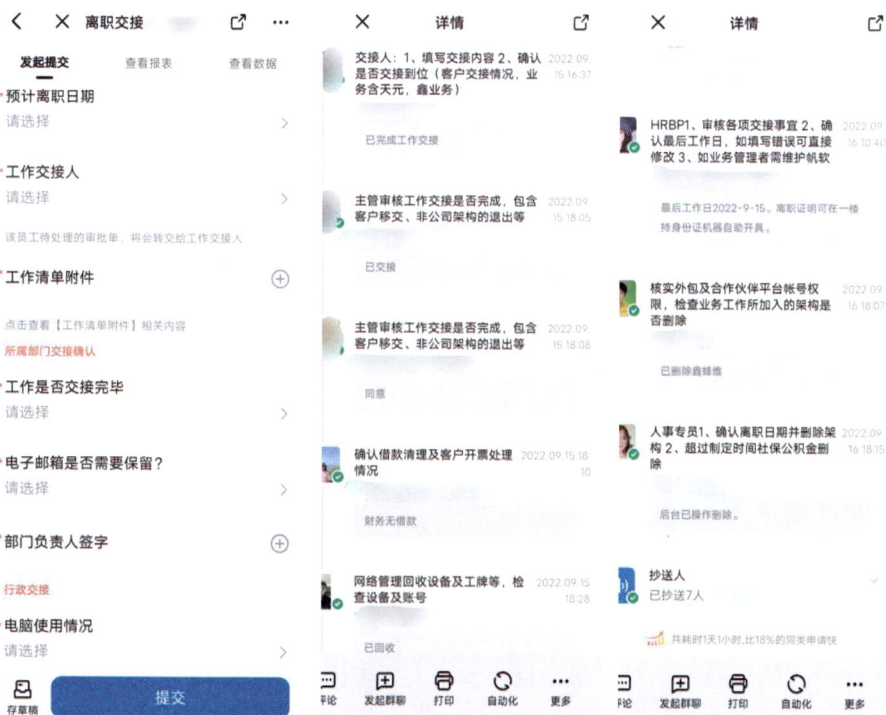

图 2-9　离职交接审批表单及流程

2.6　人才盘点

2.6.1　常见问题

（1）不重视人才盘点：管理者认为对下属很了解，能管好员工，没必要进行盘点。

（2）把人才盘点当作花名册更新：有些公司单纯把人员信息更新了一遍，把重点放在了"人数"而非"人才"上面。

（3）缺乏对人才盘点结果的应用：没有针对盘点结果及时进行人员辅导或汰换，如员工有离职迹象，但公司未从盘点结果中分析洞察，等员工提出离职申请后，公司才介入管理。

2.6.2　解决方法

（1）明确企业盘点目的，制定合理的指标与标准，保证盘点结果的有效性。

（2）掌握人才盘点基础方法——九宫格法，进行人员分流，搭建人才梯队。

（3）已有数字化管理基础的公司，可以借助数字化工具提升盘点效率。

2.6.3　工具运用及核心步骤

1. 了解人才盘点基础知识

人才盘点的终极目标是"需用人时，可随需所取"。其次是"为公司培养、发展锚定人才方向"。

对企业而言，有了足够的准备，企业就可以及时调整人员构架，因地制宜地进行人才调配，使核心业务得到更好的推进和发展。通过识别人才的优势和不足，了解他们的能力和工作表现，并找出哪些人是企业的核心骨干。进而采取适当的培养、考核和激励措施，有针对性地提升人才的贡献度和团队协作能力。

2. 明确盘点目的与对象

人才盘点的核心本质是要帮助企业解决人才方面的问题，明确了盘点的主要目标，后续在盘点人员目标、使用工具、测评方法上都会有不同的侧重。以下几种分类是企业常见的人才盘点目的与对象，如表2-2所示。

表 2-2 人才盘点目的与对象

分类	目的	对象	盘点时间
发掘潜力人员	期望了解人才全貌、摸底人才现状，为下一步的人才任用提供依据	全员	一年 2 次
寻找储备干部	建设管理层后备梯队，发掘内部高潜人才	管理者和骨干员工	一年 2 次
合理规划人才	为新业务、新市场或业务转型寻找可用之才，人才断层	业务部门	新项目开始
定期管理人才	每年的常规性动作，人才能力数字化、人才档案清晰化	全员	年底总结

3.采用合适的人才盘点方法

企业中常用的人才盘点模型很多，采用哪种人才盘点模型，要根据企业的需求而定。下面将以 90%公司都在应用，且比较容易上手的潜力—绩效模型九宫格法为例，阐述如何开展人才盘点。

人才九宫格按照业绩和潜能高低，将人才分为九个类别，放入对应的格子中。如 1 格人才应尽快提拔使用，9 格人才应考虑转岗使用。人才九宫格体现了人才管理的分类原则。

4.绘制人才九宫格

企业可以设置多个考核项来整体评估，将被盘点人员填入九宫格相应的位置中，初步绘制出人才九宫格。考核项可以设置三档评分，如 3.5 满足预期，3.25 低于预期，3.75 高于预期。表 2-3 是某公司考核项与评分标准。

表 2-3 九宫格考核项与评分标准举例

分类	考核项	评分标准
绩效	本年度绩效评分	3.25/3.5/3.75
	最近一次晋升时间	一年前/两年前/三年前/入职不满一年
潜力	成长趋势	维持现状/进步
	晋升潜力	X 年内有能力晋升/在原层级发展/需终止合同/新入职或换岗，暂不评估
	强项、待发展项	不超过 3 项
	未来 6-12 个月培养计划	管理岗储备/业务岗提升

5. 召开人才盘点会

为了保证能够达成共识，为人才盘点后续的工作奠定基础，HR 需要从参与人、参与流程、参与规则等方面充分保证人才盘点会的有效性，而不是走过场，否则很容易导致人才盘点项目"虎头蛇尾"，有盘点无应用。

6. 人才盘点结果应用

企业可依据人才盘点报告，针对人才的优势和不足，结合公司实际情况，与员工沟通、制定员工个人发展计划，帮助员工实现自我突破。人才九宫格对应的管理方式如图 2-10 所示。

图 2-10　人才盘点结果应用

对绩效高的三类人群，应及时落实相应的激励方案：

"超级明星"应制定长短期相结合的激励方案，作为激励资源的重点倾斜对象；

"绩效之星""潜力之星"也应给予一定激励，以促使其尽快转变、成长；

"中坚力量"应给予适度调薪或发放奖金，对这部分人才加以保留。

7. 数字化人才盘点工具

如果公司有做人才盘点的基础，也在用数字化平台办公，希望更全面、多维地进行人才盘点，就可以用数字化工具做 360 度评估。

2.7 考勤管理

2.7.1 常见问题

（1）考勤制度不完善：缺乏有效的考勤管理方法和监督机制，监管难度大。

（2）考勤数据统计难：考勤数据来源繁多，汇总起来很麻烦，核算烦琐，易出错。

（3）考勤信息滞后：很多企业会出现后补假勤流程的现象。

2.7.2 解决方法

（1）完善考勤机制，做到事前审核，避免后补。

（2）运用数字化工具高效管理考勤。

2.7.3 工具运用及核心步骤

1. 考勤机制

考勤管理对于企业而言是非常重要的，它不仅可以对员工的出勤情况进行监管，还可以对企业的管理效率产生积极的影响。考勤机制中需要规范考勤时间、考勤方式、假勤流程等。考勤机制中的重点内容可以放在请假、出差等假勤表单上说明。

2. 考勤管理

考勤管理是企业管理的重要组成部分，目前钉钉平台上的考勤应用已经比较成熟，能够满足不同行业多种形式的考勤管理。考勤设置通常包括以下内容：设置考勤组、设置班次（目前已支持固定、排班、弹性、自由等多种班次）、排班、考勤规则管理、设置考勤报表。

多样化的排班使得企业考勤管理既人性化又规范化。轮班制的企业可以通过单个排班、周期排班、Excel 批量排班等方式高效排班。劳动密集型用工、灵活用工的行业也可以在钉钉上进行按对象排班、多维度排班、批量排班，适合餐饮连锁/零售/服务业、医疗行业、制造业。

3. 假勤管理

假勤管理是考勤管理不可或缺的一部分，规范化的假勤管理规则和数字化的流程可以提高企业考勤管理的效率和考勤数据的真实性、准确性。

每家公司基本都在使用的假勤流程有请假、外出、出差、加班。需要注意的是事前申请，避免后补。请假中事假、病假、年假、产假、陪产假等假别设置和余额发放能够让员工和企业都一目了然，每个企业可以根据需求设置请假时长核算规则，钉钉已经可以支持精细化假期管理，涉及实操比较多，建议打开钉钉后台操作。

4. 考勤统计

钉钉的考勤统计实时生成，管理者可以按照权限查看。拥有权限的管理员可以在后台查看月度汇总、每日统计、原始记录，如果企业对考勤报表有个性化的需求，还可以使用专业版考勤来自定义报表，如下表 2-4 所示。

表 2-4　专业版考勤

模块	子模块	效果描述
高级考勤报表	报表专家模式	自定义字段、设置汇总字段
	考勤封账	封账后考勤结果不允许修改
	年度报表	支持年度考勤数据汇总和导出
高级考勤统计	团队统计	设置统计周期、统计内容和查看对象
	员工统计	设置统计内容、查看范围和时间显示

2.8　绩效管理

2.8.1　常见问题

（1）绩效考核耗时长：采用传统纸质或 Excel 表，易出错。

（2）考核流程不透明：考核流程无法实时在线同步，员工无法及时看到考核进度，协作不畅。

（3）缺乏及时反馈：缺乏考核评估前与员工的沟通，导致员工不认可考核结果。

2.8.2　解决方法

（1）绩效制定需要在考核前相关人员谈话达成一致，考核后 HR 追踪校对结果，达到绩效管理闭环。

（2）使用数字化工具线上推进，保证内部政策变化实时同步，自动统计结果。

2.8.3　工具运用及核心步骤

1. 绩效目标制定

（1）目标制定的原则（SMART 原则）。

SMART 原则让员工更明确高效地工作，更是为管理者将来考核员工绩效提供标准，使考核更加科学化、规范化，保证考核的相对公正、公开与公平。如表 2-5 所示。

表 2-5　SMART 原则

SMART	代表什么	详细指什么
S	具体(Specific)	绩效考核要切中特定的工作指标，不能笼统
M	可度量(Measurable)	绩效指标是数量化或者行为化的，验证这些绩效指标的数据或者信息是可以获得的
A	可实现(Attainable)	绩效指标在付出努力的情况下可以实现，避免设立过高或过低的目标
R	相关性(Relevant)	绩效指标是与工作的其他目标是相关联的；绩效指标是与本职工作相关联的
T	有时限(Time-bound)	注重完成绩效指标的特定期限

（2）目标制定的流程。

管理者和员工对于目标进行沟通，对目标达成共识——员工提交目标——管理确认目标。

建议企业一定要遵循这样的流程，以避免绩效考核不理想、绩效结果员工不接受时，才发现管理者和员工对目标的理解都不一致。

对于高职位的员工，还可以让员工先写目标，然后再与管理者进行沟通。这样做的好处是可以通过写目标来检查员工对于自己工作的规划。

（3）以双轨制考核为例讲解。

在绩效管理中双轨制考核是最有代表性的考核方法，所谓"双轨制绩效考核"就是从业绩和价值观两个维度进行考核，如表2-6所示。

表2-6 双轨制绩效考核

考核维度	考核周期	指标标准	考核方式
业绩	月度	（1）绝对值法 （2）相对值法 （3）百分比法 （4）指标等级法	提供业绩数据
价值观	季度——销售部门 月度——非销售部门		举出实际案例

绝对值法：根据具体的业务指标，直接采用实际数值来评估业绩。例如，销售额、利润、市场份额等可以直接用货币金额或百分比表示。

相对值法：将业绩指标与参考点比较，确定相对表现。如：市场占有率、增长率。

百分比法：将业绩指标转化为百分比形式，便于比较和分析。例如，销售增长率、成本占收入的比例等。

指标等级法：将业绩指标分为几个等级或类别。例如，按优秀、良好、一般等级。

通过双轨制绩效考核，企业的员工可以分为以下五类，企业要识别员工类型并因材施教，用人所长，将人力资源最大化。如图2-11所示。

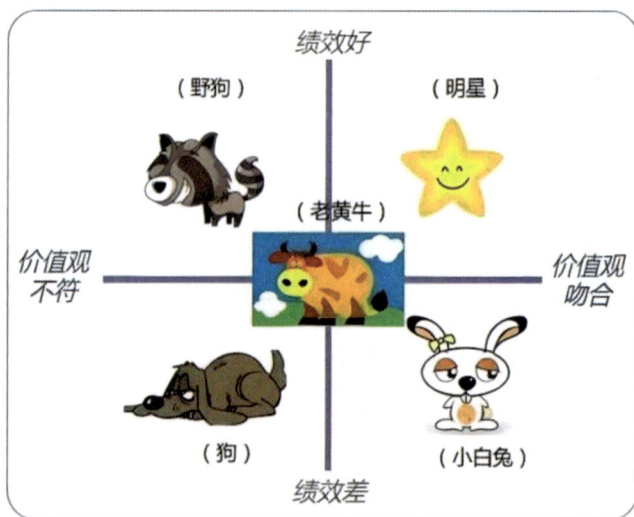

图2-11 双轨制人员分类

2. 辅导改进

辅导改进的本质是管理者及时发现员工工作中的问题，协调资源、给予支持，帮助其解决问题，拿到结果。管理者要留意员工的以下行为：呈现低效率或低产出、缺乏积极性或动力、频繁地出现错误或出现质量问题、与同事或上级的关系紧张、出勤率下降、呈现消极的情绪和态度、社交退缩或孤立、开始避开与同事的社交互动、变得孤立或沉默，他们可能不再参加团队活动或会议，或者与其他人的交流减少。

3. 反馈面谈

（1）面谈前。

找一个相对比较私密和安静的环境。面谈的时间不能太长，不要超过一个小时。面谈的过程中要多提问、多听、少说。管理者和 HR 要把数据理出来，如这个员工平时的业绩达成情况怎么样、有没有好的案例、他应该怎么去改进、我们应该怎么去辅导。

（2）面谈中。

要先让员工自评，员工先给自己照下镜子，然后是主管评价和 HR 监督。比如目标是什么、过程怎么样、结果如何、有哪些问题、哪些地方需要提升改进等，要拿出相应的案例，还要进行相应的意见辅导。

（3）面谈后。

双方要对照，我们要不断地追踪员工有没有按照改进方案去做。

4. 绩效考核

前面我们通过双轨制绩效考核的方式对员工进行了评估和分类，区分出明星、白兔和野狗也不是最终目的，而要将考核结果应用在人员管理上。

在日常管理上，企业需重点关注两头，也就是抓住"2"，解决"1"，对中间的"7"以辅导为主。

对于前 20%的员工：树标杆、立榜样，给予物质与精神的褒奖；

对于中 70%的员工：做好辅导，帮助他们建立结果思维与目标意识；

对于后 10%的员工：绩效谈话与改进措施，如果连续多个月 10%，要及时将这部分员工汰换，避免造成更大的损失。

2.9　薪酬管理

2.9.1　常见问题

（1）核算效率低：用不同 Excel 表汇总易出错，需要反复核对。

（2）变动情况滞后：已批准的调薪未生效，导致并不是收到调薪审批就立即能够维护到薪资表。

（3）工资条发放不便利：需要一一发放纸质工资条。

2.9.2　解决方法

（1）明确企业的算薪基本公式。

（2）利用线上化工具，实现算薪自动化，同时优化工资条确认流程。

2.9.3　工具运用及核心步骤

1.设置薪资规则，完成基本设置

薪资规则必填字段如表 2-7 所示。

表 2-7　薪资规则必填字段

名称	性质	说明
人事信息	必填，部分系统会自动获取	姓名、部门、职位、工号等从智能人事花名册自动提取数据
考勤信息	必填，部分系统会自动获取	事假、病假、入离职缺勤天数、入离职缺勤扣款等
薪酬公式	必填	对薪资项进行公式配置。配置界面与 Excel 公式编辑类似

2.计算工资，处理浮动薪资

填写基本工资、岗位补贴、通信补贴、午餐等的值，也支持个性化调整。

3.计算个税

在智能薪酬内认证成功的报税主体才能进行个税计算或申报。对接税务局自动计算及申报个人所得税。

4. 工资条设置及发放

算薪结束后可以发布工资条让员工确认，薪酬管理人员可以通过工资条反馈情况及时沟通及调整，避免出现错发、漏发等情况。工资条如图 2-12 所示。

图 2-12　工资条

薪资结果自动生成报表，人效清晰可见，可辅助企业经营决策。如图 2-13 所示。

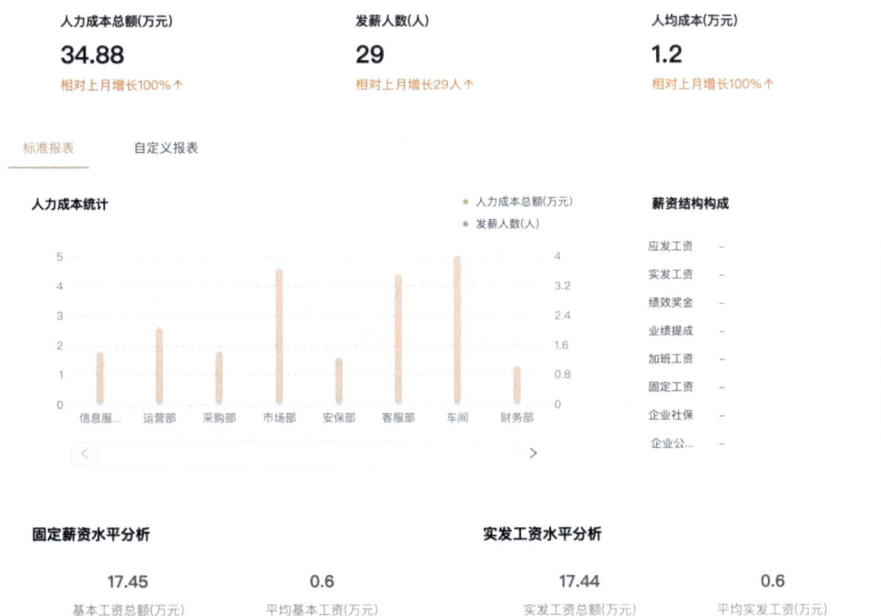

图 2-13　薪酬看板

2.10　企业文化

2.10.1　常见问题

（1）缺少落地：企业文化仅有口号和标语，但没有具体释义及行为准则。

（2）文化宣贯太分散：企业文化内宣不足，没有平台沉淀和传承下来。

2.10.2　解决方法

（1）企业文化宣传要有统一的入口。

（2）树立企业文化的标杆案例。

（3）使用数字化工具打造企业文化氛围，实现"铺天盖地"，线下和线上都要有体现。

2.10.3　工具运用及核心步骤

1. 制定公司文化活动计划

企业文化是由全体成员共同拥有和分享的，是关于组织目标和行为的一系列重要观念。将企业文化落到实处，能够给员工强大的感召力，企业可在一年中开展多样的文化活动，如表2-8所示。

表 2-8　企业文化活动一览表

	事件	难易程度	呈现位置	说明
日	自助机器人	高	全员	回答员工常见问题，如：发票抬头
	企业日刊	中	全员	每日大事件、好人好事向全员推送图文
	企业门户	低	全员	开机启动图与工作台共同打造企业颜色
	战报	低	全员群	提升企业积极、协作的工作环境和氛围
	企业社区	低	云社区	实时展示公司最新宣传物料
	生日祝福	低	全员群	提升员工幸福度
	周年祝福	低	全员群	提升员工幸福度与企业认同感
月	各类补贴	低	部门	优秀的企业政策进行引导

续表

	人物志	中	全员	加强优秀员工宣传，树立标杆
	生日会	低	各部门	提升员工融入度
	团建活动	低	各部门	提高团队凝聚力
季	作战补给包	低	业务	高强度工作时发放如：防暑物品、零食等
	员工荣誉	低	部门	建立业绩排名，缩小差距
	工牌文化	低	全员	根据员工荣誉等级发放不同样式的工牌
年	年陈文化	低	全员	让员工了解企业发展史，从而更理解公司
	家书	低	全员	对员工家人送去新春祝福
	文化墙	低	全员	展示企业使命愿景、价值观
不定期	法定节假日福利	中	全员	国庆、中秋、春节等
	特殊节日福利	中	全员	如 1024 程序员日、妇女节、六一儿童节、教师节、七夕等

2. 选择合适的数字化工具

图 2-14　文化落地全景图

3. 搭建企业内部论坛

最新动态、制度规章即时触达，将版块分门别类，实现有效、多向的沟通方式，满足员工多个场景沟通讨论的需求。如图 2-15 所示。

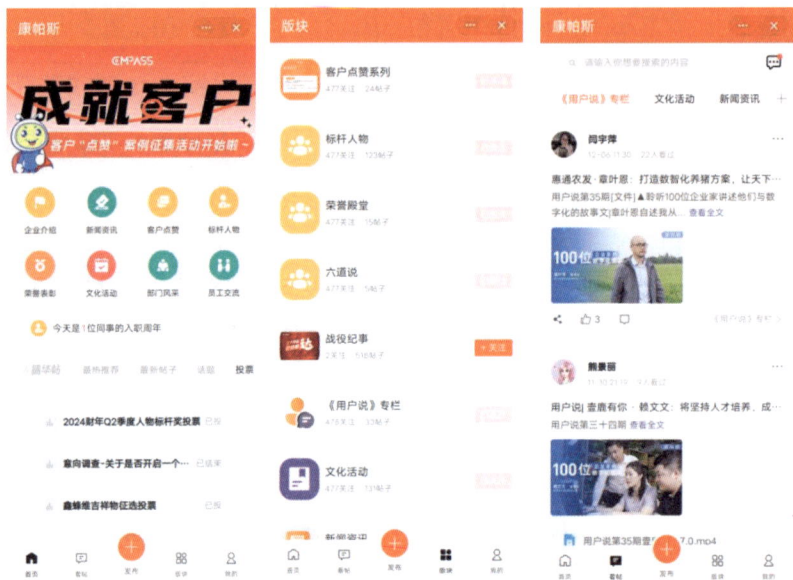

图 2-15　企业内部论坛

4. 建立积分体系

表扬符合价值观的行为并激励，让员工自发践行企业文化。用荣誉表彰来助力企业设立榜样。公司可以设置积分、勋章、积分兑换活动，如图 2-16 所示为积分体系。

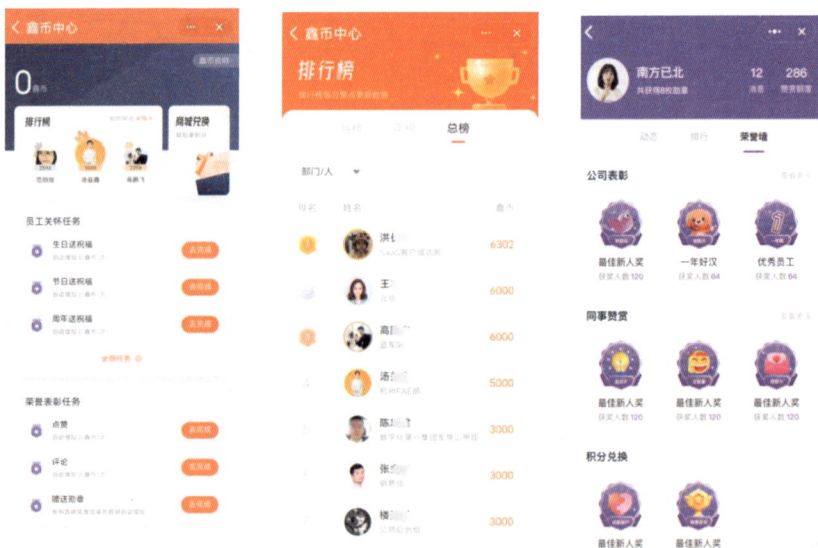

图 2-16　积分体系

第3章

知识与培训管理

■ **学习目标**

将零散的经验和信息沉淀为系统化的知识，让组织的知识和经验复制到每一个人身上。

（1）把知识分门别类存储起来，方便查看和维护。

（2）建立讲师体系、课程体系，发现标杆、复制标杆，提升员工战斗力。

（3）让知识流动起来，为每个员工配备一个有问必答的专属助理。

3.1 认知知识管理和培训管理

3.1.1 知识管理的重要性

帮助企业共享信息，缩短企业人才培养周期，最终达到提高组织业绩的目的。

3.1.2 知识管理常见的误区

知识管理的目的是应用知识，大部分企业把重点放在了收集、存储知识上，常见误区如表 3-1 所示。

表 3-1 知识管理的常见误区

是什么	不是什么	说明
需要建立一套知识管理机制让知识运转起来	买一套系统就可以解决问题	虽然技术是知识管理的重要工具，但过度依赖技术可能会导致忽视了知识的创造、应用和分享的社会和人文因素。管理者需要避免这种现象，重视人和组织的因素
知识内容生产需要全员参与	找个别人维护一下内容就可以	员工是知识的主要创造者和使用者，如果缺乏对员工参与的重视，知识管理工作可能无法达到预期目标。企业需要鼓励员工的参与行为，尤其是在知识的创造、整合和分享等方面
知识需要及时更新	把知识录入进去就不用管了	如果企业没有有效的知识更新机制，很可能会出现知识过时、重复、不准确的问题，影响员工使用，降低使用感受

3.1.3 知识管理的解决方法

促进知识在"个体——团队——公司/公司间——行业"逐层提炼和沉淀，让员工的价值被看见，并且可以被放大。如图 3-1 所示。

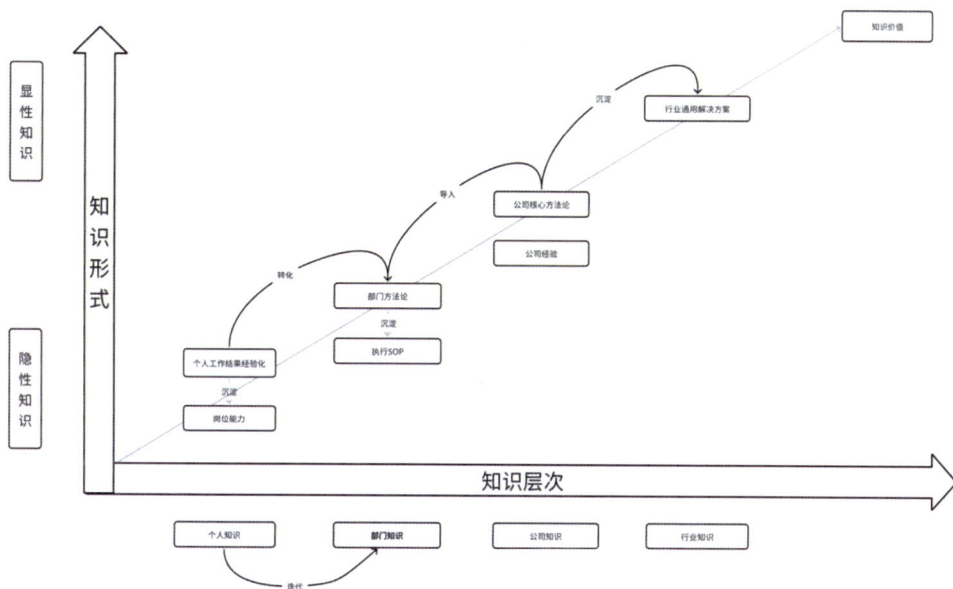

图 3-1　知识管理路径图

知识发展路径"五注意"：

（1）规范部门知识治理结构；

（2）在各部门中培养知识管理官（知识管理接口人），负责部门知识管理工作；

（3）培养员工在线协作工作的习惯；

（4）有意识地沉淀部门内部的 SOP 和解决方案；

（5）对部门外输出分享专业能力和外部信息（如行业知识）。

3.1.4　培训管理的重要性

通过培训更新员工的业务和技能知识，提升工作效率或提前应对行业变化带来的影响。通过培训关注员工成长，提高员工归属感，也有助于完善企业品牌的打造。

3.1.5　培训管理的常见误区

每家企业都有优秀管理者和标杆员工，差别在于公司有没有复制成功的思维。常见误区如表 3-2 所示。

表 3-2　培训管理的常见误区

是什么	不是什么	备注
聚焦资源，复制标杆	全部都抓，什么都教	像标杆学习才能复制成功，大部分企业的培训目标和对象就错了
与实际工作结合	纯理论，填鸭式读 PPT	培训不能流于形式，否则培训做得越多，对公司的损耗越大
用起来	讲过了、学过了	培训的目标是对工作有帮助，尤其是技能类的培训必须落实到工作中

3.1.6　培训管理的解决方法

企业需要建立企业大学，系统化进行培训管理，如图 3-2 所示。

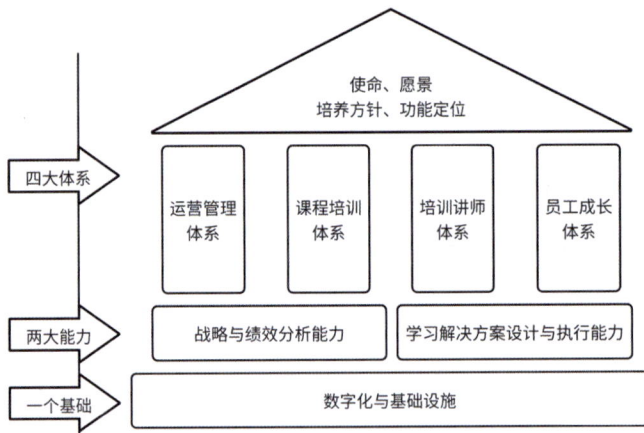

图 3-2　企业大学体系

3.2　知识管理和培训管理结合

3.2.1　知识管理与培训管理的关系

知识需要收集、萃取、总结、提炼，最终目的就是使用。尤其是让不知道、不明白、没掌握的人员学会并应用在日常工作中。培训是通过师徒制、统一学习等方式，将有效的工作方法、客户案例等传递给员工提升能力。由此可见，两者的共同目的都是人员能力的提升，知识管理和培训管理相辅相成，所以我们将两者合为一章进行讲解。

为了确保知识管理的有效性，需要以可教学、可考核、可使用为目的，通过培训反哺知识实现管理升级。不能为了培训而培训，形式化的培训工作只会增加员工的工作负担。

3.2.2　知识管理和培训管理结合的方法

知识管理和培训是互相促进的过程，企业可以逐步成为一个学习型组织，鼓励员工持续学习，并将所学到的新知识和经验分享给其他员工，可以激发员工创新创造力，为企业创造更大的价值。

知识和培训都是长期过程，需要企业和员工共同参与，并建立有效的知识管理系统。员工主动参与培训和知识分享的过程，不断提高自己的专业能力，并将所学到的知识共享给其他同事。只有企业和员工共同努力，才能够实现员工培训和知识管理的最佳效果。

员工培训和知识管理相互依赖、相互促进，共同为企业的发展提供支持。通过有效的管理机制，企业可以提高员工的专业能力和组织创新能力，有助于员工产生新的思考和创新点子。

知识管理和培训管理相结合，如图 3-3 所示。

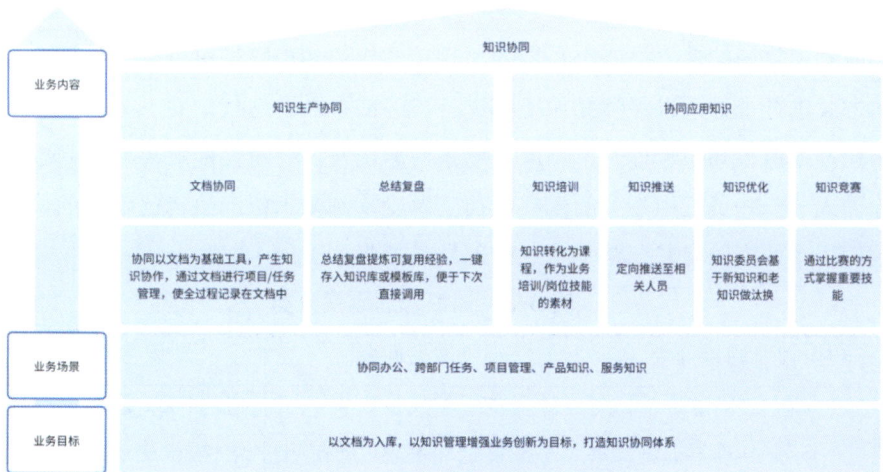

图 3-3　知识管理和培训管理相结合

3.3 知识沉淀

3.3.1 常见问题

（1）存了很多文档但没人用：很多企业把知识管理做成了文件管理，只考虑了存储的问题，忽略了是否方便使用。

（2）内容更新无法实时同步：大部分企业使用网盘无法在线编辑。

（3）知识缺少结构化，难维护：之前负责管理知识的人走了，后面的人不知道维护的逻辑是什么，导致最后无人维护。

3.3.2 解决方法

（1）知识沉淀在线化、实时化。

（2）善用数字化知识库，知识资产持续迭代。

3.3.3 工具运用及核心步骤

知识管理主要通过规划、梳理、应用、持续更新四个主要步骤达到知识不断累积和创新的目的。

1. 知识规划

企业知识管理的建立是一个长期的过程，常规的知识管理可以以项目制或成立委员会的方式进行推进，以保障知识能够进行持续的录入及迭代。

企业准备进行知识管理时，可以从场景问题出发，针对性地解决实际问题，避免最开始导入了一些员工用不到的资料，员工感受不到知识资产给自己带来的价值，最终导致使用率低下的问题。常见企业内部场景如表 3-3 所示。

表 3-3　知识管理场景分类

知识管理场景分类		常见问题	知识管理侧重点
对事	场景 1：确定事情做好	基本事项反复失误	制定 SOP，管理者日常检查
	场景 2：难事提升概率	按直觉和手感，难提升	总结方法论，标杆员工分享

	场景 3:日常深度协作	信息不畅,资料找不到	在线协同,信息透明
对人	场景 4:快速新人培养	新人懵,师傅传帮带	有新人指南
	场景 5:员工持续培养	各自为战,难复制人才	持续分享经验、培训员工
	场景 6: 核心员工离职	个人经验被带走	总结方法论,沉淀成功案例
对业务	场景 7:稀缺能力培养	核心能力无法积累	成功案例和刻意练习培训
	场景 8:标准化运营	依赖人,规模不经济	制定 SOP 和检验办法

企业可以根据实际场景创建企业公开知识库、部门知识库、项目知识库等。

（1）企业公开知识库：主要内容是利于提升员工认知或能力的资料，如行业趋势、调研报告、文档模板、通用能力培训、专业能力培训、管理能力培训、业务介绍、业务规划、业务成果等。

（2）部门知识库：主要内容是记录利于部门员工协同的资料，如部门规划、团队建设、制度规范、FAQ、SOP、工作汇报、项目文档、外部资料、培训分享等。

（3）项目知识库：主要内容是记录项目规划、过程、复盘的相关资料，如项目规划图、施工图、会议报告、复盘、项目模板等。

2.知识梳理

知识分为显性知识和隐性知识，企业中的显性知识包括但不限于企业的规章制度、操作流程、业务手册、营销策略等，这些都可以通过文件和文档的形式被明确表达出来。隐性知识则更多体现在员工的经验和技能中，例如某位销售人员多年积累的客户关系管理经验、维修工人在解决复杂故障时的直觉和判断力等。这些知识往往难以用书面形式表达清楚，主要依靠个人在实际工作中的实践和积累。

显性知识管理时，可以根据使用情况进行分类管理。常见的管理内容如下表 3-4 所示。可根据企业知识规划创建对应的知识库，把内容分门别类放在对应位置即可。

表 3-4　知识分级分类常见的管理内容

级别	分类	参考内容	示例
A 级: 高频复用	培训类	《新人入职一页纸》	比如部门制度、工作重点等你最希望新人了解的信息
		《公司文化价值观》	比如 Leader/CEO 一封信、公司使命、愿景、价值观等

		《公司制度和规则》	比如公司部门及相关职能、必知必会、红线等
	知识类	《XXX 关键难题思考》	比如业务本质思考、战略、底层逻辑、顶层设计等
		《XXX 方法论模型》	比如投放渠道转化、内容选题筛选等业务相关核心模型等
		《XXX 工具箱》	比如销售工具箱 SalesKit、内训工具箱等
		《XXX 模板》	比如项目方案模板、PRD 模板、各类会议模板等
		《XXXSOP》	比如展会组织流程、产品功能测试清单等各类执行 SOP
B 级：偶尔复用	分享类	最佳实践	比如优秀海报设计、优秀活动方案等业务相关的最佳实践
		内部分享	比如如何起好标题、如何处理客户投诉等各种学习材料
		复盘总结	比如重点业务实验/项目分析、业务核心认知迭代等
	备忘类	关键项目备忘	比如某重点项目的顶层设计、数据等相关文档
		关键沟通备忘	比如产品功能/运营方案的评审沟通等文档
C 级：只做存储	日常类	例会文档	比如周报、日报、各类会议的纪要等
		工作总结	比如部门个人年度总结、晋升汇报等
	项目类	项目设计文档	比如一般项目的方案、顶层设计等文档
		项目协作文档	比如一般项目的进展记录、沟通记录等文档

隐性知识显性化则需要花费一定的时间去进行整理，常见的企业管理隐性知识的方法有很多，列举几种方法如下。

（1）分享与沉淀：收集成功案例，分析其中的步骤和原因，并让员工进行分享，将分享内容记录成正式的文档，以便其他员工参考和学习。

（2）知识共享平台：建立内部知识共享平台，鼓励员工分享自己的经验和技巧，促进团队之间的交流和合作。

（3）培训和研讨会：定期举办培训和研讨会，邀请专家进行讲解和指导，帮助员工提升技能和知识水平。

（4）积分奖励：对知识管理和分享设置对应积分奖励，鼓励员工积极参与知识管理活动。

知识沉淀可以使用知识库进行管理，可以根据实际场景对知识库进行创建及权限设置。

3. 知识应用

知识内容沉淀后，为了方便员工使用，可以使用在线化工具，提高知识库曝光率，增加使用频率。可以把知识库放在数字化平台打开频率高的位置，如工作台界面、消息界面等，便于大家快速打开，提高知识使用的频率。日常沟通中的文件，也可以一键添加到沟通群内，如图 3-4 所示。

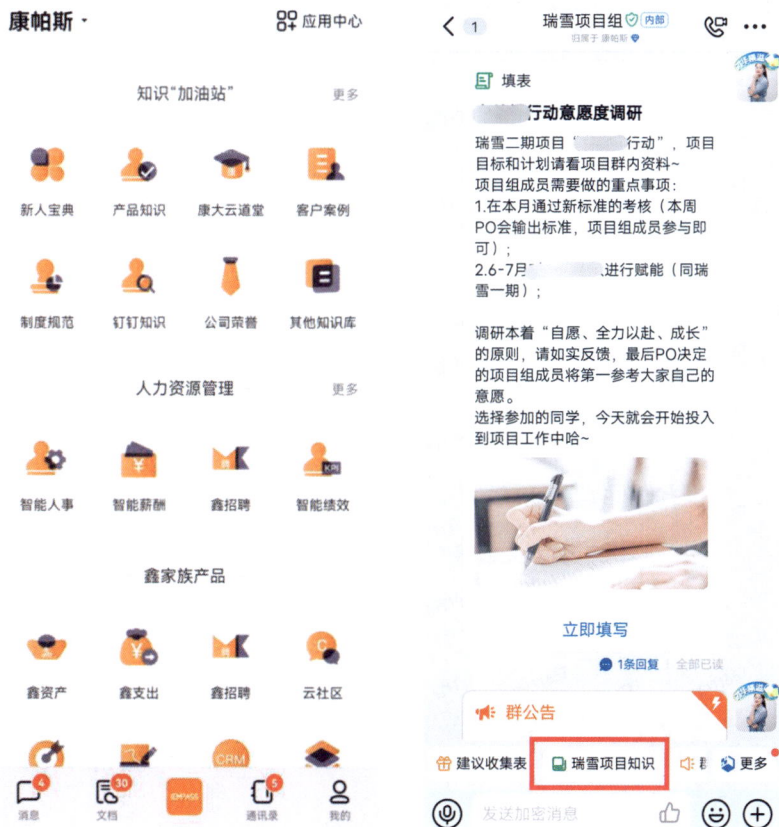

图 3-4　提高知识曝光率

4. 知识更新

知识资产沉淀后，可以定期对知识内容进行复盘优化。可以根据知识库使用情况分析出哪些文档是员工经常使用的。对于可以形成标准的内容，优化成标准模板，便于员工想要贡献知识或复用组织经验时，能够按照最优方法快速输出内容。

3.4 知识应用之内训师体系

知识应用的目标是用结构化的地图，发现标杆、复制标杆，提升员工战斗力。

3.4.1 常见问题

（1）未建立内部内训师体系：不重视内部经验方法复制。

（2）缺乏培训和发展机会：公司未安排对内训师的培训，内训师的讲课水平参差不齐，影响培训的质量和效果。

（3）缺乏评估和反馈机制：内训师无法了解自己的优点和改进点，授课内容更新、优化较慢。

（4）缺乏认可和激励机制：内训师可能感到被忽视或失去动力，而影响其表现。

3.4.2 解决方法

（1）从优秀管理者、标杆员工中选内训师。

（2）建立内训师的评价和奖励体系，激发管理者和员工的积极性。

（3）重视培训反馈和内训师辅导，不能让内训师一味付出。

3.4.3　工具运用及核心步骤

企业需要选择合适的人员并培养成内训师，如图 3-5 所示。

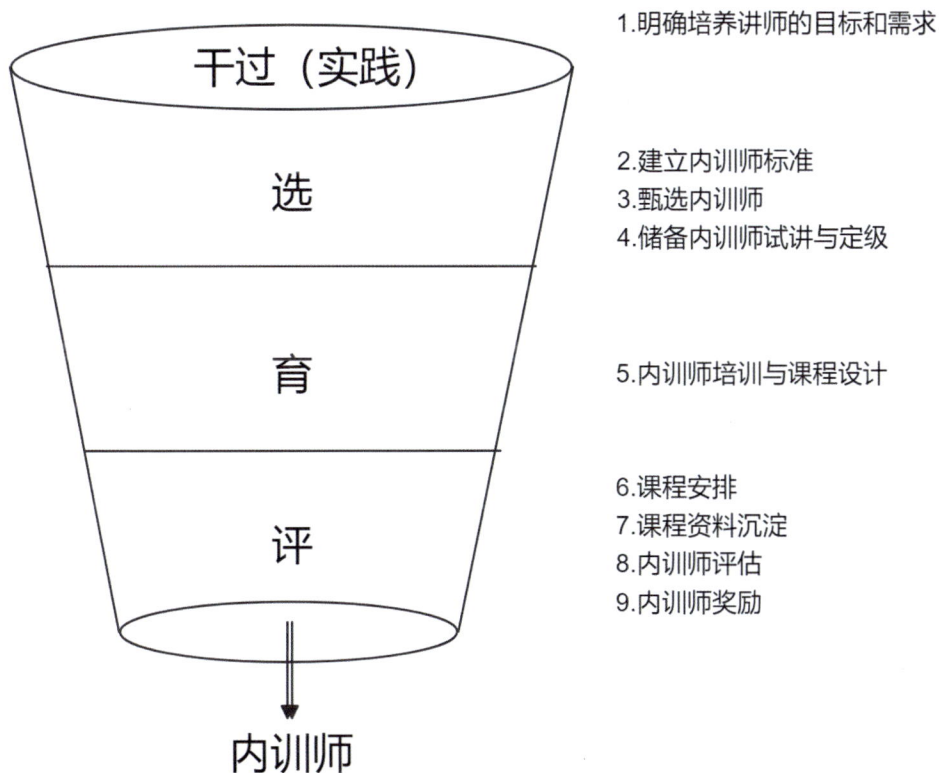

干过（实践）

选

育

评

内训师

1.明确培养讲师的目标和需求

2.建立内训师标准
3.甄选内训师
4.储备内训师试讲与定级

5.内训师培训与课程设计

6.课程安排
7.课程资料沉淀
8.内训师评估
9.内训师奖励

图 3-5　内训师管理步骤

1.明确培养内训师的目标和需求

确定您希望内训师体系达到的目标，例如提升员工技能、推动数字化转型，或培养内部专家等。了解组织内部的培训需求和痛点，并将其纳入内训师体系的规划中。

2.建立内训师标准与机制

（1）建立内训师标准与机制要解决的问题，如表 3-5 所示。

表 3-5　建立内训师标准与机制的关键问题

问题	回答
1.内训师从哪里来？	优秀管理者、标杆员工
2.谁能讲？	价值观正、有利他之心+工作成果优秀+愿意提升自我的员工
3.讲什么？	讲我所做，做我所讲，讲他最擅长的领域，讲故事
4.讲课要注意什么？	多讲故事，少讲道理
5.做内训师有什么好处？	激励机制+荣誉体系+能力提升
6.做内训师有什么职责？	以学员的吸收与实用为目标做课程设计和内容输出
7.谁负责培养内训师？	岗位专业能力由直属领导负责，其他由培训部门负责
8.如何保证课程质量？	先试讲，再优化，最后对学员讲
9.如何保证内训师的延续性？	进行内训师选拔和认证，设置星级，考评取证内训师团内部排名公示
10.如何沉淀？	知识库+线上学习平台+智能服务

（2）建立内训师标准与机制的方式。

发布方式：在企业数字化办公平台上发公告。发布对象：全公司。

3. 内训师招募

（1）三种招募方式。

方式一：自下而上。

管理者提报+自荐。管理者是最了解自己部门哪些人员适合做储备内训师的人，可以推荐储备内训师，以此预估可能报名的储备内训师人员及数量，为了分辨储备内训师的个人意愿程度，可设置"内训师报名"流程。

方式二：自上而下。

培训的部门可以和人事部门协同，拿到过去绩效比较好的管理者和业绩排名靠前的员工名单。和相关管理者了解其成功因素，通过直接采访及跟访其日常工作的方式，来发现并提炼成功因素，帮助他将个人经验方法整理成可供分享的课程内容。

方式三：公司挖掘。

培训部门在平时的工作中对人才要有敏锐度，发现有特长的人员也可与其直属领导沟通，在能力胜任且不影响其岗位工作的基础上，可将其发展为公司内训师。

（2）固定招募时间。

根据公司需求，可设置定期招募/考核次数，建议每年 2 次招募和考核，至少每年要有一次。

（3）内训师报名流程与晋级如图 3-6 所示。

图 3-6　讲师报名

4. 储备内训师试讲与定级

（1）试讲与定级方式。

试讲方式：在"内训师报名申请"中上传试讲课件，由负责培训的部门安排一周内进行试讲。建议至少 80% 的储备内训师进行线下试讲。

评级方式：现场评委打分。负责培训的部门需要在三个工作日内在"内训师报名申请"中反馈评审结果。最后用公司公告对全公司进行公示并颁布内训师证书。

评审人选：目前星级较高的内训师、老板或高管、专职内训师、大众评委。

（2）内训师等级。

教育的最高水平是激发。卓越的内训师能够激发员工积极性，启发员工思维。内训师的终极目标是激发型内训师。企业可以按照表 3-6 所示的等级与水平来设置不同星级内训师的具体要求。

表 3-6　内训师等级与水平

内训师等级	平庸	合格	优秀	卓越
内训师水平	说教	全是	示范	激发

（3）内训师试讲。

内训师试讲并评分后，对选定的内训师要颁发内训师证书，并发布公告通知。

5. 内训师培训与课程设计

（1）培训方式。

企业可以通过内部培训或外部培训提升内训师能力。前者的优势在于成本较低，而且可以根据企业的具体情况量身定制培训内容；后者的培训师的水平较高，而且培训内容比较全面，但外部培训的成本较高。

培训方式是线上或者线下，不论是哪种方式，培训之后都要进行考核，重视内训师的反馈，以内训师学会并掌握且能应用在讲课实践中为目标来组织培训。

（2）培训内容。

七类内训师培训内容如表 3-7 所示。

表 3-7　七类内训师培训内容

名称	内容	备注
内训师基本素质	公司价值观 内训师定位 内训师权责利 心理素质	帮助内训师建立清晰的个人定位
课程设计和开发培训	如何确定培训需求 如何设置学习目标 如何设计教学计划 如何选择合适的教学方法和教材	可以涵盖课程设计原理、教材开发工具和资源的使用等方面

教学技能培训	教学方法 课堂管理 互动技巧 评估和反馈	可以包括理论知识、案例分析和实际操作等形式，帮助内训师提升他们的教学能力
数字化教学工具培训	在线教学平台 互动工具 多媒体资源的使用	可以涉及工具的操作指导、优化教学体验的技巧和最佳实践等内容
沟通和互动能力培养	非语言沟通 引导讨论 激发学员参与等方面的技巧和实践	帮助内训师与学员建立良好的关系和有效的教学互动
反馈和改进机制培训	学员评价调查 教学观察 个别访谈培训	教导内训师如何收集、分析和利用反馈信息提高自己的教学效果
内训师交流和合作	分享教学经验 互相观摩和提供反馈	促进内训师之间的专业成长和互相学习

6. 课程安排

方式一：公司集中培训的内容，可以由负责培训的部门统一组织好，并发布日程。

方式二：自上而下的培训需求，可以提报"内训师邀课申请"来预约内训师，同时也记录了内训师的讲课时长，对内训师积分和内训师课程受欢迎程度都能够提供评估数据。

7. 课程资料沉淀

可沉淀在公司知识库及线上企业大学。注意分类存储，并更新迭代。

8. 内训师评估

内训师评估方式如表3-8所示。

表 3-8 内训师评估方式

方式	内容
学员调查问卷	内训师教学方法、内容理解、互动方式和教学资源的问题
学员成绩和表现评估	考试成绩、项目成果、参与度等指标 通过与内训师的教学内容和目标相对比，可以评估内训师对学员学习的贡献程度
旁听评估	直接观察课堂或录制教学视频 评估内训师的教学方法、沟通技巧、课堂管理能力等
反馈会议和个别访谈	深入了解内训师的教学风格、教学目标的达成程度，以及他们对自身教学的认识和改进计划
同行评估和合作交流	互相评估对方的教学，并分享最佳实践和经验。这种同行评估可以促进讲师之间的专业成长和互相学习

9. 内训师奖励

荣誉：可以在公司月会、季度会议、年度会议上进行认证授牌或者颁奖；也可以给讲师做个人海报张贴出来，或者留在公司文化墙上。

津贴：根据内训师的评分和讲课数量等维度，可适当设置内训师津贴。

积分：将课时与积分对应。

3.5　知识应用之课程体系

3.5.1　常见问题

（1）课程重点放错：大部分企业都将重点放在了如何提升后进人员的能力上。

（2）与业务需求脱节：培训内容与员工的工作职责和岗位要求不匹配，或者太理论化，或未提取到关键成功因素。培训的内容不够有说服力，在公司内部缺少成功案例。

（3）缺乏灵活性和更新性：课程未及时调整和更新，难适应新的需求和趋势。

（4）缺乏评估和反馈机制：课上完就结束了，或者只停留在打个分，没有跟踪课程内容在实际工作中的执行情况。

3.5.2　解决方法

（1）建立企业大学，针对不同的学员群体，做好课程设计规划。

（2）培训内容和形式要以学员应用于实际工作为检验标准。

（3）运用数字化工具，落实学练考赛闭环。

3.5.3　工具运用及核心步骤

1. 明确目标并分析需求

培训的阶段目标可以因公司发展阶段而有不同侧重点，但总目标要与组织的长期发展目标相一致。分析组织的业务需求和竞争环境，确定需要开展的培训领域和重点，通过调研、面谈或问卷调查等方式收集员工的反馈和意见。培训部门和专业内训师需要有分辨真伪需求的能力。

2. 建立系统化课程体系与大纲

打造学习型组织，需要企业建立系统化学习。企业可以划分培训对象类型，安排针对性培训，如：新员工、老员工，头、腰、腿部人才。运用数字化工具管理培训（例如某公司课程分类与培训数据看板如下）。

习道堂：主要针对新人入职培训，采用脱产+线上学习地图的方式。

立道堂：主要针对一线员工培训，提供业务技能、通用技能的培训。

问道堂：针对公司中基层管理者，提供管理能力方面的培训。

论道堂：针对公司核心高管，主要以走访的形式与其他公司高管交流。

传道堂：公司内训师池，由公司员工兼职组成，为公司其他堂的授课分享提供支持。

云道堂：沉淀线上学习课程，指派线上学习任务和考核。

培训行为过程沉淀数字化工具上后可产生可视化的培训看板，如图3-7所示。

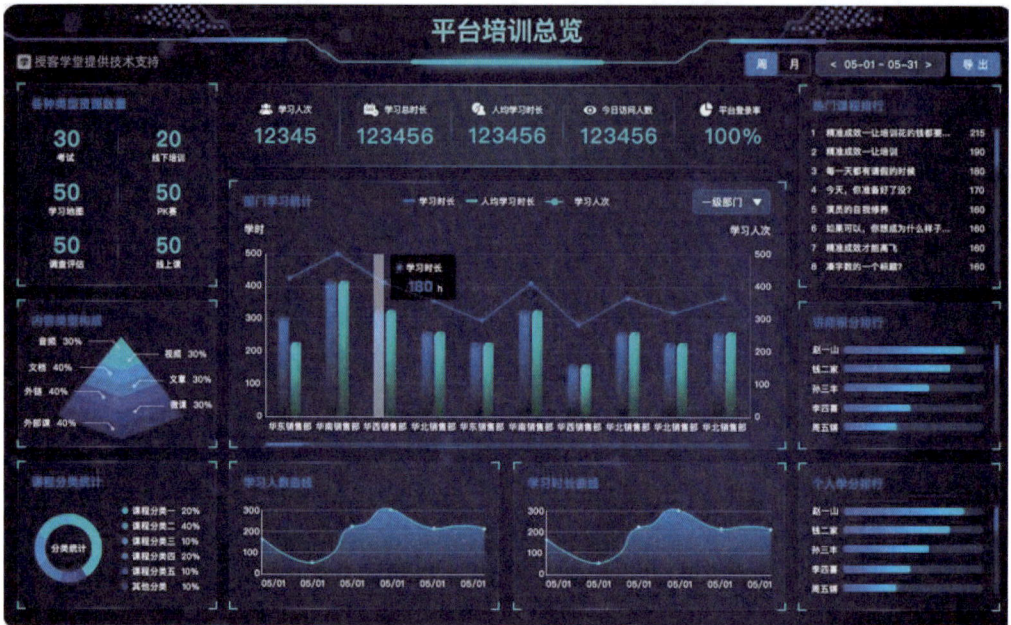

图 3-7 培训数据看板

3. 细化课程模块

常见课程如表 3-9 所示。

表 3-9 常见课程

课程名称	培训对象	课程内容
新员工入职	新员工	a. 企业简介和职责说明 b. 企业文化和核心价值观 c. 安全和规章制度
专业技能	所有员工	a. 产品知识和应用 b. 专业技能和工作流程 c. 信息技术和办公软件
管理能力	A. 管理者/标杆员工/储备管理者 B. 项目经理/大客户经理 C. 公司内部频繁跨部门协同的岗位	a. 领导力和管理技巧培训 b. 项目管理和决策能力培训 c. 人际交往和沟通技巧培训

软技能	A.管理者/标杆员工/储备管理者 B.工作面向客户服务的岗位 C.知识密集型岗位	a.创新思维和问题解决培训 b.自我管理和压力管理培训 c.时效管理和学习能力培训
职业规划	所有员工	a.个人发展规划和职业生涯规划 b.晋升与成长机会指引

4.设计课程内容

为每个模块编写详细的教学大纲、教学内容和方法。确保内容准确、有针对性，并采用适合的教学方法和学习工具。可以结合实际案例、互动讨论、模拟演练等方式提供丰富的学习体验。

（1）课程设计标准。

课程设计标准如表 3-10 所示。

表 3-10　课程设计标准

标准	方法
听得懂	大白话、生活化案例、有逻辑
学得会	简单、聚焦、重复
用得上	流程、关键动作、工具表格
有效果	行为有改变、绩效有改善

（2）课程设计步骤。

梳理逻辑：如黄金圈法则、5W2H。

收集素材：自己的故事、身边人的故事或者有影响力的故事、经典的案例、数据分析。

设计形式：如提问、分组讨论、情景模拟等。

5.设计考核评估

确定课程的评估方法和测量工具，以评估学员的学习成果和达到的目标。这可以包括考试、作业、项目报告、实际应用等。

6.实施课程培训并持续评估

企业需要根据课程体系和课程内容，实施课程培训。可以采取面对面、线上直播、学习平台自学等方式开展培训。学后要进行练习、比赛和考核。定期评估课程的效果和学员的反馈，并持续改进。根据业务需求和员工的学习需求，及时更新和调整课程内容和计划。如表3-11所示。

表3-11 学练考赛

步骤	方式	内容
学	App自学、带教、集训	标准化教材、数字化视频
练	实践、模拟、轮岗	关键动作、对标标杆、量化考核
考	考试、提案、答辩	学到了什么、如何应用
赛	抽查、业绩	组织比赛、设定课题

3.6 知识问答

为了让知识更快地进行运用，提高员工查找知识的效率以及知识触达的频率，可以使用智能工具进一步提高效率，既方便人找知识，也方便知识找人。

3.6.1 常见问题

（1）学习资料分散：资料存放在多个系统中，员工查找和使用都不方便。

（2）内部语言不统一：同一个事项有多个叫法，导致理解歧义。

（3）知识管理难量化：无法有效量化知识管理的成果，工作质量难评估。

3.6.2 解决方法

（1）使用问答机器人作为知识输出的统一端口。

（2）使用智能服务工具，自动分析数据。

3.6.3　工具运用及核心步骤

1. 人找知识：瓴羊智能客服

没有智能客服的企业，在解决重复性问题时，大多情况都靠"问"，人员无法从重复事务性工作中释放出来，直接造成内部协同效率低，延误处理时间，以及数据无法积累与管理的情况。

合理运用智能客服，通过机器人贯穿整个企业，快速响应、收集、整理和检索企业数据和知识，从而最大化地利用企业的知识资产。

（1）配置客服团队：根据业务需要划分客服小组，用户的进线咨询会按一定规则分配至不同的客服小组去承接。

（2）配置知识库：可以把历史咨询中的高频问题和解决方案沉淀到知识库，以便机器人和人工客服快捷使用，也可以根据模板导入。

（3）数据洞察：帮助企业掌握机器人数据，量化使用量。如图 3-8 所示。

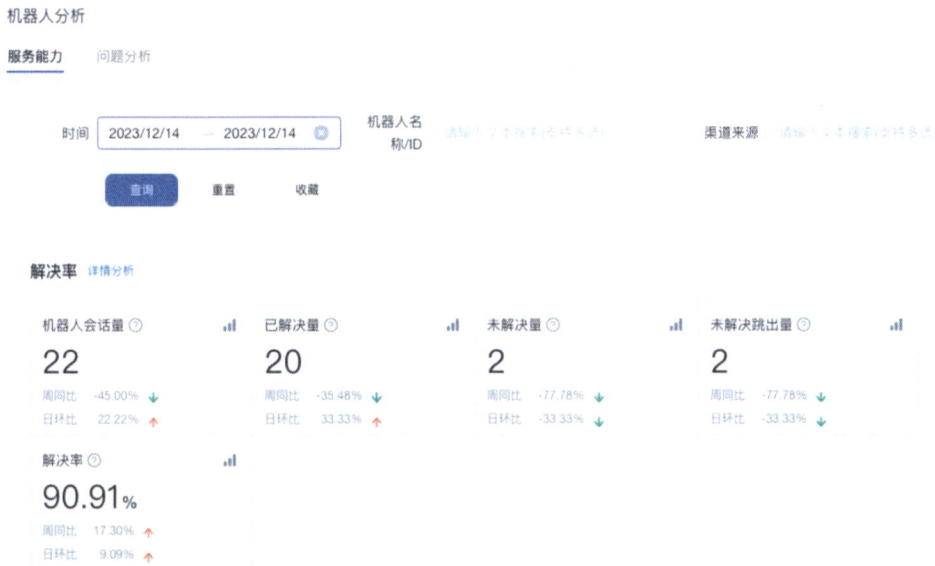

图 3-8　机器人分析

2. 知识找人：企业百科

工作中大量的沟通会以单聊、群聊的方式展开，每个企业都会有一些具有特定意义的信息（企业专用名词、行业用语、缩写词等），在聊天窗口中提及百科词条，会有下滑实线引导，点击跳转到对应的"词条卡片"，查看并了解相关信息，让知识流转更高效。

（1）词条创建：企业百科——新建词条。词条可以关联某个链接、文档、联系人应用，方便员工在点开词条后进行下一步操作。

（2）词条更新：员工可根据情况自行编辑，由管理员审核内容后即可更新。

（3）数据查看：管理员界面点击左侧边栏数据看板——百科大盘/参与度/词条统计进入对应界面，通过时间范围的选择即可查看该时间段内词库规模、词条热度、触达数及成员参与度等多项数据信息，如图 3-9 所示。

词条统计

2023-10-09 → 2023-10-17

序号	词条名	热度	点击次数	命中次数	搜索数	命中群数	命中人数
1	▓▓▓	499	0	499	0	253	346
2	云社区	41	5	36	0	13	15
3	低代码	31	0	31	0	22	23
4	SAAS	21	0	21	0	6	6
5	OT	12	0	12	0	12	12
6	鑫资产	11	0	11	0	6	6
7	CIO	10	0	10	0	10	10
8	▓▓▓▓▓▓▓▓▓▓▓	8	0	8	0	8	8
9	数字化组织管理三板斧	7	0	7	0	7	7
10	T+1	6	0	6	0	4	4

图 3-9　词条统计

第4章

行政管理

■ 学习目标

通过"物""事"在线化的管理，降低组织运行成本，提升组织运营水平。

（1）建立组织统一宣贯入口，确保组织重要通知一呼百应，使命必达。

（2）一手掌握资产全生命周期，实现一物一码，让资产管理更简单。

（3）用科技感的智能硬件保障组织后勤，让员工享受便利服务，提升员工幸福感。

4.1 认知行政管理

4.1.1 行政管理的重要性

行政管理是保障企业正常运营的基础，负责协调和管理各项行政事务，确保资源有效利用，提高工作效率，增强企业的竞争力和可持续发展能力。同时，提供良好的工作环境和员工福利，提高员工的积极性和稳定性，为企业的长期发展打下坚实基础。

4.1.2 行政管理的常见误区

行政管理的工作不容忽视，常见误区如表 4-1 所示。

表 4-1　行政管理的常见误区

是什么	不是什么	说明
组织运营保障	打杂	需要通过协调资源、组织协调、规范运作和保障稳定等方面的工作来保障运营
组织跨部门协同的支持	单项指令传达	需要与各部门进行协调和沟通，包括员工纠纷、办公设施故障等，是及时有效处理这些问题的支持者
工作环境及员工服务的保障	只做其他部门支持的工作	需要维护企业办公场所、设备设施、安全保障、员工福利、员工满意度等，保障良好的工作环境和工作体验

4.1.3 行政管理的解决方法

行政管理落实到位，可以帮助企业降本增效，提高员工满意度。其主要常见场景有发文管理、会议与会务管理、资产与耗材管理、合同及印章管理、访客门禁管理、车辆管理、食堂管理、巡检维修管理、宿舍管理等，如图 4-1 所示。

核心要求	降本			增效			提高员工满意度		
优化场景	资产耗材	车辆	巡检维修	发文公告	会议	合同印章	访客门禁	食堂	宿舍
执行模块	申请 采购 领用 借用 调拨 盘点	使用预约 派车管理 私车公用 油卡管理 保险管理 维修管理 年检管理 车况管理 电子围栏	安全巡检 整改通知 自助报修 维修派单	拟稿核稿 套红分发 收文办理 通知公告	会议通知 会议签到 会议纪要 会议任务 会议室管理 会议室设备	合同审核 合同邮寄 合同归档 合同借用 印章刻制 印章使用 印章报废 印章外带 电子印章	访客预约 访客登记 人脸闸机 访客接待	员工订餐 就餐登记 接待登记 包间管理 餐补管理	入住登记 换宿登记 退宿登记 水电费登记 安全检查 安全整改
工具层	资产平台	车辆平台	流程平台	公告平台	会议平台	合同平台	访客平台	食堂平台	宿舍平台

图 4-1　行政管理一览图

4.2　发文管理

4.2.1　常见问题

（1）无统一通知入口：信息的一致性和准确性受到影响。

（2）缺乏明确的发文流程：存在发文工作遗漏、重复或延误等现象。

（3）文件安全和保密不足：对于涉及企业内部重要机密的相关文档，没有采取必要的安全措施，容易造成信息泄露。

4.2.2　解决方法

（1）建立统一公告：实现组织重要消息一呼百应，使命必达。

（2）规范发文管理流程：明确各个环节的职责和流程，实现发文管理标准化。

（3）做好发文权限及范围管控：通过设置文件的查看范围等权限，确保文件传递、浏览过程中的安全。

4.2.3　工具运用及核心步骤

1. 制定文件管理制度

（1）文件和发文分类。

对文件进行定义和分类，可按照内容、部门、保密级别等进行分类。

（2）发文内容。

明确发文的权限和审批流程、发文的格式和内容要求、发文的编号和归档等规定。

（3）发文入口。

明确统一发布的入口平台，如钉钉公告。明确公告发布的责任部门及责任人，明确各个部门发布通知的要求，如必须提交"公告发布流程"，审核通过后，由发文管理员统一发布。

2.规范发文管理流程

标准的发文管理需要明确各级审批人员的权限和审批要求。审批流程应包括发文起草、初审、复审、最终审批、发布及归档等环节，确保发文的合规性和完整性，形成闭环管理。

（1）发文审核流程。

大部分企业的发文是线下沟通、线上审核，审批人不需要直接在审批流程中批注，这种情况可以用钉钉OA审批来完成，如图4-2所示。

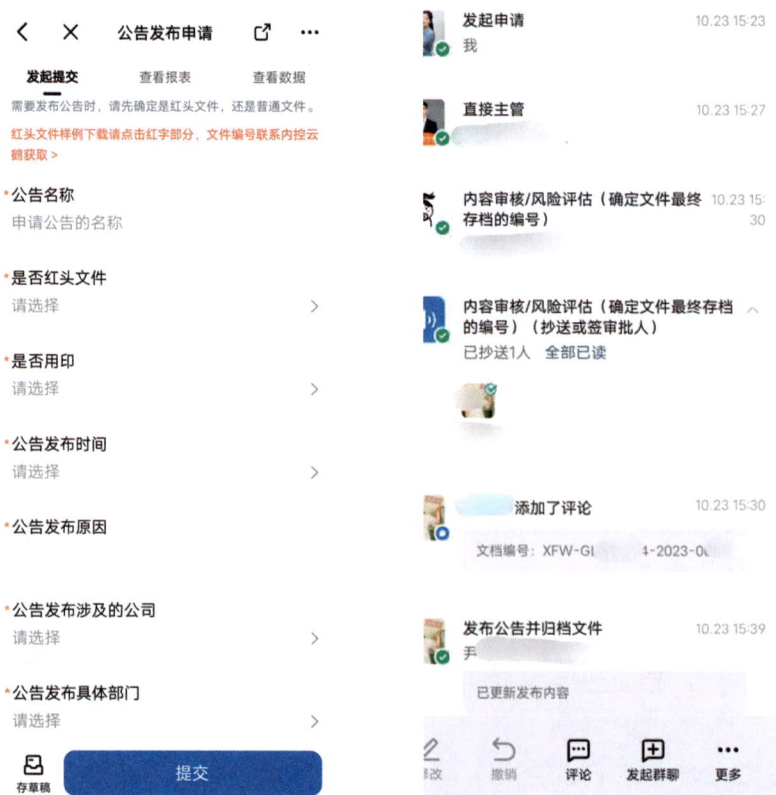

图4-2 公告发布流程

（2）在线核稿圈批。

部分单位需要在"拟稿"环节，由审批人对正文内容进行圈点和批注，如图4-3

所示。

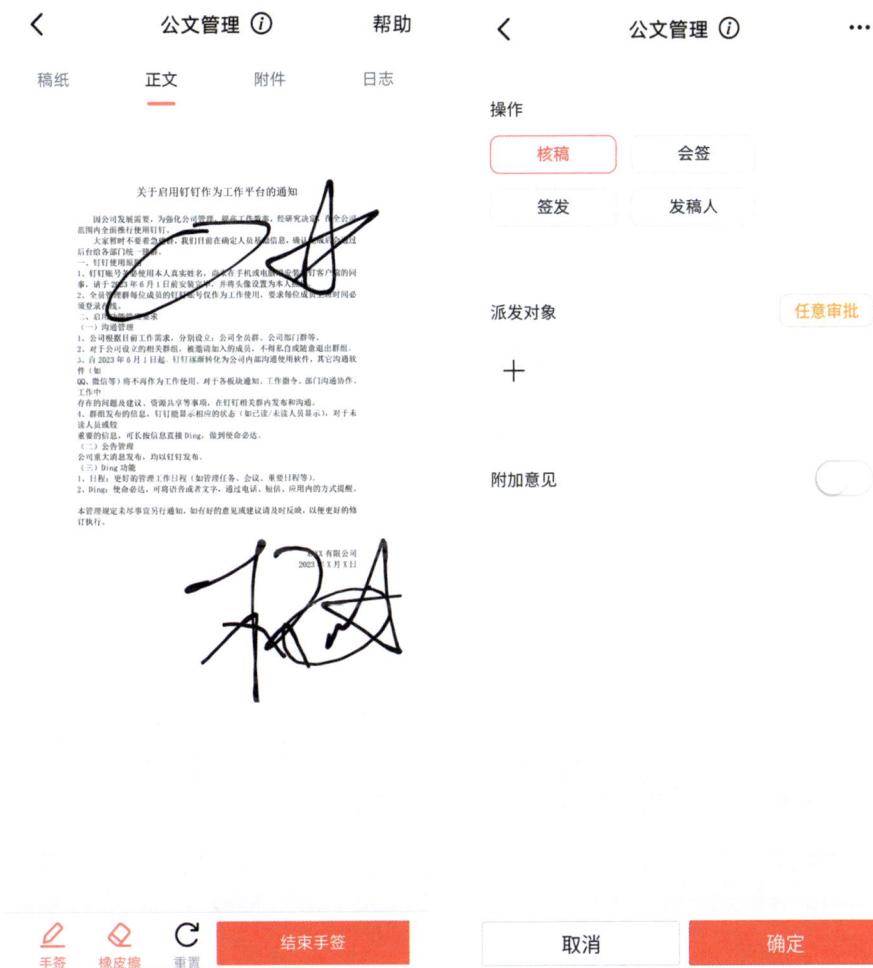

图 4-3　在线核稿圈批

（3）排版并发布。

发布公告可以查看公告的接收情况，也可以对未读人员钉提醒或下载未读人员列表统计。

（4）归档存储。

可以通过知识库统一归档文件，也可以设置文档相关权限。针对不同的文件分别设置可见范围，以保障文件仅可由有权限的人员查看。

4.3 资产与耗材管理

4.3.1 常见问题

（1）资产登记不完善：资产信息登记不准确或遗漏，甚至出现未做登记的情况。

（2）资产重复采购，成本高：无法追溯当前资产状态，出现丢失、滥用等情况。

（3）资产盘点困难：整个盘点周期长、效率低，易出现漏盘、错盘等问题。

4.3.2 解决方法

（1）在线化管理，实现资产可追溯、可查询，对资产管理更规范化、系统化。

（2）做好内部资产分类管理，避免公司重复采购，增加企业成本。

（3）将资产购置、登记、维修、处置（报废/折旧）等处理流程在线化。

4.3.3 工具运用及核心步骤

1. 增强意识并规范制度

资产管理是与企业成本挂钩的，但是很多企业都不是很重视。由财务部和行政部一起牵头制定并实施完整的资产管理制度，明确各项资产管理的范围及参与管理的部门，将各个管理部门的管理职责用流程落地。

2. 资产整理和录入

将企业现有的资产信息按照资产编码、资产名称、类别、型号、数量、价值、使用部门等基础信息、购置记录、维护记录等进行整理记录，确保数据的准确性和完整性，形成一物一码。如图 4-4 所示。

图 4-4 一物一码

3. 资产流程标准化

识别企业资产管理的关键流程,用数字化工具在线管理资产流程。如图 4-5 所示。

图 4-5 资产管理流程

4. 资产盘点

定期对企业的资产进行清查和盘点,核实资产的存在和状况。通过盘点可以及时发现资产的损失、报废或闲置情况,采取相应的措施进行处理。公司可以下发盘点任务,也可以员工主动盘点,如图 4-6 所示。

图 4-6 资产盘点

5. 耗材管理

耗材管理和资产管理的方式基本一致,唯一的不同点在于,耗材是属于消耗品,领完不需要归还，员工申领耗材时，直接显示耗材的相关剩余库存数据。如图 4-7 所示。

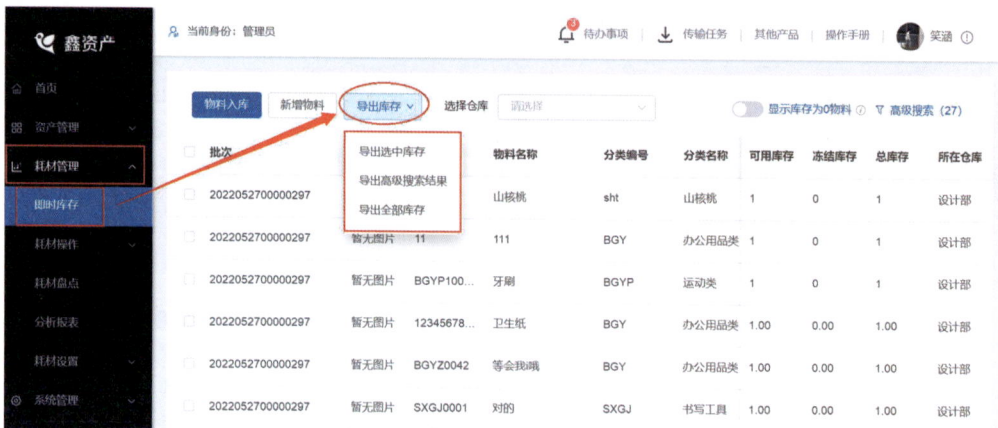

图 4-7　耗材库存

4.4　车辆管理

4.4.1　常见问题

（1）派车效率低：无法实时掌控车辆状态，漏派、错派严重。

（2）车务管理不规范：车辆保养、保险、年检到期靠人记，加油、维修等车务信息记录数据不准确，历史信息易出现遗漏或丢失。

（3）数据统计难：手动统计报表耗时长，统计工作繁重，无法全局分析车辆使用情况，浪费时间和人力成本。

4.4.2　解决方法

（1）用车流程在线化：让所有车辆数据在线，实现可追溯、可查询。

（2）车辆管理系统化：通过系统化的数据，实现车辆状态实时在线，及时调度车辆，提高管理效率，节约人力成本。

（3）车务管理进行定期提醒：实现车辆保养、保险、年检到期提醒，提升车辆的使用年限，降低企业成本。

4.4.3 工具运用及核心步骤

1. 健全用车管理制度

制定明确的车辆使用规定和管理流程，包括车辆使用权限、使用规范、维护保养要求等，确保车辆使用的规范性和合规性。

2. 规范用车管理关键流程

企业只有少量公车时，流程中只要注意加上车辆归还的节点，实现用车管理的闭环即可。若企业车辆较多，则需要进行更系统化的管理。

建立车辆使用记录系统，记录车辆的使用情况，包括里程数、加油记录、维修记录等，以便对车辆使用情况进行监控和评估。利用车辆管理工具，实现对车辆使用情况的实时监控和管理，包括车辆位置、行驶轨迹、油耗等数据的监测和分析，如表4-2所示。

表4-2 车辆使用情况

常见需求点	PaaS（平台即服务）	SaaS（软件运营服务）
车辆信息台账	√	√
司机管理	√	√
流程审核	√	√
信息记录	√	√
车辆状态	√	√
行驶里程统计	√	√
油耗统计	√	√
到期提醒	√	√
车务数据报表	√	√
实时定位	X	√
行程轨迹	X	√
电子围栏	X	√
个性化需求定制	√	X

4.5 门禁管理

4.5.1 常见问题

（1）访客真实性需核实：没有访客系统的情况下，门卫需要打电话和被访者核实。

（2）效率低：访客登记、核实都需要花费时间，会堵塞在门口。

4.5.2 解决方法

（1）使用数字化门禁硬件进行管理。

（2）灵活运用门禁管理系统，满足企业多元化场景的需求。

4.5.3 工具运用及核心步骤

1. 智能门禁系统的价值

（1）提高安全性：采用先进的身份验证技术，如指纹识别、人脸识别、密码等，可以有效防止非法人员进入，提高安全性。

（2）方便管理：集成到企业的管理系统中，实现对门禁权限的集中管理和控制，方便管理员进行权限设置和门禁事件的监控和记录。

（3）实时监控：可以实时监控门禁区域的人员进出情况，管理员可以随时查看和掌握门禁区域的安全状况，及时采取措施。

（4）提高效率：可以实现自动化的门禁管理，如自动开关门、自动记录人员进出等，提高了门禁管理的效率，减少了人工操作。

（5）数据分析：可以记录和分析门禁事件的数据，如人员进出记录、访客记录等，管理员可以通过数据分析了解人员活动情况和门禁使用情况。

2. 智能门禁系统的应用场景

智能门禁系统的应用场景如表 4-3 所示。

表 4-3 智能门禁常见应用场景

场景	内容
考勤管理	员工身份验证和考勤打卡
会议室管理	会议室的门禁，设定了会议室的员工才能进入
访客管理	用于访客的登记和管理，访客需要进行身份验证并获取临时访客权限
会议签到	大型会议现场，通过人脸门禁进行会议签到
特殊区域管理	对重要区域，如财务部、数据部、老板办公室等设置授权人员才能进入

4.6 食堂管理

4.6.1 常见问题

（1）备餐数量不准：就餐人数难统计，备餐时而不足时而浪费。

（2）现场效率低下：现场就餐流程烦琐，就餐效率低下。

（3）设备投入耗损：设备卡券投入使用复杂，长期维护更新支出巨大。

4.6.2 解决方法

（1）降低企业管理成本，可以优化食材采购和库存管理，减少食材的浪费和损耗，降低成本。

（2）提升员工满意度，刷码/刷脸无感就餐。

（3）食堂精准备餐，根据员工报餐的人数准备食材，让食堂管理更便捷。

4.6.3 工具运用及核心步骤

通过智能硬件和先进的人脸识别算法技术，基于钉钉组织架构中的人员信息、考勤信息来实现数字化食堂管理。可以采用计次（自助餐）消费、报餐消费、考勤消费等多种方式。例如考勤消费支持按考勤、出入记录、在场工作时长等多种与工作相关联的补助，如图 4-8 所示。

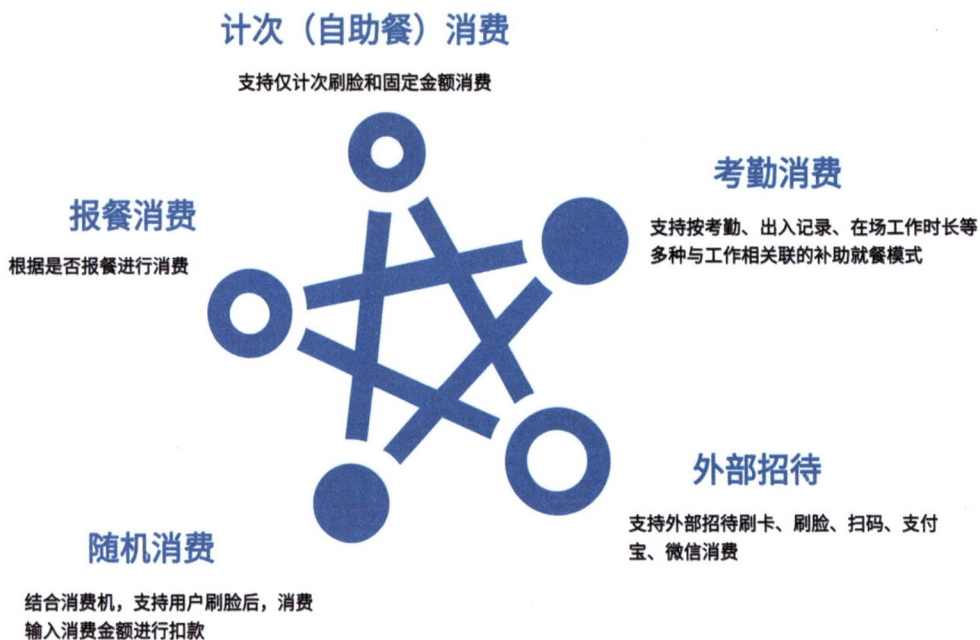

计次（自助餐）消费
支持仅计次刷脸和固定金额消费

考勤消费
支持按考勤、出入记录、在场工作时长等多种与工作相关联的补助就餐模式

报餐消费
根据是否报餐进行消费

外部招待
支持外部招待刷卡、刷脸、扫码、支付宝、微信消费

随机消费
结合消费机，支持用户刷脸后，消费输入消费金额进行扣款

图 4-8　数字化食堂消费方式

第 5 章

会议与会务管理

■ 学习目标

建立健全会议管理体系，掌握一套标准的会务管理办法。

（1）软硬结合，建立数字化会议管理体系，满足公司各类会议管理需求。

（2）打造会议管理标准流程，让企业开会有准备、有主题、有议程、有结果、有落实，让公司开好每一场会。

（3）实现所有接待会议统筹和执行的标准化和统一化，从而提升组织形象，促进交流合作。

5.1 认知会议管理与会务管理

5.1.1 会议管理

会议管理是指对会议的策划、组织、实施和评估的过程，是一种有效的沟通和协调手段。其目的是实现会议的预定目标，提高会议的效率和质量，节约会议的时间和成本，增强会议的影响力和提高满意度。

5.1.2 会务管理

会务管理是指对会议、会展等活动进行全面、系统的规划、组织和执行的过程。会务管理的重要性在于保障会议顺利进行、增强企业形象、推动内外部交流。优质的会务支持可以留下好印象，为未来的业务合作与客户沟通埋下伏笔。

5.2 会议管理和会务管理结合

5.2.1 会议管理与会务管理的关系

两者关系是：会议管理属于会务管理的一个重要组成部分，负责会议流程具体实施；会务管理面向整体会议活动，为会议管理提供全程支持，如表5-1所示。

表5-1 会务管理和会议管理的关系

	会务管理	会议管理
定位	会议支持	会议主体
重点	会议通知、场地布置、后勤服务	议程、会中讨论、会后决策、待办跟进
相同点	会议目标一致且都以参会者为中心	

5.2.2 会议管理与会务管理结合的方法

会议管理是核心，会务管理是支持，两者密不可分、协同工作、共享信息、协调资源、紧密配合。如表5-2所示。

表5-2 会议管理和会务管理结合

	会前	会中	会后
会议管理	确定会议目标，制定会议议程，准备会前资料，确定参会人员	时间控制，发言控制，推动决策	会议纪要整理撰写，任务待办跟进
会务管理	下发会议通知，选择会议场地，会场布置，设备检测，餐饮、住宿、车辆安排	提供后勤服务	会务费用报销，会务工作复盘

5.3 会议管理

5.3.1 常见问题

（1）会议过程缺少记录沉淀：无统一的归档方式，不便于后期查找。

（2）会议任务跟踪不到位：未对会议待办达成共识，或待办工作未责任到人，易出现推诿或拖延的情况，最终导致会议结果无法落地。

（3）异地会议管理质量低：由于硬件设备的配置不到位，异地开会易出现听不清的现象。

5.3.2 解决方法

（1）设立会议管理员角色，负责统筹公司级会议并优化。

（2）建立会议机制。

（3）运用数字化工具实现闪会、闪记、闪享。

5.3.3 工具运用及核心步骤

1. 建立会议管理机制

会议管理机制的建立，可以帮助组织者和参与者明确会议的目标和要求，有效地分配和利用资源，及时地沟通和协调，以及有效地监督和评估会议的成果。机制中须规范会议类型、召开频率、参与人员、议程制定、决策流程等。设立一个专门负责会议管理的团队或委员会，负责协调、计划和执行会议管理任务。这个团队可以由会议主持人、秘书、IT 支持人员等组成。

2. 会前准备

在会议开始前要对会议的目的、议程、参与者、资料等方面进行充分的了解和准备，以提高会议的效率和质量。

（1）会议室预约：使用数字化工具查看会议室闲忙状态，提前预约会议室，避免会议室冲突。

（2）发布会议日程：可用钉闪会发布会议的关键信息，邀约参会人。也可以将关键信息告知 AI 助理，由 AI 助理来派发日程。即使是从社交软件上收到钉钉视频会议入会链接，也只需验证手机号和密码，即可一键入会，开会更高效方便。

（3）会议资料发放：可将资料知识库添加到日程中，随会议日程下发给参会人员。参会人员可以通过评论的方式对资料进行提问，组织方可以及时查看评论内容并作出解答。

（4）调试设备：采购智能硬件可以使会议收音效果更好，保证会议质量。

3. 会中管理

会中管理是一种有效的管理技能，可以提高会议效率，避免无谓的争论和冲突，以及确保会议目标的达成。

（1）会议目标和上次回顾：主持人介绍议程和会议规则，确保参会人员了解会议的目的和期望。若本次会议是连续性会议，需要在会前回顾上一次会议的内容和决策。

（2）发言时间控制：钉闪会文档中可以设置议程倒计时对发言人进行提醒。

（3）屏幕共享或跟随：会议中若有资料需要共同查看，参会人可以屏幕共享或者共享文档，也可以选择跟随主持人的视角。共享文档支持穿屏打开，参会人可在文档内进行共同编辑。

（4）会议录屏：主持人可录屏，视频可转文字，钉闪会能够智能提炼会议关键词，可模糊搜索会议记录。AI 智能提炼会议要点并对视频分段，会后可高效回顾会议内容。录屏支持一键转发到相关群聊中，未能如期参会的同事也能如临现场。如图 5-1 所示。

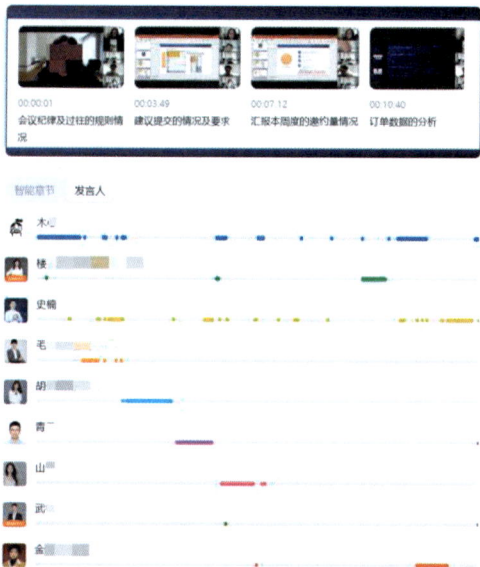

图 5-1 钉闪会会议录屏

4. 会后跟踪

会议纪要是会议的重要组成部分，它记录了会议的目的、过程和结果，整理撰写后，将其发送给参会人员。要确保记录准确无误，并及时传达重要决策，其中最重要的是本次会议的决策和后期的待办任务及责任人。

钉钉文档中提供了多个会议记录模板可一键生成模板，方便快捷。待办任务可以直接圈到对应的人员，并穿透到聊天界面提醒。主持人或会议管理员应根据任务的重要性和紧急性，定期与任务负责人沟通，了解任务的完成情况和遇到的困难，及时反馈，给予支持。

5.4　常见会议案例

5.4.1　汇报型：高管亮剑会

汇报型会议是一种常见的会议形式，主要目的是向上级或同事汇报工作进展、成果或问题。我司每周五中高层管理者都会参与"周五亮剑会"，目标是聚焦成果，拉通信息。

1.制定会议的机制

图 5-2 为某公司汇报会的机制，仅作参考。

一、每周的汇报要求

　　1.本月成果目标，目前完成进度。

　　2.本周成果完成情况，有成果的可以晒亮点，没拿到成果的写反思原因。

　　3.下周期望拿到的成果和核心策略动作。

　　【聚焦成果、周而复始、死磕到底】

二、参会人

　　1.每周四通过提交给他人的建议，聚焦对方成果，董事长批复建议的有效性，有效建议需落地、追踪，按周反馈。

　　2.如无建议，需要写从今天会上你听到了什么、学到了什么、回去准备落地什么？写了落地的内容需要有追踪，按周会有反馈。

　　【触发思考、不停学习、互帮互助】

三、其他会议规则优化

　　1.评分规则及奖罚机制优化

　　（1）月度最佳"亮剑"大师：月度现场评委打分+月度目标完成率排序得分（共15个汇报人，按完成率从高到低排序，分别得到15-1的得分）的总分为月度最佳。——次月一次免汇报、电梯海报展示、礼物、300元红包

　　（2）月度最佳"建议"大师：月度有效建议数量最多的人。——次月享受不强制提建议机制、礼物、300元红包

　　2.月度最需提升（汇报人维度）：月度现场评委打分总分+月度目标完成率排序得分（得分逻辑同上）的总分为月度最低。——300基金提交、次月会议记录员且24小时内发出会议记录至群里（请假也得看视频写完），连续两次得月度最需提升的基金翻倍（举例：7月最低300,8月还是最低600,9月再是最低1200）

四、请假机制优化

　　1.请假人无须再写日志，改成写建议或落地计划。

　　2.全勤奖励100元红包。

图 5-2　汇报会机制

2.会前通知

设置循环钉提醒，每周定时发送给参会人员，写明汇报会议目标及注意事项，明确时间、地点、人物，如图 5-3 所示。如有不能参会的人员，需要发起"会议请假流程"，由会议组织方和直接主管审批，方可通过。

图 5-3　会议通知

3. 钉闪会录屏并做会议评估

高层的会议对于公司来说时间成本和人力成本都很高，每位汇报人的汇报质量决定了会议的质量，会议的质量关乎公司的发展，所以每次会议我们都及时地做出对各个汇报人的评估，收集所有参会人员的评价和对他人的建议，及时地进行优化。评选当日表现最佳和有待提升人员。

5.4.2　分享型：管理职周例会

1. 明确会议目标及机制

分享会的参与人较多，更需要明确会议管理机制，如图 5-4 所示。

周一管理职例会介绍

会议目的： 思想统一、信息拉通、促动成长

会议内容： 内部或外部知识、信息、工具等分享及六道总结

会议流程： 每周一晚18点准时开会，如请假，需发起"周一管理职请假"的申请，每周会议结束后，需在当周日之前看完回放并完成作业提交

会议奖罚： 见图片

会议目标		高效率，高体验，高收获		
会议内容	固定环节*1	六道分享（30 分钟）		
	非固定环节*1-3	内部或外部知识、信息、工具等分享（15-20 分钟）		
	新增非固定环节月度PK机制：每周会议结束后现场扫码打分当天的课程内容进行评分，一个月通晒一次得分情况，第一名即为"月度分享之星"			
会议时间	每周一18:00开始，会议时长50-90分钟，各环节时间卡死，到时打断（保证会议最迟19:30结束，若六道分享超时则管理会群内发起500元拼手气红包）			
参会人员	固定成员	所有M序列及部分"周一管理职"群内P序列		
	放弃参会	提交审批，填写放弃参会原因，审批通过后即可不固定参加管理会——管理职一旦选择放弃，自动视为放弃管理岗位，转为P序列		
	开放报名	开放报名：开放非管理职会人员报名参会，24财年1季度限量10个名额		

	行为	监管机制	奖	惩（交纳公益基金）
	迟到	签到	/	50 元/次
	未参会	未签到/未请假	/	史楠的D：500元/人
				其他参会人：200元/人
	未提交作业	日志统计	/	100 元/次
因公请假	接待客户（有签到水印）	请假审批	/	/
	出差/外出（抄送或关联审批）			
因私请假	婚假、产假、护理假、病假、丧假	请假审批	自己/团队成员月内分享或主持1次	/
	其它			
	优秀作业/提供建议并被采用	公示	下午茶	/
	月度分享之星（自然月）	日志统计	100 元/次	/
	季度主持之星	表单评选	100 元/次	/
	非管理职人员主动分享	表单评选	50元/次	/

请假通道：　1、康帕斯架构下发起"周一管理职例会"请假审批（推荐）
　　　　　　2、将当日"出差/外出/请假审批"抄送给小安

如需处罚，由培训组公布名单，由财务部小花在群内发起公益基金的收取，或由本人发专享红包给小花。

图 5-4 分享会机制

2. 会议直播与内容沉淀

管理职例会的目的是信息拉通、统一思想，为传播的范围更广，可以采用"直播"的形式，让更多人在线学习，保持思想同频。分享型的会议中有大量的信息，都是公司宝贵的知识资产，可整理沉淀在知识库中，供全员查阅学习。

5.5　会务管理

5.5.1　常见问题

（1）会务管理方法单一：对内会议和对外会议没有进行分类管理。

（2）缺乏标准化的会议接待流程：尤其是对外接待型会议，不能只关注会议本身，还需关注参会人员整体行程体验，提前安排对应的接待人员和行程。

（3）会议后勤保障不到位：场地、餐饮、住宿和交通的安排以及会议现场茶水等供应细节处理，容易影响公司形象。

5.5.2　解决方法

（1）重视公司接待管理。

（2）建立会务管理机制。

（3）善于使用数字化硬件。

5.5.3　工具运用及核心步骤

本小节围绕企业对外接待的场景提出对应的解决方案。

1. 建立来访接待机制

企业接待来访者是企业形象和文化的重要体现，也是与外界沟通和合作的重要环节。因此，企业应该建立一套科学、规范、统一的来访接待标准，以提高接待效率和质量，增强企业的信誉和竞争力。企业常见的会务接待类型如表 5-3 所示。

表 5-3 常见的会务接待类型

接待类型	来访人员	来访目的	接待内容
商务接待	合作伙伴、客户	建立和加强业务关系	商务会议、商务午餐/晚宴、客户参观
媒体接待	记者、媒体代表或行业分析师	宣传企业的品牌、产品或事件	新闻发布会、媒体采访、媒体参观等活动
员工接待	接待内部员工或外派员工，包括新员工入职、培训等	提供员工必要的支持和关怀，并为其创造良好的工作环境和体验	员工座谈会、员工参观、年会等
领导接待	高级领导、政府官员或其他重要人士	展示企业形象、传递信息或争取支持	高级领导会晤、政府接待、重要活动接待

需要注意不同重要性的来访者接待标准要细化分级。通常对接待标准会做以下分级：陪同人员（迎接、参观、座谈）、用餐标准、接待议程安排、接待地点。比如当重要客户的关键人物来访时，需要公司高层陪同，会议行程制定时不仅要有会议洽谈的主题，还需要参观公司，了解公司发展历程等环节，来彰显公司实力，促成合作。

2. 提供必要的设施和资源

确保来访者在企业内部得到必要的设施和资源支持。这包括接待区域的舒适性、设备的可用性（如访客 Wi-Fi、咖啡/茶水等）、会议室预订等，如图 5-5 所示。

图 5-5　访客接待申请

3. 培训接待人员

企业应该对接待人员进行专业的培训，教授他们礼仪、沟通、协调等方面的知识和技能，提高他们的服务意识和水平，使他们能够热情、礼貌、专业地接待来访者。

4. 访客体验管理

提前录入姓名和联系方式，来访者会收到短信通知，提前录入人脸，来访当天客户可以刷脸进入公司，公司大屏可设置欢迎语"欢迎 XX 公司 X 总一行莅临指导"。注意细节，例如提前了解来访者的喜好、特殊需求或文化差异，并尽可能在接待过程中予以考虑和满足。尤其是在餐饮、住宿和交通安排上尤为重要，个性化的关注能够给来访者留下良好的印象。

5. 会议行程策划并安排专人陪同

根据来访目的、访客等级、公司接待标准安排来访整体行程，如是否需要参观公司、厂区，提前安排专人接待陪同并准备好讲解话术。对于企业来说，安排专人服务有助于提升公司形象，保障会议顺畅进行，并解决来访者的问题和需求。

6. 收集反馈并改进

鼓励来访者提供反馈意见。了解来访者的满意度和改进建议，并及时调整和改进来访接待标准和流程。

第6章

印章及合同管理

■ 学习目标

通过印章及合同的规范化管理，让每一次用印和每一份合同都安全合规。

（1）印章全生命周期管理，确保线下、线上用印安全合规。

（2）合同全生命周期管理，让每一份合同都能有效管理。

（3）印章和合同场景结合，提高用印效率。

6.1 认知印章管理和合同管理

6.1.1 印章管理的重要性

印章是权威和正式性的象征，具有法律效力。

6.1.2 印章管理的常见误区

印章管理的常见误区如表 6-1 所示。

表 6-1 印章管理的常见误区

是什么	不是什么	说明
明确印章使用范围和使用时间	业务需要就可随时申请领用	企业刻制后应下发正式启用文件，明确印章管理规章制度
有监管人，有明确的监管职责说明	印章使用缺少监管	印章使用应严格审批，印章管理人员对使用印章材料严格审查

6.1.3 印章管理的解决办法

眼下互联网时代，文件通过电子形式在网络中传输，效率极高。但在电子文件上，传统的手写签名或盖章无法进行，要想确保法律效力，必须依靠技术手段来替代，因此就诞生了电子签章。电子签章与实物印章或手写签名具有同等法律效力。

《电子签名法》针对电子签名的定义为：电子签名是指数据电文中以电子形式所含、所附用于识别签名人身份并表明签名人认可其中内容的数据。

目前，国家已出台一系列政策，积极推进电子签章在各行业的应用，不仅能提高办事效率，也将进一步便利市场主体，在优化营商环境的同时，也助力数字经济发展。

6.1.4 合同管理的重要性

合同管理是企业管理工作中一项重要的管理工作，有助于企业建立和维护良好的商业关系，减少风险。同时保证了企业经营的合法性和合规性，维护了企业的利益。

6.1.5 合同管理的常见误区

合同管理的常见误区如表 6-2 所示。

表 6-2　合同管理的常见误区

是什么	不是什么	说明
合同参与者要明确并执行合同管理规定	是法务的工作	很多企业管理者法律意识淡薄，认为合同管理是法务部的事情
按合同流程执行减少风险	口头约定好履约内容就可以	很多企业急于开工，对于制作合同不重视，合同签订草率，没有明确合作方的权利和义务

6.2　印章管理和合同管理结合

6.2.1　印章管理和合同管理的关系

对合同当事人而言，合同上加盖印章即表明双方当事人订立了合同的要约、承诺阶段的完成和对双方权利、义务的确认，从而标志合同经双方协商而成立，并对当事人双方发生法律效力，当事人应当基于合同的约定行使权利、履行义务。总而言之，合同一旦盖了章，就代表合同当事人需要对合同内容担责履约。

完善的公章管理制度及严密的公章使用操作规程，可以有效地预防因空白合同、授权文书等问题给公司带来损失，也可以避免因公章私用而给公司带来法律风险。

6.2.2　数字化印章管理和合同管理结合方法

电子签章是企业走向数字化经营管理的重要工具，它可以提高签署的效率和便利性，同时保证签署文件的真实性和安全性。

一站式合同生命周期管理平台，覆盖"写——审——签——管"的合同生命周期管理，如表 6-3 所示。

表 6-3　合同生命周期管理

模块	说明
写	使用标准模板合同，规范化管控合同条款和内容
审	审批和归档时 AI 智能比对文件差异，及时规避企业经营风险
签	一键签署和归档，合同台账精细化管理和管控
管	合同履约跟踪，到期提醒自定义，及时跟进待归档和续签合同；合同编号自定义，多场景合同查询更方便；合同数据管理统计看板升级，助力管理决策

6.3　印章管理

6.3.1　常见问题

（1）印章数量多，归属分散：异地用章流程人工管理难度大。

（2）印章外带，违规用章：工商、银行、税务等外带公章需求场景多，错用印章、未授权文件盖章等，用印缺乏有效监督。

（3）盖章过程难追溯：用印记录难存储，难查询。

6.3.2　解决方法

（1）明确印章管理制度。

（2）采用电子签章，提高用印效率。

（3）使用云智能印章硬件，规避用印风险。

6.3.3　工具运用及核心步骤

（1）设立管理制度：制定印章管理制度，明确印章的使用范围、权限、保管责任、申领和归还流程等。加强员工的印章管理培训和宣传工作，提高员工对印章管理的重视和意识。

（2）采用数字化用章：采用电子签章并完善线上申领流程，实现合同审批、双方在线签署合同、同步签署文件。

图 6-1　数字化用章

（3）设立印章管理责任人并配置硬件：指定专人或团队负责印章管理工作，建立保管措施，可以使用印章智能硬件，使用硬件后下压印章即可盖印，盖章过程中，印章开启摄像头，实时记录用印界面并显示印章状态。

（4）定期盘点和检查：定期进行印章的盘点和检查，核实印章的数量和状态是否与记录一致。检查印章是否损坏或过期，及时进行修复或更换。使用智能硬件管理后，盖章完成后可系统后台实时查看盖章记录、异常记录、盖章图片、盖章地址、盖印人员、盖章时间。

数字化工具支持查看印章使用大数据及轨迹，细化每枚章的每日、每周、每月用章数据，同时可以配合业务，加强管理以及实时监控业务开展的用章情况。通过图形化报表帮助领导快速了解印章相关信息，帮助企业规范印章业务流程、防范违规用印风险。

实体印章管理如图 6-2 所示。

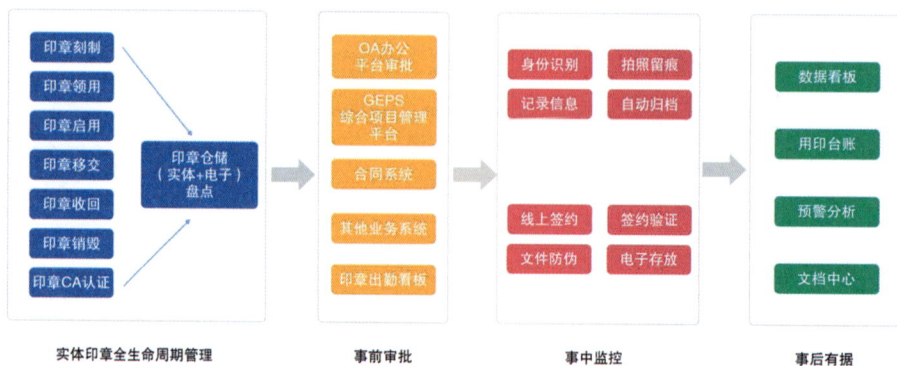

图 6-2 实体印章管理

6.4 合同管理

6.4.1 常见问题

（1）合同签订速度慢：线下审批流程耗时长、往来邮寄周期长。

（2）合同拟稿效率低：范本不全、反复修改及写上条款。

（3）缺乏履约执行监控：合同执行未全程在线跟踪，无法及时发现履约异常与风险。

6.4.2 解决方法

（1）明确内部合同管理的制度，与印章制度有机结合。

（2）使用数字化管理工具，打通合同全链条管理通路。

6.4.3 工具运用及核心步骤

1. 合同拟定与发起

数字化工具提供灵活好用的合同模板管理工具，使用者可直接发起标准模板，方便准确快捷。业务人员可根据签约类型，选择使用最新的合同模板，行政、法务人员也可轻松维护模板文件。为规范企业合同编号，数字化工具还可以实现自定义合同编号规则的功能。可以自定义多个合同编号规则，设置合同编号规则的名称、前缀、日期格式、尾号类型、尾号位数及是否有连接符。

如果遇到非标的合同，上传合同文件系统将会智能识别抽取非标合同的关键信息，自动填入审批表单，实现合同的快速发起。如图6-3所示。

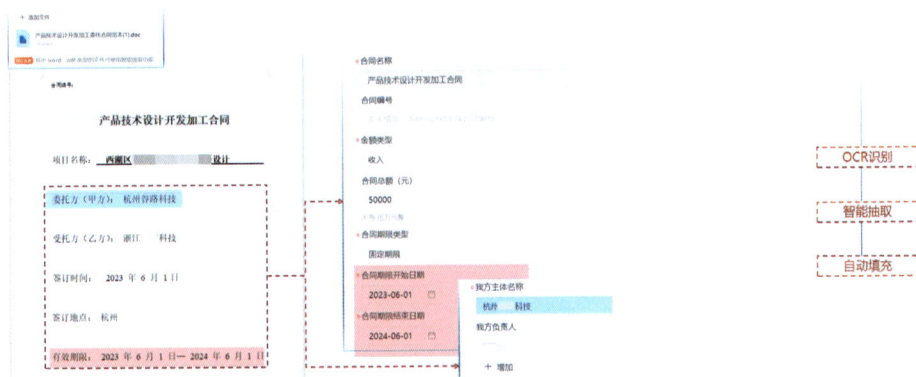

图6-3 非标合同智能抽取填充

2. 合同审批流程

基于钉钉流程引擎，自由设置合同审批流程模板，业务人员可以通过拍照、上传图片和文件等方式快速发起合同审批流程。审批人员可实时通过钉钉消息通知、查看待办详情，高效处理待办任务。审批人员完成合同审批操作后，合同发起人随即通过钉钉收到通知，可及时发起合同签署操作。如图6-4所示。

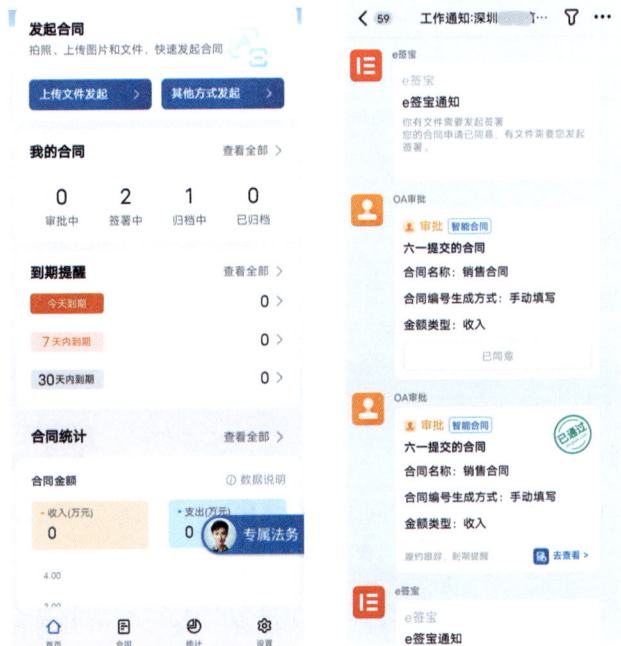

图6-4 合同审批流程

3. 合同签署

合同审批通过后，可直接发起电子签署，电子用印通过之后，合同状态也会自动更新，签署信息自动同步，管理安心。针对业务合同签署，如果企业使用电子签署，可以极大提高业务人员的订单签署效率，避免错过最佳签署时间。针对人事合同，标准模板和线上签署也将有助于公司人事管理数字化。合同签章支持手签、电子印章、模板印章等多种不同形式。合同签署如图 6-5 所示。

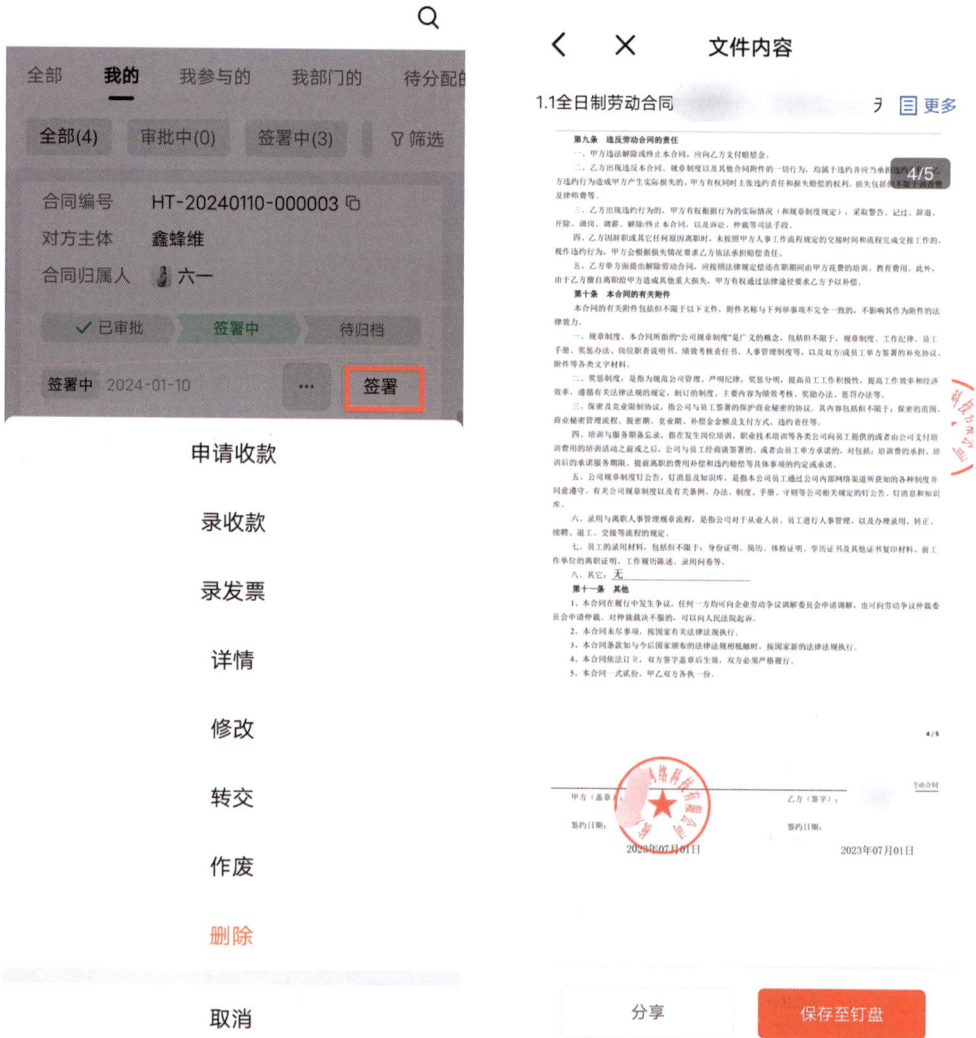

图 6-5 合同签署在线化

4. 合同归档

通过电子签章在线签署的合同，可选择自动/手动归档。线上签署合同完成后会自动转为已归档状态，关联已签署的文件。若线下纸质合同要线上归档，在完成签署后可将合同扫描件上传即可。OCR 能够帮助企业高效准确地智能对比合同，实现快速核验签署文件与审批文件是否一致，确保安全合规履约、归档，如图 6-6 所示。如果要归档多份文件，可以批量上传。文件名称与合同编号一一对应，一键匹配原合同流程完成归档操作。

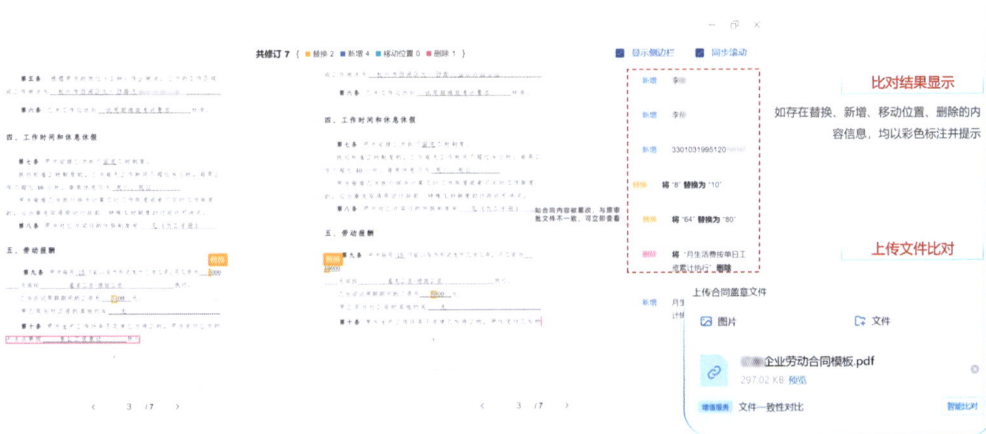

图 6-6　合同归档

5. 合同到期提醒

设置合同到期提醒规则后，临近合同期时，将通过智能合同首页、合同管理页等多处，显示提醒。如图 6-7 所示。

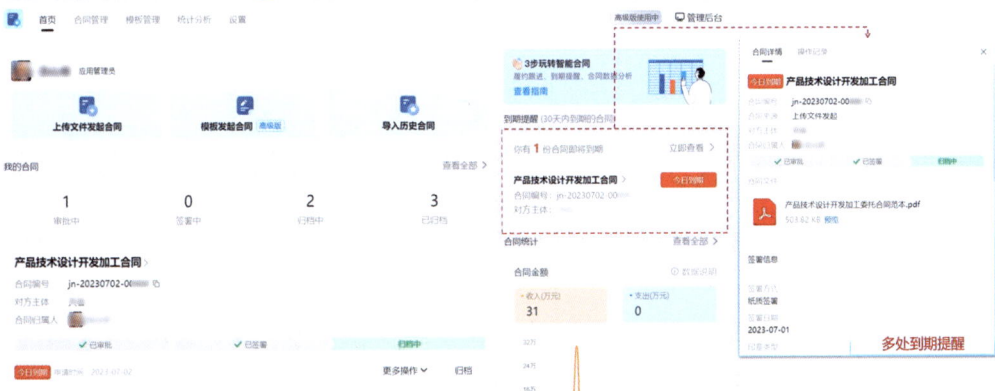

图 6-7　合同到期提醒

如果要进行更精细化合同管理，还可以通过数字化工具实现合同修改、转交、完结、删除、作废、导出，还可以查看合同操作记录。在管理上，可以查看各部门的合同、待分配的合同、导出合同明细，按照合同金额、签署时间、数量、签约部门等查看数据统计，也可以自定义数据报表，可视化掌握公司合同情况。

6. 报表管理

自定义数据报表，能够可视化掌控企业合同情况。

■ **学习目标**

统一企业差旅行为，精准控制差旅成本，提高员工幸福感，让天下没有难出的差。

（1）管理者精确掌握差旅数据，进行差旅费用分析，实现有效管控。

（2）根据企业差旅标准，建立个性化差旅规则。

（3）通过差旅平台实现员工免垫付、免报销，提高幸福感。

7.1 认知差旅管理

7.1.1 差旅管理的重要性

差旅场景是企业可控的成本之一，通过精细化的差旅管理，企业可以更为有效地进行预算规划和控制，有助于节约成本和避免不必要的浪费。

7.1.2 差旅管理的常见误区

差旅管理的常见误区如表 7-1 所示。

表 7-1　差旅管理的常见误区

是什么	不是什么	说明
执行过程要合规	人工检查执行情况	有差旅制度，但缺乏有效工具
提高综合效率	一味追求最低价	透明的同一航班/酒店价格对比和整体差旅偏好选择，无形成本花费之间的差异
改善员工体验	员工出差先垫付	报销步骤烦琐会影响员工的工作幸福感

7.1.3 差旅管理的解决方法

（1）明确的差旅制度和流程：设定合理的差旅预算，并根据实际情况进行调整，避免不必要的支出。

（2）培训宣导：让员工熟悉公司的差旅政策，确保大家能遵守规定、有效地进行流程操作，确保员工出差符合公司的规章制度要求。

（3）行程管理：关注员工的实际行程，掌握员工动向，以便快速响应突发情况并作出相应调整。

（4）费用核算：确保员工的差旅费用报销清晰、及时，减少纠纷和不必要的内耗或延迟报销。

（5）数据分析：收集和整理员工的差旅数据，根据实际情况分析各项成本、政策执行情况，从而为制定更合适的差旅政策提供依据。

（6）反馈与改进：积极听取员工的差旅体验反馈，及时调整和完善差旅政策，以提升员工满意度。

（7）总结与评估：对差旅管理的执行过程进行总结，以发现问题、提升管理水平，进一步优化企业差旅管理。

7.2 数值化差旅工具

为了降低企业出差成本并提高员工的满意度，许多企业选择与酒店集团进行合作，签订优惠价格的协议。然而，差旅场景的复杂性远超过简单的住宿问题，其涵盖了如飞机、火车和用车等多个环节。

差旅平台已经为各类差旅场景预先谈好了合作协议，企业只需要预订前设置好差旅标准，预定时根据自身差旅安排选择交通工具即可，由企业统一支付，免报销、免贴票，从而提高综合管理效率和员工满意度，如表7-2所示。

表7-2　数字化差旅工具的价值

角色	价值
管理者	a. 差旅全局实时掌握 b. 全面的数据支持，帮助决策 c. 差旅政策严格执行，不用担心真实性的问题
财务人员	a. 自动对账效率提升 b. 可以根据成本中心费用分摊 c. 机票、酒店、火车票、打车发票统一邮寄，高效合规 d. 可以对接财务系统
差旅负责人	a. 集约化采购，降低成本 b. 差旅政策有效执行 c. 差旅数据随时查看
员工	a. 不需要垫钱，免贴票报销，提高效率 b. 机票、酒店、火车票、打车在一个平台实现 c. 差旅政策清晰、流程线上化，幸福感提升

企业使用差旅工具后在出差、报销上都会更加快捷有效，如图 7-1 所示。

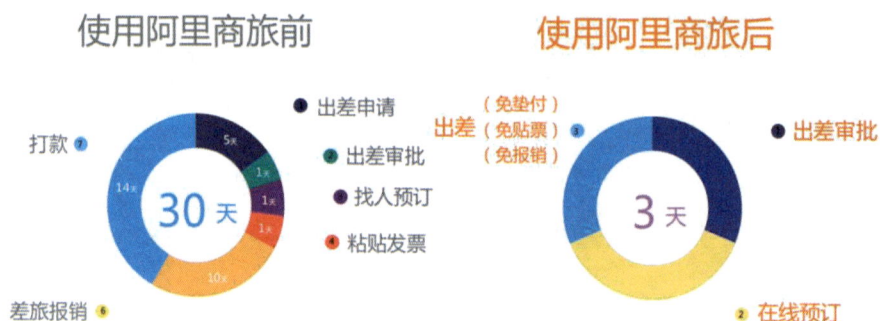

图 7-1　使用前后对比

在钉钉智能差旅界面可以唤起智能差旅 AI，让每个人都拥有一个自己专属的出差小秘书，企业通过与 AI 对话就能实现发起出差申请、定票、定酒店。

7.3　差旅管理标准

7.3.1　人员分级管理

（1）常规情况：可以根据企业部门、角色、职级、员工分别设置对应的差旅标准。

（2）特殊情况：可以根据员工身份单独设置，如表格 7-3 所示。

表 7-3　人员分级管理

身份	权限说明	一般角色
特殊授权员工	不需要发申请就可以使用差旅平台，不受差标限制	老板、股东、高管
代订人	帮助企业内部/外部人员进行预定，差标可自定义	助理、行政
免出差申请人员	不需要发出差申请就可以使用差旅平台，差标以自身所在标准为主	高管、特殊人员

当员工有多个差旅标准，或当多位不同差旅标准的员工一起出行时，可以根据企业管理要求设置就高处理或就低处理，合理管控差旅成本。

7.3.2 城市分级

城市分级主要影响酒店住宿标准，企业可以自行设置城市的划分标准，不同标准可匹配不同的差旅标准。常见划分标准一般以城市 GDP 划分为一线、二线、三线城市。

7.3.3 酒店标准

酒店标准主要考虑以下 3 项内容：住宿标准管控、酒店超标管控、合住标准管控。企业可以对不同城市划分不同酒店住宿标准，预定酒店超出差标时，可以个人支付超标部分，也可以由员工进行申请，申请后由企业支付。

员工出差有同行人时，可以进行合住。合住可以根据企业要求自行设置，确保企业成本和员工体验最大化。如图 7-2 所示。

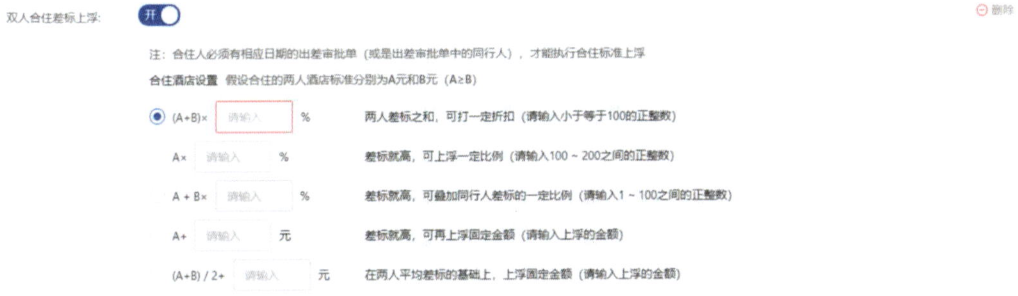

图 7-2 合住标准

7.3.4 出行工具分级

企业可以对火车票、飞机、网约车分别设置对应的标准。

（1）火车票：可以针对普通列车、高铁、动车分别设置座席，不同级别人员可设置不同标准，预定后，员工无须取票。以下是常见的火车票管控场景。

①座席限制：普通列车、高铁、动车均可设置可购买的座席类型。

②行程管控：设置员工预订火车票的出发/到达城市，是否需要和出差申请单的城市一致。

③超标管控：设置员工预订超出差标的坐席时，是否可以提交审批。

（2）飞机：可以对舱位、超标、低价推荐、时间、地点、退改规则等进行管控，不同级别人员可设置不同标准，以下是常见的飞机预定管控场景。

①机票舱位：可选经济舱、超级经济舱、公务舱、头等舱，并设置对应折扣。

②超标管控：企业可设置超标后是否允许预订，或审批通过后可预订。

③低价机票：设置员工机票预订页面将只展示航班最低可售价。

④提前购票：引导员工提前几天预订机票，可有效降低机票成本。

⑤时间管控：可设置工作日、休息日，引导员工不在工作时间预订机票。

⑥地点管控：填写的出差起始地可以和实际预定起始地不同。

⑦机票退改：可设置退改规则，若有退改也可以设置审批流程。

（3）网约车：根据用车场景设置规则，网约车采用聚合呼叫，以下常见的用车管控内容。

①适用场景：差旅用车、市内交通、加班用车、代叫车。

②用车管控：可以根据车辆使用场景设置是否需要进行用车审批。

③限额管控：如每单、每日、每周、每月限额，超出部分可由本人进行支付。

④地点管控：根据场景设置车辆出发地/目的地，如公司、机场、火车站。

⑤时间管控：可设置车辆使用时间，如工作日加班和休息日加班。

⑥车型管控：可选经济型、出租车、舒适型、商务型、豪华型。

⑦代叫车：可以为自己或他人叫车。

7.3.5 差旅服务

如图 7-3 所示，差旅结算方式有 4 种，分别为月结、预存、现付、个人现付，企业可以根据实际情况设置机票、酒店、火车票、企业用车哪些由企业统一支付。

图 7-3 多种结算方式

企业可以设置成本中心和项目中心，员工在预定时可以自动归属到相关的成本中心。可根据需要选择机票、酒店、火车票、用车发票的提供方式和内容。支持多种发票抬头设置。如图 7-4 所示。

图 7-4　多种发票抬头设置

7.4　差旅管理流程

　　差旅流程管理是差旅场景中必不可少的一环，差旅各项标准设置好之后，可以通过审批流程加速处理差旅过程中遇到的各类事项，提高整个差旅管理的效率，如图 7-5 所示。

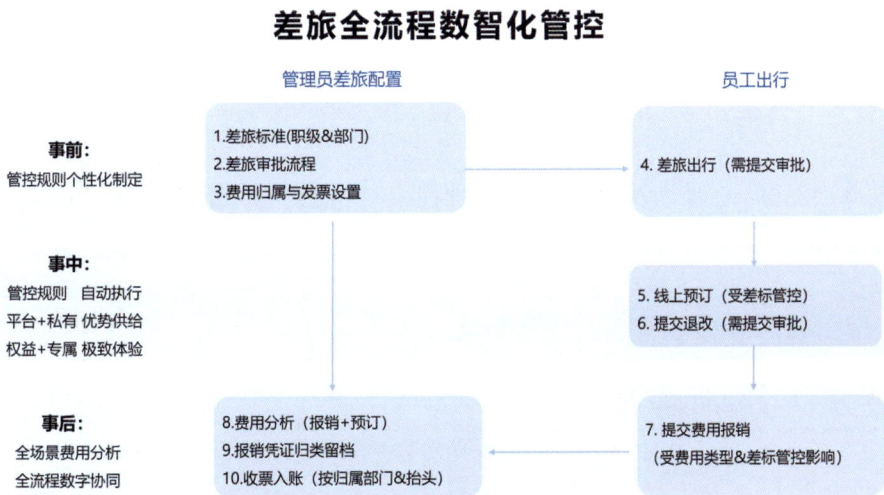

图 7-5　差旅管理全流程

7.4.1 差旅事前管理

（1）出差申请。

企业可以根据出差申请流程设置对应的审批单，审批通过后，即可根据差旅标准进行预定（机票、火车票、酒店、差旅用车），特殊人员可以不发起流程直接使用差旅平台订票。

（2）市内用车申请。

若市内用车需要先进行申请，审批通过后方可进行用车预订或代订，特殊人员可以不发起流程直接使用商旅平台用车。

（3）关联前置审批。

在发起出差申请时，如要做到进一步管理，可以设置对应的关联表单，确保出差事由的真实性。常见的场景有客户拜访、售后维修、合同执行、供应商考察等。可以设置前置申请流程，便于审核人员在审批时更快做出判断。

7.4.2　差旅事中管理

如出现超标、改签的情况，均可以根据企业实际情况设置是否要进行审批，并设置对应的超标流程，流程通过后可以预定超出差标范围的车票或酒店。因公发生机票退票，将自动发起退票审批(先退后审)。

7.4.3　差旅事后管理

差旅出差后，主要涉及的场景是差旅报销，企业已经支付的内容无须报销，员工根据企业管理要求，自行报销额外费用即可，如餐补、接待费、地铁费、出差补贴、油费等。

7.5　差旅数据分析

使用差旅平台后，员工产生的订票数据可以自动生产账单，并根据各类差旅行为自动分析差旅数据，供企业决策者进行分析。

企业账单主要分为消费账单、国内/国际/港澳台机票明细、国内酒店明细、国内火车票明细、用车明细，差旅管理员可以根据所需内容下载对应账单。

差旅行为数据分析主要包括以下几个方面，如表 7-4 所示。

表 7-4　差旅数据分析

模块	数据分析内容
差旅总览	费用分析、节省分析、可节省分析
类目分析	机票分析、酒店分析、火车票分析
差旅排行	个人排行、部门排行、项目排行、成本中心排行
差旅分布	机票分布、酒店分布、用车分布、火车票分布
差旅大脑	差旅全景图、管理者视窗、企业差旅大屏、低碳差旅
风险监管	差旅保镖、差旅足迹、差旅健康度、风险监管配置

差旅数据展示如图 7-6 所示。

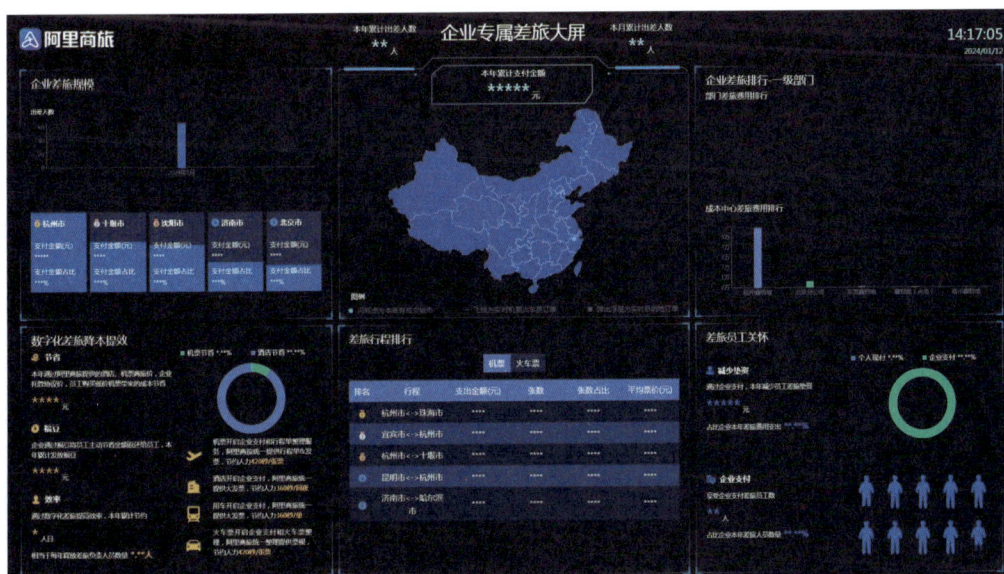

图 7-6　差旅数据

企业管理者可以根据差旅数据，定期进行分析，不断降低差旅成本，提高员工差旅体验。分析维度可以参考以下内容。

（1）费用优化：利用"费用分析和节省分析"数据，找出最大的支出来源和未被充分利用的节省机会，如利用积分方式，对主动为公司节省差旅成本的员工进行额外奖励。

（2）提高员工满意度：利用"类目分析、差旅分布"数据，分析员工行为，如员工用车，优化用车方式，如增加用车金额、时段、特殊地点等。

（3）资源优化：利用"差旅排行"数据，找出使用资源最多的个人、部门和项目，对其旅行习惯进行深度分析，找到可能的优化点，设置更合理的差旅规则。

（4）流程优化：通过"费用分析"的数据，了解公司差旅退改签、超标情况，优化退改签、超标的流程。

■ 学习目标

掌握钉钉 OA 审批的表单和流程设置方法，实现高效流程管理，减少协同中的推诿扯皮。

（1）建立流程委员会/流程优化小组/内控部来统筹企业流程管理。

（2）学习 123 原则，掌握流程设计口诀，从源头设计有效且使用方便的表单和流程。

（3）及时进行使用反馈、流程评估分析并持续更新迭代流程。

8.1　认知流程管理

8.1.1　流程管理的重要性

流程规定了做事的先后顺序和边界，企业需要用流程来规范员工行为，建立做事的底线。合理流程带来的是正向结果，不合理流程带来的是成本，企业要重视流程管理。

传统企业使用 OA 是将审批流程来作为"事后记录"的，旨在线下领导确认后在线备份。我们说的流程管理是企业做事导航，"事前审批"让工作协同更流畅。

8.1.2　流程管理的常见误区

表 8-1 所示流程管理的三大常见误区，企业流程管理的问题多种多样，要抓关键问题。

表 8-1　流程管理的常见误区

是什么	不是什么	说明
各个部门都要参与	某个部门的事情	公司需要有一个归口部门牵头流程管理，但是每个部门都要负责各自部门的流程
每个审批节点的角色职责要清晰	把领导串在一起	用流程推动工作协同，而不是展示权威和职位
持续更新迭代	做一次就好了	流程需要根据业务、协同的变化而不断优化，不然反而会降低效率

8.1.3　流程管理的解决方法

制度是规则，明确什么能做什么不能做；流程是路径，明确怎么去做和怎么做好。流程在企业发展的不同阶段展示的形式有所不同。

第一阶段：流程在管理层和员工的脑子里面，我们通过经验来做事；

第二阶段：企业把做事的规则写在公司制度里面，制约员工行为；

第三阶段：流程具象化，和岗位密切相关；

第四阶段：跨部门协同的流程越来越多，并且使用数字化的工具来承载。

不管是哪个阶段，我们都要谨记流程的目的是更高效地推动工作。所以从流程的设计到实施到更新，都要以终为始。

8.2　流程规划与识别

8.2.1　流程规划

流程就像是企业的道路，道路规划没做好的话，辛辛苦苦建的路反而会造成拥堵。流程是为企业发展服务的，可以用以下三种方法进行流程规划。

（1）基于公司业务需求和管理要求：流程的终极目的是满足客户需求，业务诉求是满足外部客户；管理要求是满足内部客户，即员工。前者需要通过流程为客户提供价优质高的产品或服务，后者需要让员工工作协同更便利。

（2）基于公司组织架构和岗位职责：这是一种最容易上手的方法，简单来说就是现在各部门、各岗位日常工作在做什么，尤其是跨部门协同频繁的场景，都可以梳理成流程。

（3）基于参考同行业或通用流程架构：这个也叫标杆法，可以向同行学习，也可以使用成熟的理论体系，如 APQC 流程分类框架。

不管采用哪种方法做流程规划，都要考虑流程价值。

8.2.2　流程分级

根据流程的重要程度和影响范围，可划分为以下四个级别，如表 8-2 所示。

表 8-2　流程分级与标准

分级	标准	举例
L1　公司级	是企业的核心流程和关键流程，关系到企业发展方向战略目标 影响面广，若产生问题，将带来重大风险和灾难性后果	组织架构调整 新产品上线

L2 跨部门级	是企业重要业务流程或职能支持流程 跨部门协同，流程问题不会直接影响企业整体，但可能给部分业务造成重大损失	采购流程 销售流程
L3 单一部门级	单一职能内部流程，影响范围相对有限； 流程问题不会直接给企业战略或重大业务带来影响	物品维修单
L4 临时项目级	公司项目需要建立的临时流程	项目报名

8.2.3　识别原则

"123"原则：公司内一件事只要涉及两个人沟通，在一年内会发生三次及以上，都值得用流程管理起来。比如离职，为什么要有这个流程？一个员工在公司只会发生一次，但是这关系到员工的去留，以及工作的交接，值得被做成流程。

这样做的目的是将所有的协同工作都沉淀下来，变成组织的知识资产，在下一次或者下一个人遇到类似问题时，能在前人的基础上推进工作，避免浪费公司资源重复做容易的事情。有的企业也会担心，这样的话，流程岂不是太多，到时候很臃肿。为了避免这样的情况，所以一定需要相关的机制和组织来管理流程，这样才能实现多而不乱。

8.2.4　识别方法

（1）头脑风暴法：召集相关人员，共同讨论流程的各个方面，并记录下所有的想法。

（2）流程图法：使用流程图来描述流程的各个步骤、参与者和决策点。

（3）访谈法：与流程的参与者进行访谈，以了解流程的细节和问题。

（4）观察法：观察流程的实际执行，以发现流程中的问题和改进点。

（5）数据分析法：分析流程中的数据，以发现流程的瓶颈和改进点。

（6）文档分析法：分析流程相关的文档，以了解流程的细节和问题。

8.2.5　识别步骤

识别流程要抓住关键点，否则梳理出来的流程只是把动作串了起来，无法产生价值，甚至不恰当的流程可能还会阻碍工作协同。企业可按表 8-3 所示识别流程。

表 8-3　流程识别步骤

步骤	操作
1.确定分析范围	明确流程范围,如采购、生产等
2.收集信息	采访员工、搜集文件等,获取流程相关信息
3.观察实际操作	亲自观察流程中具体的工作内容和顺序
4.梳理流程图	可以用流程图软件,也可以直接在白纸上画出第一手信息的流程图,目的是梳理信息在流程中的流程路径
5.识别关键节点	将流程细分为不同的任务节点或工作阶段
6.确认输入和输出	明确每个节点的具体输入与输出物或信息
7.分析参与对象	确定每个节点主要负责人或参与部门,明确角色与职责。找出流程的选择点、判断点等决策角色
8.分析控制点	核对上述内容,确认流程审批环节只保留了必须参与的角色和节点,避免流程冗长
9.统计流转时间	统计整体

8.3　机制与评价标准

8.3.1　组织保障

根据企业规模可以设置虚拟组织或者实际部门来管理流程，如表 8-4 所示。

表 8-4　不同规模企业的流程管理组织

企业规模	组织形式	组织名称	职责
中小型企业	项目制(虚拟组织)	流程委员会	流程管理
中大型企业	职能部	内控部/流程管理部	流程管理
	项目制(虚拟组织)	流程优化小组	使用建议收集、参与流程迭代

流程优化小组成员构成参考。

（1）高层管理者：确保委员会输出内容符合战略方向，并能落地自运营；

（2）非正式群体中的意见领袖：在非正式场合发挥个人影响力；

（3）有成长潜力的骨干苗子：有领导力、有成长获得感、能完成本职工作；

（4）传统骨干中的领跑者：坚持创新，拥抱变化的老员工。

表 8-5 所示是以某互联网公司为例，具体实施要根据不同企业的情况而定，该表仅供参考。

表8-5 流程优化小组角色与职责（示例）

流程优化小组角色	职责
小组长	负责整个项目的规划、机制建立、汇报、落地、实施
项目顾问	站在战略高度，对项目输出内容、过程进行合理把控
机制保障官	输出流程优化机制，确保各阶段机制的最小可行性方案可落地
纪要官	组织、记录每次会议内容，确保会议质量
文化官	对委员会执行过程及成果进行宣传
技术官	为流程优化结果提供技术支持
调研官	组织项目推进过程中的各类调研

8.3.2 机制保障

企业的流程管理不是一蹴而就的，建立流程只是流程管理的开始，要真正地使用起来才是发挥了流程的价值。企业必须建立流程管理机制，为流程管理保驾护航。机制中必须包含以下几点。

1. 组织保障

制定《公司流程管理制度》，明确流程归属管理责任部门，指定专人长期负责，各部门要负责自己部门归口的流程，确保流程工作持续有序开展。

建立相关部门或项目组后，要通过公告的方式发布通知。明确权利和责任，给流程管理团队决策权和奖惩的权利，也要求其承担相应的责任，如流程全面梳理搭建，推动全公司使用，并定期会议复盘，对流程进行更新迭代。

2. 知识管理

建立流程知识库与标准化流程文档，如完善流程图、操作手册等标准文件，保证流程信息共享。举例：某企业售前支持流程的操作说明如图 8-1 所示。

步骤	业务描述	活动控制点
提出售前支持申请	**活动：** 由销售填写客户基本信息，提交售前支持审批	销售需要提供的资料： 1. 客户需求文档 2. 现状的资料（针对需求） 3. 初步方案
售前支持排期	**活动：** 由实施中台分配实施工程师	2H 内中台进行响应，在审批中@实施工程师
建立立项群组	**活动：** 由中台建立群组进行立项（销售、中台、实施工程师）	群公告： 　该群进行 XX 企业售前需求评估，需要销售提供相关资料，由实施工程师对文档进行需求响应和工时、风险预估 销售经理：XXX 售前支持工程师：XX 事项以群任务和文件方式交流
服务评估	**活动：** 由实施工程师将部门群升级为服务群，在群内推送自我介绍与群公告，和客户约定电话沟通时间	实施工程师对以下内容进行评估并出具立项报告： 1. 需求评估 2. 工时评估 3. 风险评估 4. 方案建议
出具售前报告	**活动：** 由实施工程师出具售前报告并上传至售前审批	销售最后确认报告可使用
销售和实施工程师确认立项报告无误，达成共识后，结束售前支持。立项报告作为实施响应上传在售前支持审批中		

图 8-1　售前支持流程的操作说明（示例）

3. 问题报备机制

设置反馈渠道，如工单，及时接收流程问题咨询和改进意见，保证问题得到及时解决。

4. 监督与评价

建立统一流程评价标准，对流程关键环节开展排查与监测，及时发现并解决问题。

定期对流程进行监督与评价，尤其是新上线的流程。流程是否有效最直接的评价方法是"客户"的行为是否受到改变，或者"客户"相关的数据是否有所改变，比如公司建立了"客诉处理"流程，经过 3 个月的运行，客诉数量有所减少，或者同样数量下，客诉等级下降；建立了"售前支持"流程后，新增销售订单；建立了"物品报修"流程之后，员工满意度有所提升，都表明流程有效。公司不仅有外部客户，内部员工也是客户，建立的内部协同流程也要考虑满足内部"客户"的需求。

不是所有的流程都能够直接和业务结果挂钩，大部分流程都是间接推动业务发展，表8-6列举了几个常见的流程评价维度与标准，企业可以根据自身情况选择2~3个维度作为所有流程评价的统一标准。

表8-6 常见的流程评价维度与标准

维度	标准
效率	（1）流程执行周期是否合理 （2）每个环节的办理时间是否优化 （3）是否存在重复或浪费工作
规范性	（1）是否制定了明确的流程描述 （2）流程操作是否按标准进行 （3）是否存在偏差或差错
易操作性	（1）操作流程是否简单明了 （2）是否符合提交者的使用逻辑 （3）是否方便跟踪监控流程
成本效益评价	（1）对企业产出的价值贡献度 （2）资源投入与工作效果的相对水平
满意度评价	（1）使用者是否体验流畅简单 （2）问题是否得到及时解决 （3）处理效果是否满足要求

5. 建立奖惩机制

奖惩对象分两类，一类是对流程委员会/流程优化小组，一类是对全公司的员工。

6. 迭代机制

流程委员会要定期召开会议，总结复盘，并对流程进行优化。对流程负责人和参与人员也要定期开展流程原理与操作培训，增强流程管理能力。

举例：某公司流程优化小组推进过程展示，如图8-2所示。

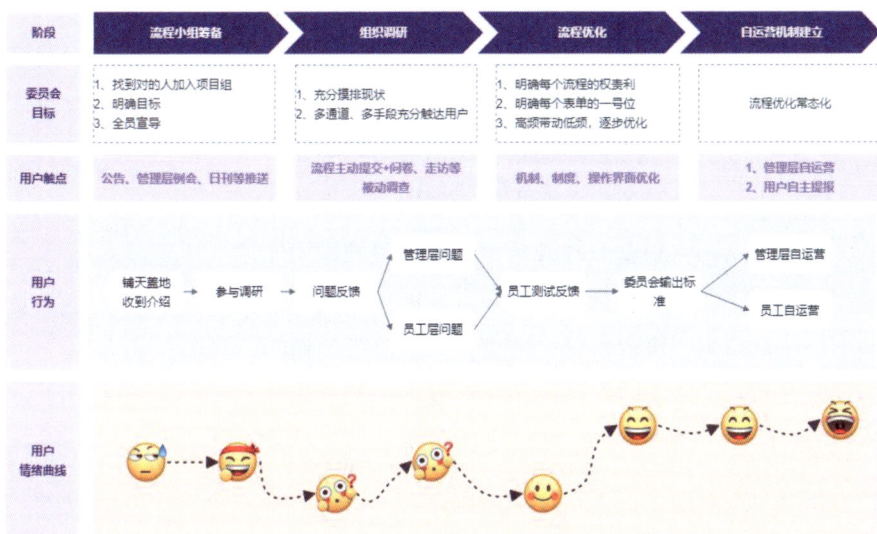

图 8-2　流程优化小组推进过程

8.4　表单与流程设计

1. 设计原则

设计流程要坚持三个原则：简单化、专业化和标准化。流程要尽可能简单、可操作、可执行，要考虑使用者的使用场景和效果。专业化和标准化要求我们收集过往的问题，全面预防。流程也是在复制动作，所以要提炼有效动作将其固化下来。

2. 设计口诀

我们总结大量的实践，提炼了流程设计的关键要点，将其提炼成一个朗朗上口的口诀。企业在设计流程的时候，可以以此为出发点来收集相关信息，也可以把这个当做一种自检情况，当一条流程设计好后，用这个方法来自检。

设计必须含以下，才是流程有效化；

表单说明写清楚，何人何事何规则；

字段内容做分类，选择胜过自己填；

关键信息上字段，数据分析可量化；

条件判断考虑全，流程不要自己选；

审批人员用角色，流程定岗不定人；

流程节点明职责，减少推诿效率高；

表单操作设权限，协作填写更清晰；

遇到空岗自动过，特殊才转管理员；

一人多岗加角色，岗随事定不随人；

财务相关必手签，保留上次提效率；

制度流程必统一，一键链到知识库；

流程执行含以下，才能长效出结果；

流程执行必监督，数量时效周通晒；

奖惩落地强内控，保障流程助管理。

3.表单设计

（1）表单说明写清楚，何人何事何规则。

表单说明的本质是"有言在先"，重要的事情先说。

表单说明和制度的相同点在于都讲了做事的规则，不同点在于表单说明仅需要把制度里和执行相关的关键点放出来，尤其是和使用该流程密切相关的内容。

一定要做表单说明是为了避免以下现象：

①员工提交的流程资料不完整，可能是员工不了解还有什么资料需要提交，也可能是提交的资料没有按照模板填写。尤其是当流程已经过了几个审批人后，要拒绝吗？

②流程逾期提交，然后需要公司特殊处理，如晋升申请未在指定时间提交，但是员工辛苦工作拿到成果也是事实，到底要不要开绿色通道允许晋升？

③审批人重复或者环节较多，不知道是什么作用，员工误解为公司管理臃肿。

写说明文字是为了让使用者快速抓到使用这条流程的重点，简单来说就是注意事项。常见的说明文字内容如表8-7所示。

表8-7 表单中常见的重要说明

内容	说明	举例
截止时间	有明确时间要求的，必须注明；根据事件不同，有"提交时间"和"通过时间"两种	转正、晋升申请提交的时间；激励申请通过的时间
必备文件	可以放文件模板的链接；也可以放对文件的重点要求	招投标申请中文件要求

续表

相关流程	存在前置流程的时候，可以进行说明	激励结果提交（前置流程激励申请）
审批人说明	审批的办事顺序； 或者遇到什么情况会到董事长批复	财务报销

图 8-3 展示某企业审批表单的说明文字，仅供参考。

图 8-3　某企业审批表单说明（示例）

（2）字段内容做分类，选择胜过自己填。

流程的价值不仅在于推进协同，企业更需要把协同的过程进行沉淀，以实现实时、透明、可追溯的管理，避免把管理时间浪费在部门推诿扯皮上。对实际发生的行为进行分析后，能够及时发现问题、解决问题。如客诉流程中"客户投诉类型""投诉等级"，公司接待流程中"接待对象"。看起来只是在流程表单字段上做了一些统一，但是本质是"统一语言"，短期来看，跨部门沟通中各自减少一本账，长期来看，有利于减少公司要求和执行两张皮的情况。

只有分层分类了，才方便量化，只有量化了，才可以被管理。

行政报修是个琐碎但是和公司每个人都息息相关的事情，当我们对"反馈类别"进行分类后，可以及时统计和分析，而且可以确保所有的数据都是真实的，因为都是当事人选择的,而不是当事人写一段文字由某个人来理解判断的。通过分类统计之后,对行政的工作也方便量化呈现。图 8-4 为某公司行政报修表单。

图 8-4　某公司行政报修表单（示例）

（3）关键信息上字段,数据分析可量化。

影响审批人判断的关键信息,都要用单独的字段,避免让发起人自己写一段话描述。很多审批人都经历过这个头疼的情况:看着有一堆文字,但是找不到重点信息,为了推进工作,还要在流程之外单独去沟通,然后再把沟通到的重点信息评论到流程中,作为自己审批意见的补充内容。当遇到多个审批人都需要的重点信息时,发起人就会很痛苦了,因为同样的信息要给不同的人讲多遍。企业内耗就是这么产生的,所以最好的方法就是,关键信息单独呈现,而且能用选择的尽量用选择。

流程是流动的、通畅的,才会让发起人和审批人愿意用、爱用。

4. 审批流程

（1）条件判断考虑全,流程不要自己选。

①必要性。

企业中大部分的流程都会根据要素的不同而变化审批人,如财务相关的流程中,金额不同,审批的领导也有变化,如报销超过 3 万元就需要董事长审批了。员工请假

1 天只需要直接领导同意，请假超过 1 天就需要人事也参与审批。对于使用者而言，他们不需要了解每一种情况下是什么角色审批，只要在使用流程的时候，按照自己的实际情况填写表单即可，就会出现对应的审批流程。让使用者用起来方便有效，这就要求设计流程的人将该流程中的各种情况考虑全面，并在系统上做好设置。

流程自己选的好处在于灵活性较高，尤其在某些节点无法确定审批人的时候，自选让设计者更方便，但是在实际使用的时候就会把这个难题转移给使用者，有的使用者会找相关人员沟通后选择审批人，也有人会根据自己的理解选择审批人，前者增加了沟通成本，后者可能出现选错的情况。有的企业会认为目前某些部门的组织架构没有确定，或者比较特殊，所以要做自选的设置。这是在对组织架构和流程打补丁。一方面，这个现象的根本原因是组织架构没有设计或梳理清晰；另一方面，做了特殊设置的该流程是否和其他流程在遇到这种情况时保持了统一原则？如果没有，那么这样一事一办长此以往下去，企业的流程会打很多补丁，无从下手做统一管理。

②善用麦肯锡（MECE）法则。

若条件判断考虑全面可以用 MECE 法则，确保无遗漏、无重复。在流程中这个思想非常重要，因为违反这一原则设计的流程，在使用时系统无法判断，根本提交不了。在实际操作的时候，可以用树形图的方式来拆解条件，拆解要全面，设计流程的时候要简洁，善用流程中的多重判断和多次分条件判断。

③实例讲解。

图 8-5 所示为某公司客诉处理流程，在流程中要找到关键节点和控制点。

第一点：公司必须要有客诉处理的沉淀和已知问题的解决办法，这样方便在遇到问题时看是否可以按标准进行操作。这样做的好处有两个：一是倒逼提出问题的人员去深度思考和判断遇到的客观现象的本质是什么；二是丰富公司案例库，形成解决办法，进行培训，尽可能规避以后类似问题的出现。所以第一个控制点是"是否为已知问题"。

第二点：判责要合理有效，不能是单项的命令，这样会让员工觉得出了事就是要罚的，那做好与做不好都无所谓，因为投诉的关键点自己无法把握。所以判责必须要有判责对象的反馈，避免误判错判。所以第二个关键点是"是否接受判责"。

第三点：内部的判责和解决方案的最终服务对象都是客户，业务人员是离客户最近，且可以代表客户的人。只有客户乐于接受的方案才能有效解决客诉，否则，反而可能将事件升级。所以第三个关键点是"业务确定方案是否可行"。

第四点：如果涉及赔付的，较高的赔付金额需要相关领导审核。

第五点：条件判断时要基于现状，但是不能局限于现状。比如公司的已知问题库还没有规范化建立起来，但是这对公司很有价值，那么在设计流程的时候就应该考虑进去。建立条件判断中最多 20%可以是公司需要但是没有建立起来的，要确保流程的可行性，不要建空中楼阁。剩下公司需要规范化的内容，可以在后续的流程迭代中逐步加入，核心思想就是要规范化，所以更要一步一步改善。

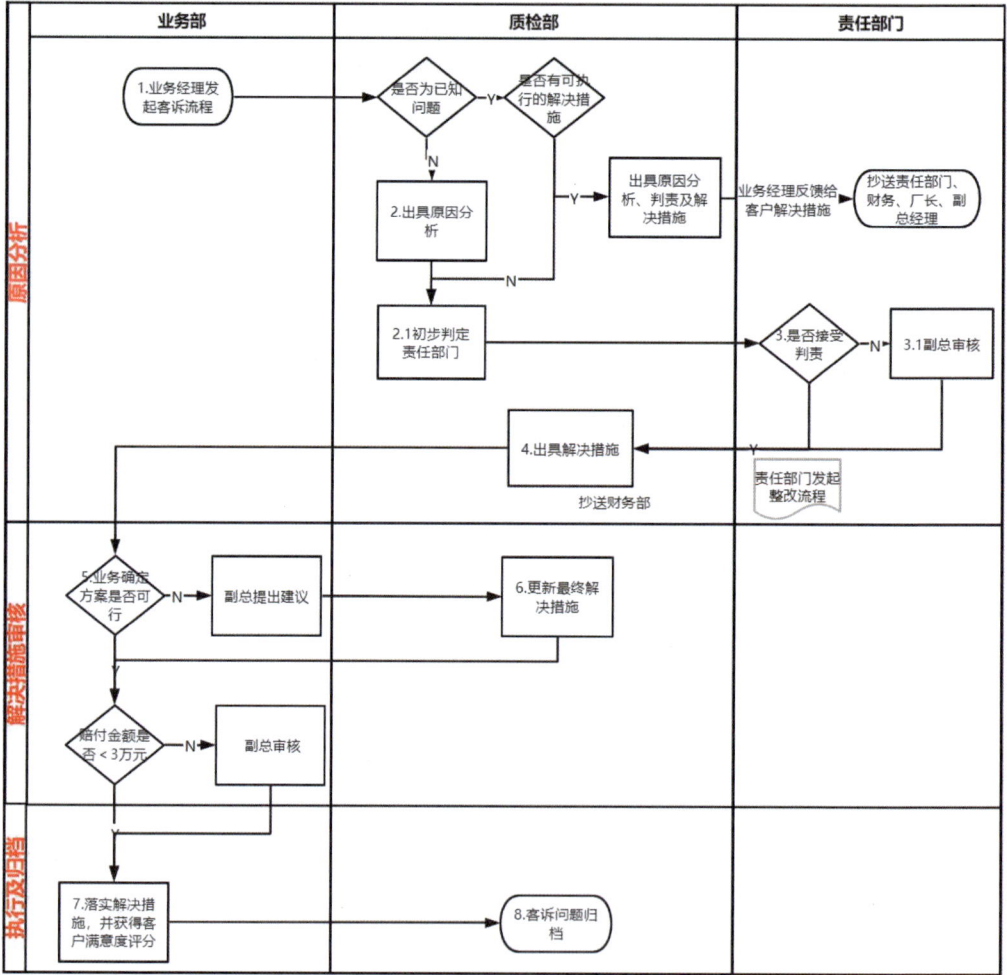

图 8-5　某公司客诉管理流程（示例）

（2）审批人员用角色，流程定岗不定人。

①角色和职位的异同。

相同之处在于职位和角色都是用来描述一个人在组织中的职责和任务，两者都与特定的工作相关联。不同之处如表 8-8 所示。

表8-8 职位与角色的不同之处

	职位	角色
是否固定	固定	可调整
是否正式头衔	是	否
是否与薪酬挂钩	是	否
例子	行政专员 XX总监	会议管理员 总监级

②必要性。

由异同点可见，两者是非常相似的，但是又各有侧重点。角色侧重个体应该如何参与组织活动以实现组织目标；职位侧重个人应完成的具体工作任务。形象点来说，职位是纵向体现组织架构，角色是横向的，是职位的补充。

在流程中，我们常用角色来管理某一类的职位，方便流程权限的设置。这样实现的效果是在人员变动的情况下，只要在角色中维护就可以同步修改所有相关流程，高效便捷；还有一个不得不用角色的原因是群组管理，部门群、全员群这种随组织架构建立的群可以由公司来设置群主，而且会随着架构的变化自动增删群组的成员。那其他群怎么办呢？比如每家公司肯定所有高管有个内部群，95%的公司都不得不手动管理群组成员，相当于是半数字化，如果你也是这样的情况，可以尝试学习实例讲解第二种来用角色管理。

③实例讲解。

第一种常见角色是某一类职位的集合，举例如下。

某公司"项目经理"是一个职位，尤其常见于建筑工程公司中。每个项目经理分管不同的项目，在项目的采购申请、报销申请中，都需要经过项目经理的审批。这种时候既可以用部门主管来实现项目经理审批，也可以用角色，任何一个项目中的成员发起流程，都会走到对应的项目经理审批。同样的，"总监""经理"这样的角色也可以这样设置。好处不受限于部门层级，非常适合部门层级不一样的企业，比如销售部门有三级，人事部门有两级，但是某个环节都需要"总监"来审批。

第二种常见的角色是某个任务的虚拟称呼，举例如下。

公司用章的闭环是要对文件进行归档，大部分公司没有文件管理专员的岗位，但是一定会让某一两个人负责印章的使用和用章文件的归档，这种情况下就可以使用角色。还可以有"会议管理员"的角色，一般是由某个人事行政专员或者老板助理来负责公司级会议的统筹和执行。

第三种常见角色是虚拟组织中成员的集合，如项目组，举例如下：

用角色的方式建立某一项目组群的好处在于，每个项目一定是要进行沟通的，过程的管理也是企业知识资产的一部分，用角色管理实现了游离在组织中的零散沟通群，可以被企业统一管理。

企业可在后台一键管理是否解散该角色群，以及设置群主。避免公司群组冗余或者因为人员异动、人员手动解散群组等情况导致公司知识资产遗失。

（3）流程节点明职责，减少推诿效率高。

全力以赴做数字化组织转型的老板可能会经历这样的阶段：

刚用在线流程时，出差更放心了，不用担心公司还有什么事情堆积着，零散的时间可以用来处理待办流程。

用了3个月左右，老板发现自己似乎被绑架了，收到在线流程通过不是，不通过也不是。不禁想起之前走线下流程的时候，员工拿着审批单和相关文件就在面前，老板看到不清楚的内容，或者需要优化的内容，可以现场直接给出意见，并立刻得到员工的反馈，现在却被架在流程上。

出现这个现象的原因在于，企业的流程设计只做到线上把需要审核的人员串在一起。大家像每道关卡的守卫一样，一道一道地放行了，但是最后一关却过不了，但是拒了呢，员工流程辛苦走了这么久，心态上接受不了，甚至会觉得自己是不是被某个领导针对了，通过审批的话事情上面又有漏洞。这时候老板或者在后面环节审批的管理者就犯难了。

大家都处理审批了，但是最后的结果是不好的，为什么呢？就是因为"做了"但是没有"做到"或者"做好"。所以企业的流程中，必须在每个审批节点写清楚"角色"和"职责"，这个就是审批人"做到"和"做好"的标准，写明之后是对三方有利的。

对老板：处理事情的质量提升；处理事情更聚焦，大大减少做"救火员"概率。

对审批人：审批的时候对自己的职责和其他审批人的职责都清晰明了，有利于掌握全局信息。短期来说，是更高效的处理流程，长期来说，是潜移默化提升管理者的闭环意识和责任意识。

对发起人：提交流程的时候就会清楚审核的重点是什么，一次把资料填写对，避免返工和重复沟通，个人工作质量和效率也会提升。

图8-6中以一个制造业动火审批为例，展示审批节点角色职责清晰的效果。

图 8-6　某制造业动火审批流程角色节点（示例）

（4）表单操作设权限，协作填写更清晰。

　　企业中个别场景的审批人不仅仅是操作是否同意，如下图 8-7 所示的用车审批。"车辆管理员"在审批的时候，需要指派车辆，这个只通过评论来体现的话，没办法对导出的汇总数据进行分析，更好的方法是可以在表单中设置独立的字段，该字段需要"车辆管理员"来编辑。由于发起人无法提前得知是哪辆车，所以需要审批人来操作，这个时候可以按照下图的操作给"编辑"权限。这样的操作还可以应用于国企事业单位的收发文，比如收到上级单位来文，需要书记查收收文并确定需要发文给哪些部门，也可以用这样的操作来完成。根据需要，设置某个审批人对审批表单中不同字段拥有不同的权限。

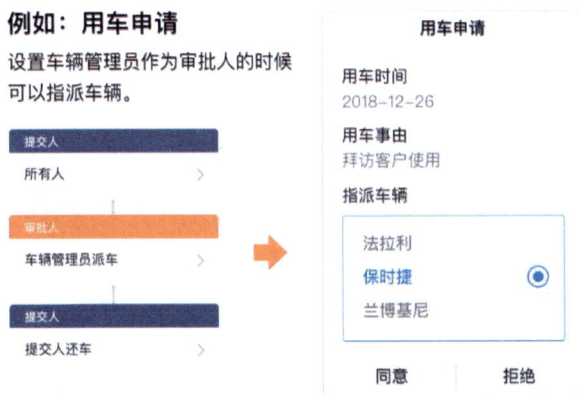

图 8-7　用车审批

不做权限设置时，默认为"只读"。除了刚才讲到的"编辑"权限，如果有字段不希望被某个审批人看到，或者是某个字段只有 A、B 两个部门需要，其他部门用不到，避免表单信息太多，都可以用"隐藏"来满足公司需求，并且让审批人的操作体验更流畅。总结来说，实现的效果就是，每个审批人看到自己必看的信息，去掉干扰信息。如图 8-8 所示。

① 基础设置	② 表单设计	❸ 流程设计	④ 高级设置

审批类型

◉ 人工审批 ○ 自动通过 ○ 自动拒绝

设置审批人	表单操作权限 ⑦	高级设置

表单字段	○ 可编辑	◉ 只读	○ 隐藏
*事由	○	◉	○
物品领用	○	◉	○
备注	○	◉	○

图 8-8　表单操作权限

（5）遇到空岗自动过，特殊才转管理员。

审批流程中"主管"相关的都是自动辨识组织架构中设置为"部门主管"的人。企业偶尔出现某个部门缺少主管、经理可以设置"自动通过"避免流程卡壳，若该项事情由某个人员代为管理，可以选择"指定人员审核"，若是重要节点，但是未确定代理人，那要选择"自动转交给管理员"。最后这种情况，短期或者某一两个流程中出现是可以的，不能长此以往这样，更不能不知道企业里面哪些流程是这样。这个现象反馈的是企业组织架构存在问题，需要通过这种方式给流程打补丁，要引起重视。

（6）一人多岗加角色，岗随事定不随人。

这一条的主要使用场景和第 2 点的角色一样，这里再次强调是因为要避免人员转岗或者离职了，他手上的事情就停了，用角色这种虚拟方式来弥补职位的不足。也会有人问那为什么不设置一个职位？因为不要官僚和冗余。有的事情是低频的，并且是一些通用能力就可以解决的，那就完全可以用角色来管理这件事。

（7）财务相关必手签，保留上次提效率。

手签会让大家感觉更贴近纸质审批单，财务类审批都可以开启。在其他流程中手签是一个锦上添花的操作，每家公司是否开手签，开哪几个流程的手签，都可以根据自己的情况而定。

（8）制度流程必统一，一键链到知识库。

制度和流程相辅相成，流程是制度的执行保障。在流程中无法全面展示所有制度的内容，可以在审批中插入制度的知识库链接。对于公司而言，所有需要沉淀的资料都用知识库来系统化地管理，需要使用某部分的话，直接用链接即可，这样实现系统化沉淀，灵活使用。

知识库是支持多种格式的，所以在审批表单中链接须知信息，还可以应用在以下场景：链接某个模板，如员工转正、晋升的 PPT 模板；链接填写示范，讲要求、讲道理不如演示一遍，当然这里的示范可以是图文，也可以是视频；链接过去审批单易错点，先学习后操作，相同的问题不重复犯错。

在流程中链接知识库中的相关文件，也是在倒逼企业要定期更新迭代，避免制度要求与流程执行两张皮。如图 8-9 所示。

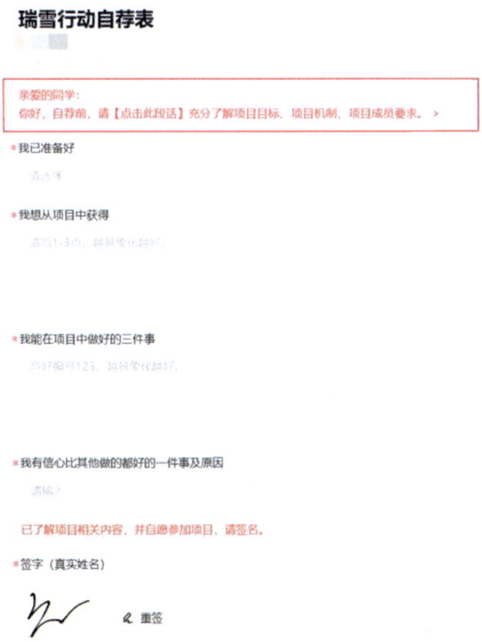

图 8-9 审批链接知识库

5. 实战案例展示

企业的流程设计能做闭环的尽量做闭环，比如"物品借用"要有确认归还的节点，"客诉管理"要有最终接受判责并归档的节点，"用车审批"要有车辆归还时间和里程数等关键信息的节点，"请假"要有人事确认请假凭证有效按照带薪病假处理的节点。没有闭环的流程只是一个难追溯的记录，尤其对于过去发生的事情想要高效责任到人处理比较难。

图 8-10 是一家公司在数字化组织转型前期用钉钉 OA 审批的"销售合同审批"，以该审批流程为例讲解一个闭环流程。

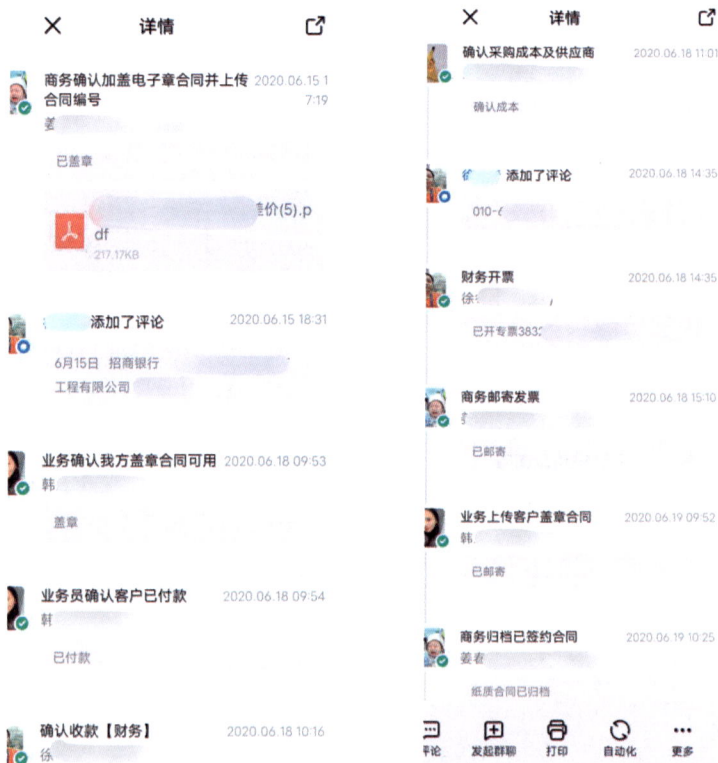

图 8-10 某公司销售合同审批（示例）

（1）发起就抄送相关人员：目的是让后续执行时间相对较长的部门提前做好准备。比如这个实战案例中抄送了公司的财务、交付部门、商务（这里的商务主要是合同审核、供应商管理等和销售业务紧密相关的内勤事务，但是汇报关系是直接和董事长汇报，与销售部门是平级部门。这里不做组织架构的讲解，仅补充该实战案例中部门职责）。设置多个抄送节点时，也是同步抄送，不会影响审批效率。

（2）业务确认合同可用：有了电子合同后，这两个节点直接去人工化。这里只强调一点就是，谁使用、谁操作或者谁确认。

（3）业务员主动反馈收款情况：这个节点是很多企业可以借鉴的，大部分企业都是财务查到款项之后去匹配业务员，这样财务的工作量增加，效率降低。从常理而言，客户到款最关心并且第一时间知道的一定是业务员，所以让业务员先反馈，财务去核实。这个逻辑是从之前茫然的 1 对多匹配信息，到现在精准的多对 1 匹配信息。还有一个对销售管理有好处的点是，业务员自己拿到客户的打款凭证，是他最直接接触自己的成功结果。

（4）邮寄发票：这个环节也是很多企业容易忽视的，这就会导致销售人员和客户告知不及时，尤其是越到客户公司要月底、年底做账的时候，迟迟没查收到发票，在感受上会觉得业务员收了钱就不积极了。这里用的是"查收"，因为有的时候企业及时寄出发票了，但是客户那边快件多，或者没注意到这个，可能出现快递在桌上，被文件压住了，就一直没"查收"，因此造成了误解。这种事情不高频，但是一旦出现，就会降低客户的满意度。所以需要及时反馈给业务员，业务员给客户的反馈会增加客户的满意度，因为在客户眼中这个业务员是事事有着落的。当然，企业发展到中后期，用系统进行订单管理、合同管理的时候，相关人员只要把合同信息录入好，业务员就可以主动查询到，不再需要这样一事一通知的人工评论。

（5）业务上传合同及商务归档：这个最后闭环的动作，保证了公司的合同管理完整性。

再次说明，这里的流程只用在数字化组织转型的前期，在中后期还有更数字化和自动化的解决方案，用电子合同、业务数字化应用都可以高效智能地完成业务流程推进。这里的节点仅做参考，作用在于讲解这么设计的逻辑，企业需要根据自己的实际情况设计流程。

8.5　流程执行与反馈

8.5.1　学习培训

学习培训的目的有两个：掌握该流程的使用场景和会操作。培训这个专题在其他章节会讲到，这里主要讲流程培训可以采取哪些方式。

高频+适用全员：线下带领实操+线上录制操作视频。线下可以带着员工实际走一遍，确保有问题时及时回答，避免使用的时候流程设计不全面，或者操作不当导致流程不畅、员工体感不好、公司在线流程推广受阻。

高频+适合部分员工：线下培训，并每个人都要现场实操，提出建议意见，培训结束要确保流程在该阶段可以使用。

低频流程：线上录制操作视频+发布通知，告知上线了哪些流程。适合人员不同，通知时通知到对应人员接口。

8.5.2　使用反馈

企业的业务是发展的，跨部门协同和管理也是不停升级迭代的，承载其发展的流程当然不能一成不变。流程的设计必须立足于当下的场景现状，并且尽量考虑后续可能出现的情况。企业需要建立流程管理机制，定期对流程进行优化迭代。要优化哪些？为什么优化？这一定要来源于一线。收集一线使用反馈的方法是多样的。

（1）问卷调查：制作问卷，调研流程参与人员对流程满意度和提出的修改意见。

（2）面对面访谈：选择不同角色人员进行访谈，深入了解各方需求和看法。

（3）流程运行日志：对问题和不足进行实时记录，形成统计报告。

（4）征求小组意见：组织流程优化小组和参与者小组讨论，共同分析问题原因。

（5）接受投诉和意见：各路渠道接收使用者反馈意见。注意，接收到的信息一定要有反馈。

8.5.3　流程分析

1.建立流程评价标准

流程分析主要从数据和内容两个维度展开。

数据层面可以使用钉钉平台提供的 OA 审批组织、团队、个人的流程分析洞察指标。对各部门从待办量、审批响应时间等实现晾晒，让管理者宏观了解协同效率；精准定位到审批卡点中关键人员及环节，对超出平均审批时长（48 小时）的审批单进行实时监控，提升组织管理效率。

内容层面需要流程优化小组和该流程的主设计人来分析，内容分析需要基于业务的专业度，这样才能较为准确地识别流程运行的有效性，而不是仅限于审批时间长短这样的数据来分析。

流程也不是越快越好，但是审批人不及时处理一定是有问题的，企业需要设置有效的机制来管理。比如某公司要求：董事长发现审批人超过 8 小时未反馈，则重罚。反馈包括多种状态，如同意、拒绝、评论等，主要就是要给发起人一个事情推进的反馈，当然，审批人不要为了反馈而反馈，比如评论"收到，处理中"，这种就属于无效反馈。流程优化小组遇到这种情况时，需要去了解实际情况，并提出可行的解决办法。

2. 流程分析与评价

这里以钉钉平台上自动生成的数据指标为例进行讲解，帮助企业看懂这些指标的含义，并能够借助这些指标来分析评价流程，常见指标如表 8-9 所示。

表 8-9　常见流程分析与评价指标

指标名称	指标说明
数据计算范围	由于审批单量较大，数据计算范围为 4 个月内的数据。选中某一个时间段后，数据计算范围为该周期 4 个月内创建的累计数据，包含该周期内未完成和已完成的审批单。如选中的近 7 天的数据（包含进行中的审批单），则为该 7 天内累计的数值
流程平均耗时	周期内所有进行中和已完成的审批单总耗时计算下的平均单个审批单耗时
审批单量	周期内所有进行中和已完成的审批单数量
审批使用人数	周期内所有进行中和已完成的审批单涉及的发起人数和审批人数、抄送且已读的成员，三者去重之后的人数（由于三种角色可能为同一人，所以发起人、审批人、抄送且已读的人数总和可能大于审批使用人数）
审批节点平均耗时	周期内完成所有审批任务的平均耗时，即所有进行中和已完成的审批单总耗时计算下的平均单个节点耗时。请在保证审批质量的前提下，及时审批。原则上应在 48 小时内处理完成，同时要避免"秒批"（如处理 OA 涉及金额的这类复杂审批时，单据浏览时长小于 5 秒）等不审慎行为
超 48 小时审批单量	周期内所有超过 48 小时的流程审批单数量
秒批单量	周期内所有包含节点审批耗时低于或等于 5 秒的流程审批单数量
人员待办排行	周期内所有审批人的未处理任务量的排行

8.6 流程更新与迭代

企业需要有流程委员会/流程优化小组或者内控部，对收到的使用反馈进行响应，将流程分析应用于实践。

（1）流程分析和评估：总结现行流程问题，评定优化难易程度。

（2）设计优化方案：考虑改进成本、效率和需求匹配度。

（3）修改流程文档：详细记录变更内容。

（4）流程测试和优化：在条件允许范围内测试运行，并根据结果调整方案。

（5）及时更新知识库：标准和执行一定要同步。

（6）流程培训和推广：培训使用人员，全面推行优化流程。

（7）通知使用对象：高频流程要及时发布通知。

高频流程的更新迭代一定要考虑会不会对现有工作造成影响，比如请假、报销、合同这样的流程，建议更改流程系统要避开使用期间，可以放在深夜、周末。更改系统配置前一定要做好充分的评估：多少审批单会受到影响？会影响多少人员？正在进行中的流程怎么办？最大化避免调整完之后，流程瘫了，爆发一堆问题。有改变就会有"阵痛"，但是要尽量降到最低，否则对于使用者、设计者、公司三方都是损伤。

第 9 章

销售管理

■ **学习目标**

打造销售管理闭环，有效运用数字化工具造氛围、强过程、拿结果。

（1）通过客户管理，将客户资源沉淀为公司资产。

（2）建立从目标制定到行为监督再到业绩结果的销售全过程管理体系。

（3）掌握销售团队氛围打造的方法，促使销售团队保持狼性。

9.1 认知销售管理

9.1.1 销售管理的重要性

销售管理是企业经营的核心环节，短期来看，实现企业盈利目标。长期来看，它直接影响企业的市场占有率、品牌形象、企业与客户的长期关系和利润水平。

9.1.2 销售管理的常见误区

对于销售管理每个公司都不陌生，表9-1罗列的是常见的三大误区。

表 9-1　销售管理的常见误区

是什么	不是什么	备注
管业绩+过程	只抓业绩	销售跟进过程数据欠缺，销售行为难管控
客户归属于公司	客户归属于个人	缺少客户沉淀，人员变动导致客户资源流失
还要关注售后服务	只关注卖出去	服务是下一次销售的开始

9.1.3 销售管理的解决方法

销售管理是从营销到线索转化到客户成交，最后服务运营的过程，如图9-1所示。

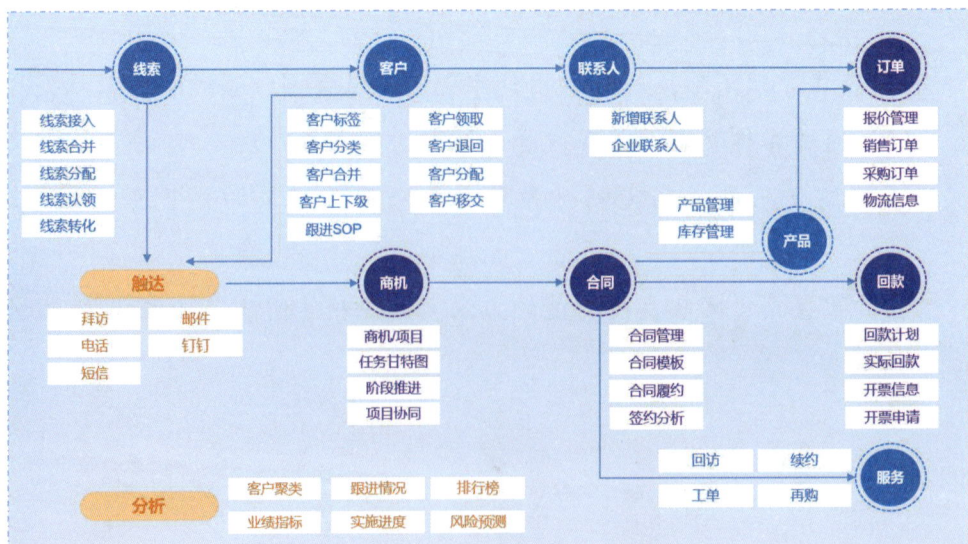

图 9-1　销售管理一览图

要开展有效的销售管理，可以考虑以下步骤和实践。

（1）理解市场环境和客户需求：通过各种渠道收集客户反馈，了解市场需求变化。确保公司的产品和服务能给客户带来价值。

（2）制定销售策略和计划：确定目标市场、客户细分、竞争策略，制定销售渠道、销售活动、销售预算等。

（3）采用高效的营销获客方法：使用 AI+大数据的工具拓展线上获客渠道，采用外呼系统提高线索转化率。

（4）客户管理与开发：客户分类分级管理，建立客户档案，维系老客户并开发新客户。

（5）建立销售流程和使用数字化工具：细化每个环节的流程，如销售阶段、跟进流程、报告和分析等；利用销售管理工具和技术，如客户管理工具（CRM）、销售报告和分析软件等。

（6）设定明确的绩效目标和指标：制定相应具体、可衡量和可追踪的销售指标来衡量绩效，以便对销售绩效进行评估和反馈。

（7）监督和反馈：定期监督销售绩效，加强过程管理，向销售团队提供及时的反馈和指导。

（8）建立高效的销售团队：招聘和培养具有销售技能和潜力的团队成员。

（9）支持体系：建立支持系统保障销售人员开展销售业务。

（10）统计分析与衡量：收集与统计数据，评估计划执行效果并进行相应调整。将销售数据可视化，员工、各级管理者可以实时查看到自己权限内的业务数据。

9.2　客户管理

9.2.1　营销获客

开源是客户管理的重要组成部分，企业可以使用数字化工具更高效获得客户。数字化工具可以通过大数据+AI 构建企业全量精准潜在客户公海，通过对客户特征的分析，结合全量企业知识图谱，将目标客户具象化，快速构建全量优质客户公海，为业务团队提供源源不断的销售线索，节省销售自行拓客的时间成本，实现精准初级和销售市场的快速全量覆盖。如图 **9-2** 全量公海所示。

图 9-2 全量公海

数字化工具可以通过 **API** 标准接口对接，覆盖所有线索来源渠道，如企业官网、公众号、**400** 客户电话、电子名片、线上商城，打破数据孤岛和系统隔阂，解决多个数据来源分散、数据不互通的问题。通过列表形式方便直观查看，也可以多种条件的组合筛选，快速、精确定位线索资源。销售可查看客户的来源，按时间节点查看客户的全部流转环节。公司可灵活定义分配规则，将汇聚的线索资源自动地、实时地分配给指定销售，提高资源的流转效率，将线索价值利用最大化。线索汇聚如图 **9-3** 所示。

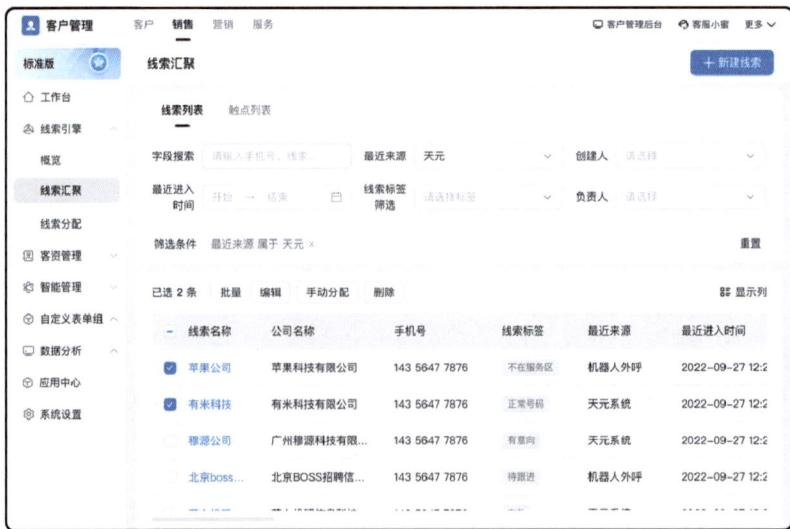

图 9-3 线索汇聚

获取到线索后，可以通过智能外呼机器人，高效快速地完成线索意向的过滤，及一系列活动邀约、品牌宣传等营销动作，自动拨打、自动交流、自动标记意向客户，结合短信、邮件等交互营销，将品牌价值、试用链接等发送给客户，加速线索转化。

9.2.2　客户信息录入

1. 客户分级分类

客户分级分类是按照其重要性和价值程度归类的。这种分类方法可以帮助组织更好地了解和管理客户群体，并根据客户的特征和需求，采取不同的策略和措施来满足他们的需求。一些常见的客户分级分类方法和好处如表 9-2 所示。

表 9-2　常见客户分类方法

分类维度	分类方法	优势
客户价值	根据客户的销售额或利润贡献，将客户分成 A、B 和 C 类。A 类客户通常是高价值客户，对组织的贡献最大；B 类客户是中等价值客户；C 类客户是低价值客户	重点关注高价值客户，为他们提供定制化的服务和支持，以增强客户满意度和忠诚度 优化资源分配，将更多的资源投到高价值客户身上，提高销售效率和业绩
购买行为	根据客户的最近一次购买频率和购买金额将客户分成不同的组	确定哪些客户是最有可能进行重复购买的，以便进行针对性的促销活动和客户保留策略 通过精细化的市场细分，提供个性化的营销和服务，提高客户满意度和购买率
生命周期	生命周期分析是根据客户在购买过程中的不同阶段进行分类的方法，如潜在客户、新客户、忠诚客户等	根据客户所处的生命周期阶段，针对性地提供适当的营销和推广活动，推动客户向下一个阶段的转化 了解客户在不同阶段的需求和行为，制定相应的策略，提升客户体验感和满意度
战略重要性	根据客户的战略价值和潜在增长性进行分类的方法	确定哪些客户对组织的未来发展具有重要影响力，将更多的资源和精力投入到与这些客户的合作中 发现潜在增长性客户，制定相应的市场拓展策略，寻找新的商机和增长点

对客户信息了解越多，有助于我们更好地推进业务。在数字化管理工具中，能够以客户为中心，关联汇聚与客户相关的全方位信息，如自定义客户标签、添加商机情况、拜访记录、清晰记录并留存下客户资料、服务过程等信息。

客户信息录入是个不断完善的过程，随着业务合作深入，可以沉淀更多信息，形成客户档案，沉淀为公司资产。客户信息如表 9-3 所示。

表 9-3　客户信息

分类	内容
基本信息	企业名称、企业地址、企业简介 联系方式、客户状态、客户来源
客户标签	客户类型、客户评级、客户偏好 需求产品、紧急程度、行业分类
资金数据	历史合同、回款记录、发票信息 退款记录、续费情况、信用账期
触达动态	钉钉互动、拜访记录、跟进记录 通话录音、短信邮件
商机信息	产品订单、商机阶段、预计金额 商机来源、预计成交时间
服务反馈	客户关怀、客户投诉、维修记录 回访信息、优化建议、满意度调研

2. 客户信息查重

我们可以对客户的姓名、电话、地址、法人等信息进行比对，看是否有重复或相似的记录。客户信息查重是为了提高客户数据的质量和准确性，避免出现重复录入、信息冗余、资源浪费等问题。

9.2.3　制定拜访计划

1. 制定拜访计划的重要性

制定拜访计划的主要目标是规范销售行为，提高拜访效率。很多企业是没有拜访计划的，哪个客户有空就去拜访哪个客户，随机性很大，容易出现遗漏重要客户。没有计划，执行过程就没有参考标准，结果就得不到保障。

2. 制定拜访计划的侧重点

（1）确定拜访目标：包括与客户建立关系、推销产品或服务、提供支持或解决问题等。明确目标可以帮助确定拜访的重点和所需准备的资源。

（2）了解客户信息：提前了解客户的需求、偏好、历史交易记录、竞争对手信息等。通过深入了解客户，可以更好地制订拜访计划，并提供有针对性的解决方案。

（3）定义拜访频率：一些客户可能需要更频繁的拜访，而其他客户可能需要定期的例行拜访。通过合理安排拜访频率，可以与客户保持良好的关系，并确保他们的需求及时得到满足。

（4）规划拜访日程：确定拜访日期、时间和地点，并将其记录在日历或拜访计划表中。确保给予足够的时间进行每次拜访，以便充分了解客户需求、回答问题和提供支持。

（5）准备拜访材料和拜访团队：准备产品演示文稿、销售资料、解决方案提案、合同等；根据拜访的复杂性和需要，确定参与拜访的团队成员，确保在拜访前准备充分，以便能够有效地与客户沟通并满足其需求。

（6）拜访结束后，及时记录拜访的结果、客户反馈和行动计划，并确保与团队成员分享相关信息：根据评估结果，调整和改进下次拜访计划，以提高效果和客户满意度。我们可以通过"客户拜访记录""销售工作日志""销售早晚会议"和客户回访等方法来跟进和评估客户拜访计划的执行情况。

9.2.4 客户跟进记录

1. 客户跟进记录的重要性

客户跟进汇报这个环节企业都会做，更多的是通过口头沟通，或者微信文字总结两个方式，没有统一的客户跟进记录结构，也没有长期的行为数据沉淀，这样的沟通可以短期内解决销售前端反馈的问题，追踪当天的业绩，但不利于长期的行为过程管控和业绩目标的追踪。

信息丢失和混乱：没有良好的客户跟进记录，销售团队可能会遗漏重要的信息或混淆客户细节。管理层和销售人员的信息不对称，无法及时识别风险和机遇，错失销售机会。

信息无沉淀过程、无记录：销售人员无法回顾整体的销售过程，如果出现人员变动，信息将会断层，造成客户体验下降。

销售团队协作困难：客户跟进记录是销售团队协作的重要依据。没有记录，销售团队无法共享客户信息和交流记录，无法协同工作。

销售业绩预测不准确：没有记录，销售人员无法准确了解客户的购买意向和时间，导致销售预测的不准确，影响销售计划和业绩。

2. 客户跟进记录的结构

客户跟进记录的结构如表9-4所示。

表9-4　客户跟进记录

日期时间	基本信息	沟通内容	需求问题	跟进行动	阶段和销售状态	跟进计划
以便回顾客户生命周期	客户姓名、联系方式、公司名称、职位等基本信息	主要讨论的内容，以便回顾和追踪沟通细节	了解客户的关注点和挑战，提供相应的解决方案	包括发送资料、提供报价、安排产品演示、安排后续会议等	根据不同阶段的需要采取相应的行动	明确日期、时间和目的，以确保跟进不断进行，并保持与客户的联系

在CRM中可以随时提交跟进记录，并可以关联相应的客户及联系人，记录当天的拜访结果，并做好下次拜访的跟进提醒。同时可以转发至相应的聊天界面，共享本次拜访的信息。

3. 销售日报/周报

销售管理的过程中，除了及时了解销售的拜访情况以及销售业绩，同时也要掌握销售人员当天的过程行为、遇到的问题、需要提供的支持等信息，从而可以更好地监督销售活动，销售日报也可以让管理层及时掌握销售状况，评估销售策略的效果，提供指导和支持。

销售日报一般包括四个维度，如表9-5所示。

表9-5　销售日报

业绩与拜访	任务完成进度	问题与解决办法	明日工作目标
本周完成业绩目标：XXX 当日拜访客户数：X人 当日邀约客户数：X人 洽谈中客户数：X人	截至今日完成：XXX业绩，剩余XX未完成，完成率X% 客户回款金额：X	A客户购买产品后，提出需要给更多赠品，但是赠品有限，客户有些不满。解决方法：XXXX	上午10:00-12:00拜访A客户 13:30催促B客户回款

在写销售日报时我们需要注意以下事项。

（1）简洁明了，突出重点：避免冗长的文字和大量无关的细节，要将重要的销售数据和信息以清晰、简明的方式呈现。例如销售额、订单数量、客户拜访次数等，以及与销售目标的对比和分析。

（2）准确和可靠：销售数据应该经过验证和核实，避免错误或遗漏。使用可靠的数据来源和系统进行记录和统计。

（3）及时性：确保销售数据和信息的时效性，以便管理层及时了解销售情况并做出相应的决策。

（4）目标追踪：将销售目标与实际销售情况进行比较，分析达成情况，识别偏差和差距，并在销售日报中记录和展示。

（5）分析和总结：例如，对销售业绩的偏差或差距进行分析，对销售趋势和机会进行评估，提供关键的见解和建议。

（6）重要事件和问题记录：销售日报可以记录重要的销售事件、客户反馈、问题和挑战等。这些记录可以为后续的分析和决策提供参考，帮助发现问题并及时解决。

（7）分析和思考：对业绩偏差进行分析或分享他们的经验、成功案例和教训，以及对销售策略和流程的改进建议。

4.客户健康度

数字化工具支持个性化定义客户健康度，通过红、黄、绿灯分别展示客户不同的跟进情况，超时未跟进触达提醒，管理者还可一键催办，询问具体状况，复盘辅导有数据，使得业绩管控有抓手，大幅提高销售内部的管理效率，销售人员也可以有侧重点地及时跟进客户，避免错过最佳时间。客户健康度如图9-4所示。

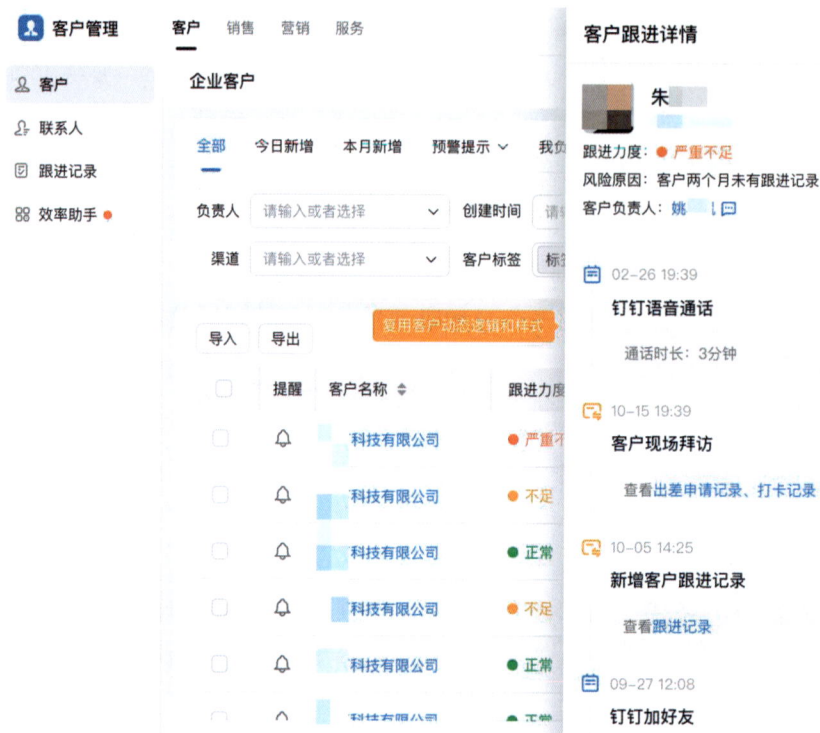

图 9-4 客户健康度

9.2.5 合同管理

业务合同管理包括合同的审核、审批、盖章、归档等环节。合同管理具体可见第六章，本节聚焦销售合同管理。

1. 标准合同管理

企业常见的业务合同管理方式是公司有统一的合同电子文档模板，由销售个人或销售后勤根据单个合同的价格、客户信息、合同条款等进行修改，修改后部分公司会有再次的合同审核环节，管理宽松的公司会省去合同的审核，直接盖章。这样的管理方式会存在法律合规性的问题，不利于公司权益保护和风险管控。

合同管理系统中可以根据销售填写的信息自动生成 PDF 合同，自动盖电子印章，从而减少因人为修改产生的问题。

2. 非标合同申请

在业务洽谈过程中，会存在客户需要修改标准合同的情况，如修改合同条款、合同金额、附加协议等。处理非标业务或合同时，公司需要注意以下几个方面。

（1）风险评估：非标业务往往涉及较高的风险，因为它们与公司通常的标准流程和规范不同。在处理非标业务之前，公司应该进行全面的风险评估，包括法律、商业、财务和操作风险等。

（2）资源调配和能力评估：非标业务可能需要额外的资源和能力来满足客户的特殊需求。公司应该评估自身的资源和能力，确保能够适应和承担非标业务所需的工作量和要求。这涉及人员、技术、设备、供应链等方面的资源和能力评估。

（3）客户需求和沟通：公司应该与客户充分沟通，了解需求和期望，并确保双方对非标业务的要求达成共识。透彻理解客户需求是确保成功交付非标业务的关键。

（4）合同条款和风险防范：公司应该仔细审查和评估合同条款，确保它们充分反映了双方的意愿，并明确了责任、权益、风险分担和解决争议的方式。

（5）内部流程和控制：公司评估现有流程和控制的适用性，并根据非标业务的要求调整。确保适当的内部审批和监督机制，以保证非标业务的合规性。

这里需要注意的一点是，非标合同是无法避免的，但是非标合同具有一定的复杂性，会增加企业的各项成本和风险。所以为了确保企业的统一化和标准化管理，保护企业的利益，可以限定周期内非标合同数量的上限，从而减少非标合同的出具。

9.2.6 订单管理

订单管理指的是企业在销售过程中，从收到客户下单到交付产品和结算支付的全过程管理。包括订单录入、订单分配、订单生产备料与加工、订单发货与跟踪、订单验收与结算等一系列流程管理。

主要目的是实现：

（1）高效录入和追踪订单，了解订单执行进度；

（2）按时按量生产或者配送商品以满足订单要求；

（3）及时响应订单变更要求，保证客户满意；

（4）高效安全靠谱地发货和物流交付；

（5）正确快速地结算和付款跟进；

（6）整体过程监控和统计分析报告；

（7）提高工作效率降低成本，增强企业核心竞争力。

很多企业容易出现合同代替订单的问题，只做合同管理不做订单管理容易出现一些不良影响，如销售人员难以了解订单执行进度，因订单信息系统的混乱导致生产错误或发货错误、物流跟踪混乱、增加丢单率和送错商品服务率、订单数据统计难。

新建订单时可关联合同、客户信息，并打通财务收款状态，记录发货信息和发货状态、开票信息。订单申请如图 9-5 所示。

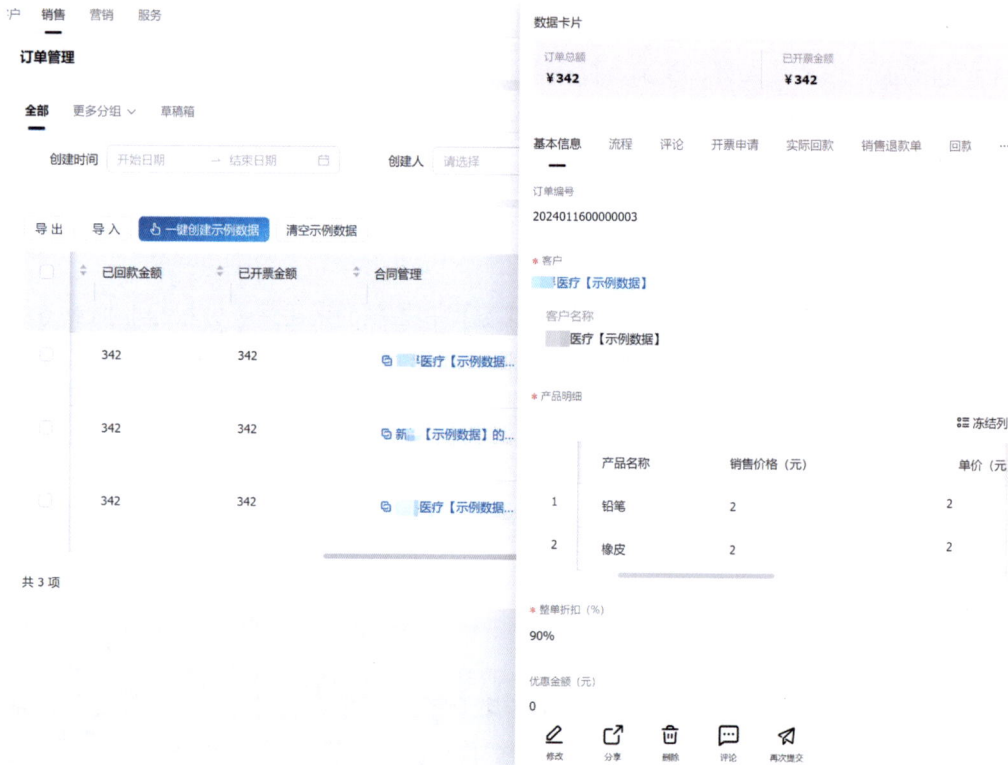

图 9-5 订单申请

9.2.7 回款管理

销售回款是企业的现金流入来源之一，对于企业的经营管理和财务状况有着重要的影响。销售回款的及时性和充分性对企业的应收账款管理至关重要。如果销售回款不及时，企业的应收账款就会增加，导致企业的资金被占用，影响企业的现金流状况。及时收回销售款项可以缩小应收账款的规模，提高资金的回笼速度，降低坏账风险。回款管理如图 9-6 所示。

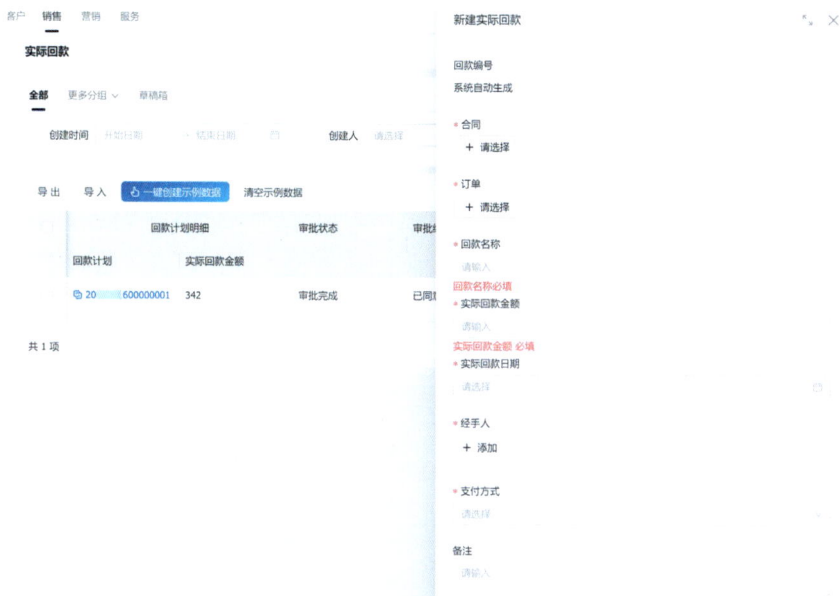

图 9-6 回款管理

做好回款管理有以下几点建议。

（1）制定回款计划和设置期末提醒：按照产品特点和客户实际能力做好回款计划，设置各类订单的标准回款期限。汇总所有订单信息及回款信息，明确负责人。自定义回款提醒如图9-7所示。

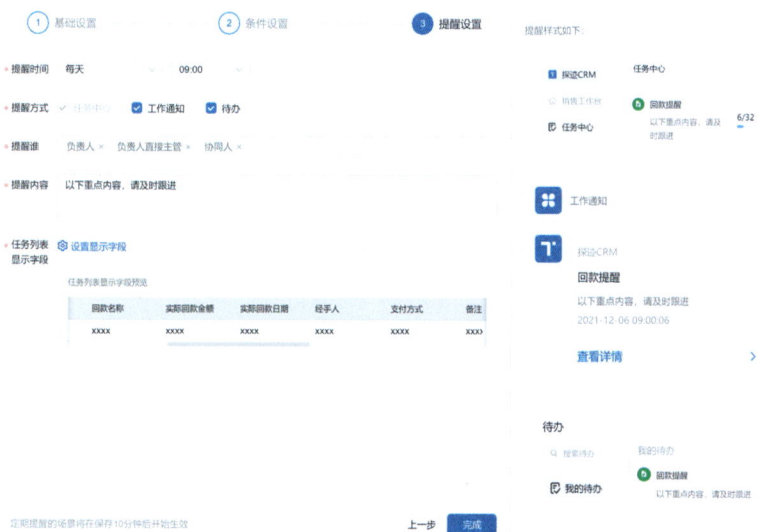

图 9-7 自定义回款提醒

（2）建立完整的回款登记及审批流程：严格执行回款登记制度，并将回款相关数据及时导入财务软件。

（3）分析回款率及延迟原因：通过数据统计，分析各客户及订单类型的回款特征，找出回款难点。

（4）实施必要的回款救济措施：如分期付款、质押物抵押，为客户提供还款便利。

（5）定期回访重点客户：对回款时间较长的重要客户进行回访，及时了解还款难处。

（6）给予积极的回款奖励并将回款目标纳入员工考核。

（7）定期分享工作成效：分享回款成功案例，增强全员运营意识和积极性。

（8）不断改进回款管理流程：根据实际情况及时调整和完善相应政策措施。

9.2.8 开票管理

销售开票管理的主要目标是简化开票流程，减少人工操作和错误，提高工作效率和客户满意度。在建立客户信息管理中维护客户的开票基础信息，制定开票审批流程，明确各项环节责任，便于开票数据的统计和票据的归档。开票申请如图 9-8 所示。

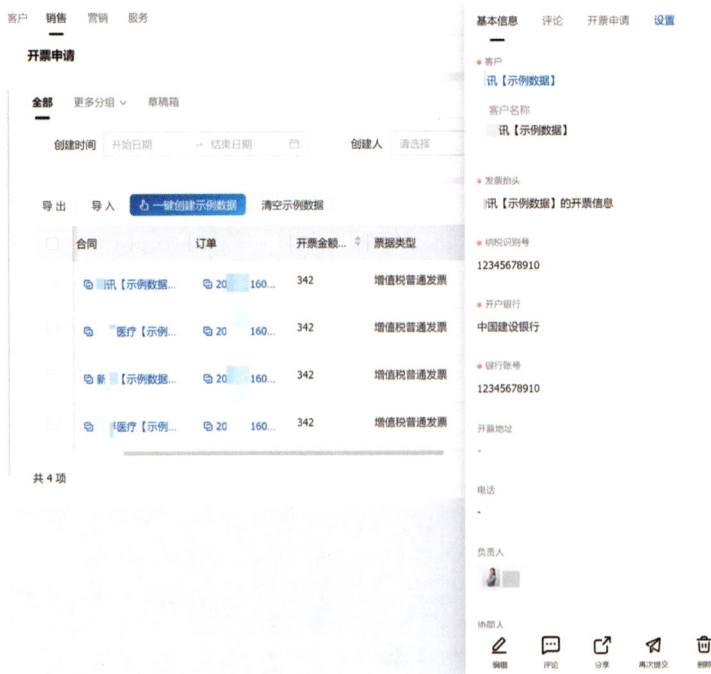

图 9-8 开票申请

9.3 过程管理

9.3.1 销售目标制定

销售目标是企业管理和运营的重要组成部分，它可以帮助企业明确销售方向，激励销售团队，提高销售效率和业绩。

在制定销售目标时我们可以从内外两个维度进行考量。如表 9-6 所示。

表 9-6　销售目标制定

外部	内部
1.宏观经济环境判断 2.分析行业走势 3.潜在客户潮及市场潮流 4.竞争对手策略和表现	1.企业战略定位 2.里程碑和阶段目标 3.产品研发规划 4.历年销售数据 5.内部资源能力
目标制定原则 　●　SMART 原则：具体（Specific）、可衡量（Measurable）、可实现（Achievable）、相关（Relevant）和有时间限制（Time-bound） 　●　与销售团队共同参与 　●　有具体的行动计划和时间表	

可以按周、月、季、年等不同维度设置销售目标，如图 9-9 所示。

图 9-9 设置销售目标

9.3.2 过程行为管理

1. 外勤管理

销售人员大多都需要高频出差或者外出工作，对于人员的动向我们可以通过签到、签退来进行管控。可根据签到地址自动更新至客户地址，一键完善客户信息，通过签到签退，自动统计拜访时长，让工作状态清晰可见。外勤管理如图 9-10 所示。

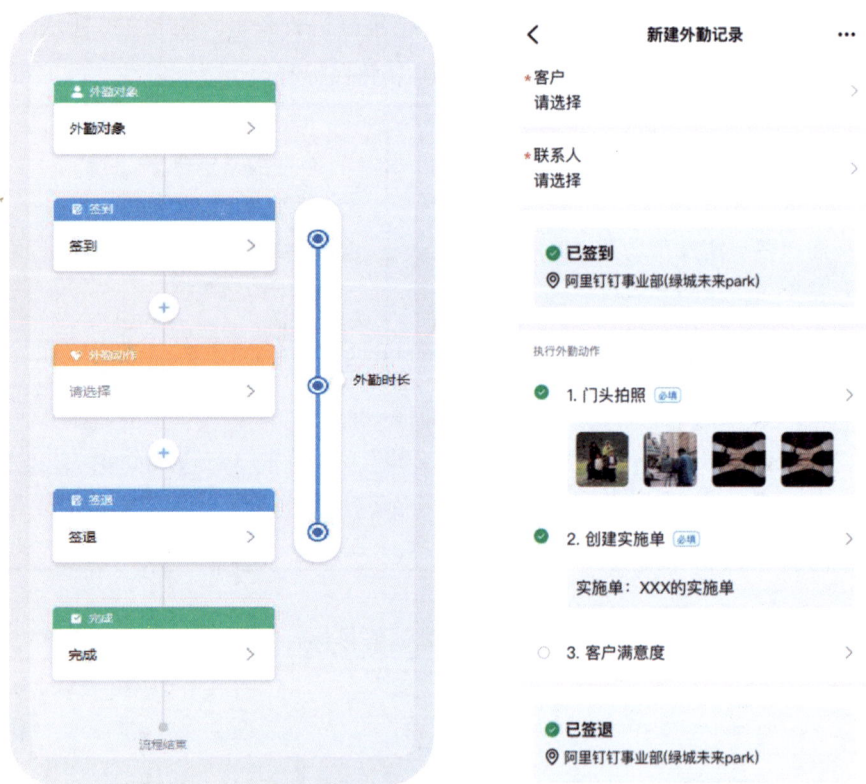

图 9-10　外勤管理

2. 销售早晚会议

"早计划、晚复盘"是销售管理常用的日例会，旨在促进信息共享、业绩评估、目标设定和团队合作。

3. 售前支持

售前支持是指在销售过程中，为潜在客户提供各种支持和服务，以帮助他们做出购买决策。售前支持的目标是增强客户对产品或服务的了解和信心，提供解决方案，并促使客户做出购买决策。售前支持可以有以下内容。

产品演示和展示：向潜在客户展示产品的特点、功能和优势。

技术咨询：为客户提供技术咨询和解答疑问，帮助他们理解产品的技术细节和适用性。

解决方案定制：根据客户的具体需求和业务情况，提供定制化的解决方案。

报价和商务谈判：在这个过程中，可以解答价格相关的问题，协商合同条款和条件，以达成双方满意的商务协议。

试用期和样品提供：试用期和样品提供可以帮助客户更好地评估产品的适用性和质量。

参与招投标过程：对于涉及招投标的销售项目，提供支持和参与招标文件的编制和提交。

培训和知识传输：为客户提供产品培训，帮助他们了解如何正确使用和维护产品。

客户参观和参考案例：组织客户参观实际的产品应用场景或提供相关的客户参考案例。这可以帮助客户更好地了解产品的实际应用和效果，增强他们的信心。

售前支持可以通过一条流程来串联各个环节，记录支持内容，协调各部门资源。根据不同的产品和支持类型分流到对应的负责人。如图 9-11 所示。

图 9-11　售前支持申请

3. 产品知识库

销售工具中产品资料是十分重要的"弹药库"，完整详尽的产品信息库可以让销售人员快速找到所需要的信息，支持商业谈判，缩短销售周期。建立产品知识库的同时还需要提供产品支持的培训，并及时更新知识库，也可以把产品知识录入到智能机器人中，实现销售自助解决问题，减少沟通成本。产品知识库模块如表 9-7 所示。

表 9-7　产品知识库

模块	价值
准确一致的产品信息	有助于销售人员在与潜在客户和现有客户的沟通中提供一致的信息，建立客户信任，增加销售机会
常见问题与答疑	通过查阅销售自行找到解决方案，减轻了售前支持的工作，同时提高了客户的满意度和用户体验
价格清单/优惠政策	有助于销售团队了解如何定价产品、销售政策和策略，以及与客户洽谈和签订销售合同的相关信息
市场竞争分析	帮助销售团队了解产品的竞争优势和差异化点，精准向客户展示
客户使用案例	帮助销售理解产品实际使用场景及客户使用反馈，展示产品在实际应用中的价值
更新和版本记录	销售团队能够了解产品的演进和升级情况

知识库中分级分类沉淀产品信息，如图 9-12 所示。

图 9-12　产品知识库

4. 优秀客户案例库

优秀客户案例对企业来说非常重要，主要原因和意义如表 9-8 所示。

表 9-8　优秀客户案例的价值

证明产品力和效果，助力销售转化	提升品牌知名度和信誉度	增强客户信任	学习回馈	提升团队士气
案例证明产品在实际场景下的优势和效果。作为销售推广的有力材料，增加转化率	成功案例可以展示品牌服务能力，让更多客户了解	案例反映企业解决客户痛点的能力，提升客户信任与忠诚度	总结经验，改进卓越服务能力，并推广到更多客户	成功案例能激励员工并提高服务质量意识

结构化案例内容：

（1）客户简介：介绍客户的公司背景、行业和规模；

（2）挑战描述：描述客户在使用你的产品或服务之前遇到的问题或挑战；

（3）解决方案：详细说明你的产品或服务是如何解决客户的问题或挑战的；

（4）成果和效益：列举客户在使用你的产品或服务后实现的具体成果和效益；

（5）客户见证：引用客户的话语，让他们直接分享体验和感受。

在撰写客户案例时需要注意使用客户语言，展现具体数据和事实以增加可信度和真实感。

9.3.3　业绩结果管理

业绩结果管理是指对个人或团队的业绩进行监测、评估和管理的过程。当企业定好目标和指标后，需要对结果数据进行检测和及时的反馈，这可以包括使用业绩看板、报告系统或其他工具，以实时或定期地收集、分析和报告业绩数据。

1. 业绩看板

客户管理系统中可以实时看到业务流程中的数据汇总及分析，如图 9-13 所示。

图 9-13　业绩看板

2. 销售漏斗分析

销售漏斗（Sales Funnel）是指将潜在客户转化为付款客户的销售过程的可视化模型。它以漏斗的形状来表示客户在销售过程中逐渐减少的情况，从而反映了销售流程中的转化率和销售效果。同时可以帮助销售团队了解哪些渠道和活动最能吸引和留住潜在客户，哪些阶段存在最大的流失率和原因，以及如何优化销售流程和提升客户满意度。

销售漏斗数据结果运用：

（1）根据销售漏斗的形状，确定销售过程中的关键环节。例如，如果销售漏斗呈现出宽顶窄底的形状，说明潜在客户的数量较多，但是转化率较低，那么需要加强后期的跟进和促成。如果销售漏斗呈现出窄顶宽底的形状，说明潜在客户的数量较少，但是转化率较高，那么需要加强前期的开发和引导。

（2）根据销售漏斗的变化，评估销售过程中的效果和改进。例如，如果销售漏斗的整体宽度增加，说明销售业绩有所提升，可以继续沿用当前的销售方法和策略。如果销售漏斗在某个阶段出现缩小或扩大的情况，说明该阶段存在问题或机会，可以针对性地进行调整和优化。

（3）根据销售漏斗的比较，分析不同客户群、产品、渠道、区域等维度的差异和趋势。例如，如果不同客户群的销售漏斗形状和转化率有明显差异，可以根据客户需求和特点制定不同的销售方案和服务标准。如果不同产品或渠道的销售漏斗数据有显著变化，可以根据市场反馈和竞争情况调整产品定价和推广策略。

9.4 售后管理

9.4.1 智能客户群

每个客户都可以一键创建对应的服务群，在群内快捷栏添加相关资料方便客户查看，也可以添加智能客服快速响应客户问题。智能客户群是企业对外一站式服务窗口，如图 9-14 所示。

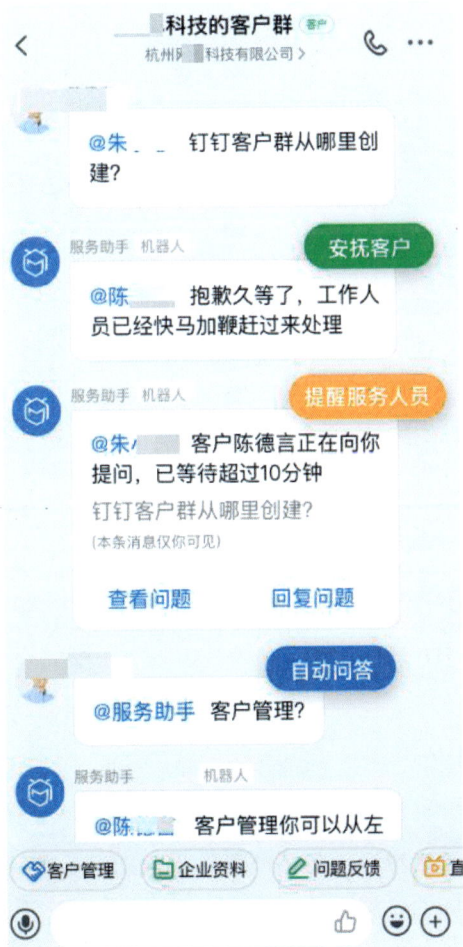

图 9-14 智能客户群

9.4.2　服务工单

通过数字化工具可以统一管理服务工单，灵活调度企业服务资源，提高工单响应率，降低服务成本。设置工单超时提醒，管理员配置好单个节点或者全流程超时规则后，将实时触达工单负责人。工单进度可以实时查看，服务管理清晰透明，量化业务和服务数据。服务工单数据统计如图 9-15 所示。

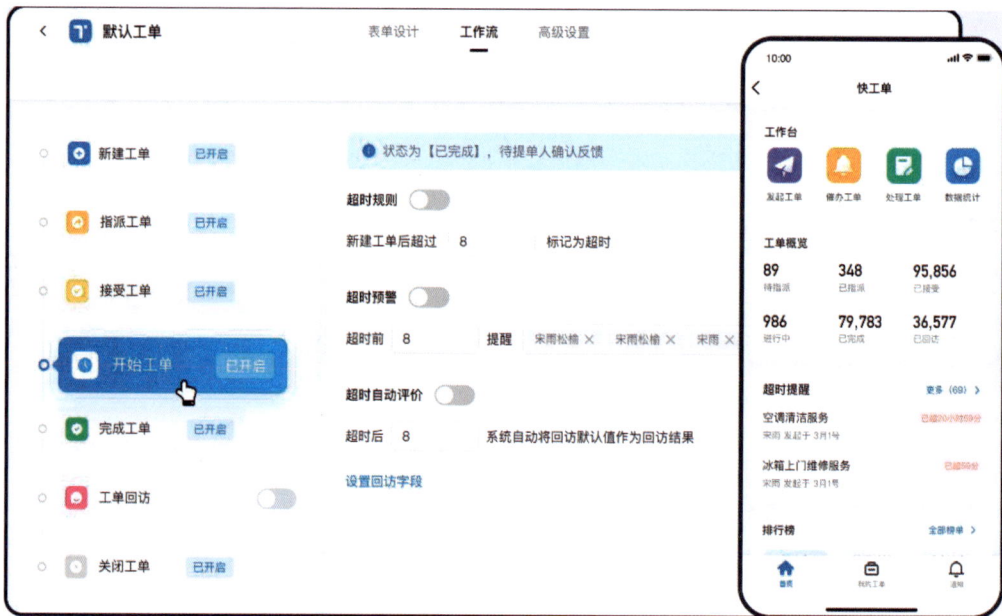

图 9-15 服务工单数据统计

9.4.3 客户意见及反馈

1.满意度问卷调查

客户满意度调查是一种评估客户对产品、服务或整体经验满意程度的方法。通过进行客户满意度调查，企业可以了解客户对其提供的价值和体验的感受，以及他们的需求和期望，并采取相应的措施来改进产品和服务。

"满意度调查问卷"的操作步骤：

（1）目标设定：确定调查的目标和范围。明确要评估的方面，例如产品质量、客户服务、交付速度等。

（2）问卷设计：设计调查问卷，包括封闭式和开放式问题。封闭式问题通常采用评分或选择答案的方式，以便收集可量化的数据，而开放式问题则允许客户提供详细的意见和建议。

（3）采样和调查对象选择：确定调查的样本和调查对象，可以是随机选取的客户，也可以是特定群体的客户，如重要客户或新客户等。

（4）数据收集：通过在线调查、电话访问、面对面访谈或电子邮件等方式，向客户发送调查问卷，并收集他们的回答和反馈。

（5）数据分析：对收集到的数据进行分析和整理。可以使用统计分析方法，如平均值、百分比和相关性等，来汇总和解释调查结果。

（6）结果解读和行动计划：根据调查结果，解读客户的满意度水平和关键问题。确定改进的重点和优先级，并制定相应的行动计划来解决问题和提升客户满意度。

（7）反馈和改进：与客户分享调查结果和改进计划，回应他们的反馈和意见。持续跟踪和监测客户满意度的变化，并根据反馈不断改进产品和服务。

（8）客户满意度调查是一个持续的过程，可以定期进行以跟踪和监测客户的感受和需求。通过积极关注客户满意度，企业可以提高客户忠诚度、增加重复购买率，并建立良好的口碑和品牌形象。

2. VOC 流程

VOC 全称为 Voice of Customer，即客户的声音。它指通过各种渠道系统地收集和分析客户对产品和服务的需求、看法、意见和建议，以切实掌握客户想要什么，并据此进行产品和服务的创新和改进。为了更好地收集客户的声音并及时地做到内部的协同处理，我司创建了"VOC"流程。

员工发起反馈信息——主管确认信息真实——内控部门反馈处理意见——部门协同处理结果。

9.5　团队氛围打造

9.5.1　战役文化

1. 什么是战役

对于企业来说，完成一个阶段目标跟打赢一场胜仗是一样的。我们先来聊聊，什么是战役。

战役就是根据战略需要，在一定区域和时间内所进行的一系列战斗的总和。

战争是最大的颗粒度，其次是战役，再次是战斗。战役是战争的一个局部，直接服务和受制于战争全局，也不同程度地影响战争全局。它直接运用战役，也被战斗的成败直接影响。

对于企业而言，业务策略是战役的起点，战役是业务拆解的结果，所有战役都是为了支撑业务结果的实现、企业战略目标的达成。

2. 战役文化的目的

战役文化存在的目的可以归结为以下几点。

（1）统一团队方向：它将个人的努力与整体的方向相结合，确保所有成员朝着相同的目标努力，避免团队内部的分散和不协调。

（2）提升团队凝聚力：团队成员共享相同的价值观和行为准则，相信彼此的能力和承诺，从而建立起紧密的合作关系和互信环境。

（3）激发创新和卓越：鼓励成员不断挑战自己的极限，寻求创新的解决方案。

（4）激励和奖励成员：制定激励机制，鼓励团队成员持续投入和取得优秀成果。

总体而言，战役文化有助于营造一个积极、协同和高效的工作环境，使团队能够更好地应对挑战、实现共同的目标，并取得优秀的绩效。它能够促进团队的凝聚力、创新能力和适应性，为组织的成功奠定坚实的基础。

3. 战役文化的落地方式

（1）战役启动会。

销售全员参加战役启动会，会上展示本次战役目标和关键指标。如图 9-16 所示。

图 9-16　战役启动会

（2）战报。

可以使所有员工了解公司的战略动向、目标进展和成就。同时实现信息透明化，让员工能够更清晰地理解个人所做的工作与企业大局的关系，更能创造出积极、协作的工作环境。战报通知如图 9-17 所示。

图 9-17　战报通知

（3）即时奖励及总结表彰。

即时红包奖励或者积分都是很好的员工激励方法。员工在完成任务或者作出卓越贡献后能够获得即时奖励，这不仅是企业对其努力的肯定，也能够让员工感受到企业对其成果的重视，从而更加积极地投入工作。如图 9-18 所示。

图 9-18 积分荣誉奖励

（4）案例竞赛。

企业内部在经营过程中会有很多成功案例，值得沉淀和分享。员工可以了解和学习其他同事在工作中遇到的问题、挑战和解决方案。这有助于促进知识的共享和传递，提高整个团队的综合能力和专业水平。同时优秀案例可以激发员工的学习动机和获得感，提升工作热情及企业文化建设水平。

第10章

项目管理

■ 学习目标

提升项目管理的认知，通过项目管理增强企业部门内部、跨部门协同效率。

（1）认知项目管理，了解项目管理对企业的重要性。

（2）学习项目管理基本方法，掌握项目成功关键点。

（3）掌握项目管理工具，运用数字化工具提高项目管理效率。

10.1 认知项目管理

10.1.1 项目管理的重要性

项目管理对企业至关重要，通过有效控制风险、预算、进度、沟通和质量，进而推动企业实现战略目标，创造竞争优势。项目管理应该是每个企业中人人都需要掌握的技能。

10.1.2 项目管理的常见误区

项目管理的常见误区如表 10-1 所示。

表 10-1 项目管理的常见误区

是什么	不是什么	说明
万事皆可项目化	项目管理只适用于特定行业或领域	项目管理的原则和实践适用于各种行业和领域，需要实现特定的目标、有预算和时间限制都可以适用
项目参与人都要掌握项目管理基础知识	项目经理会项目管理就可以了	项目管理不是仅有一个好的项目经理就能成功，而是需要全体成员的协作和努力，每个人在项目中都有一份责任
要对项目管理灵活应用	使用某个项目管理工具就可以做好项目管理	项目管理工具是辅助项目管理的，真正的项目管理需要理解和灵活应用项目管理的理念和方法
高度适应变化	拒绝变化	项目管理要求在面临不可预计的情况时灵活并快速地调整，而不是固守原有的计划而拒绝变化

10.1.3 项目管理的解决方法

项目管理遵循 PDCA 的法则[规划（Plan）—执行（Do）—检查（Check）—行动（Act）]，将所有的项目管理活动分成了五大过程组，分别是启动过程组、规划过程组、执行过程组、监控过程组、收尾过程组。如图 10-1 所示。

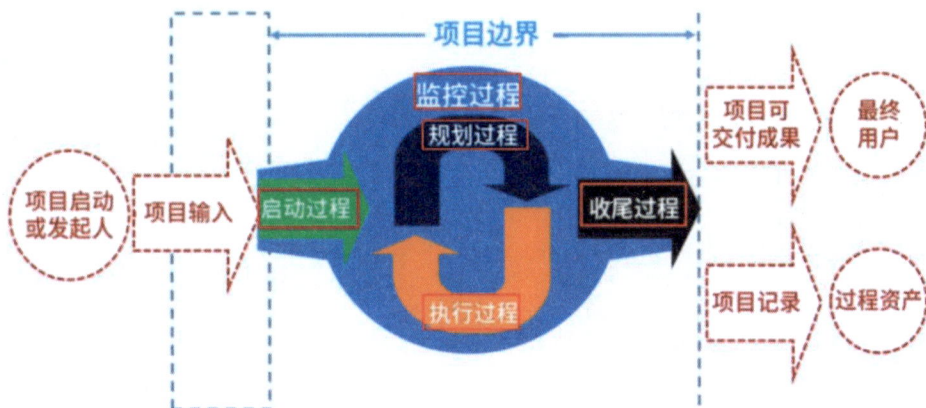

图 10-1 PDCA

（1）启动过程组（千里之行，始于足下）。

意味着正式开始一个项目，或开始一个项目中的新阶段，可以面向所有项目成员召开一个启动会，正式宣告一个新项目或新阶段的开始。

（2）规划过程组（运筹帷幄，决胜千里）。

把愿景目标转化为可落地的行动方案和工作路线。

（3）执行过程组（言之必行，行之必果）。

重在整合资源，推进项目落地，完成项目管理计划中确定的工作以实现项目目标。

（4）监控过程组（审时度势，沉着应变）。

在执行过程中，重点是定期对项目的进展、范围、质量等进行跟踪和监控，识别目前的进度与计划之间的偏差，从而快速地采取办法进行纠正和调整。

（5）收尾过程组（慎始如终，则无败事）。

最关键的是趁热复盘，把经验沉淀在组织里，能力长在每个人身上。

一提到项目管理，很多人觉得，复杂的事情才需要用项目管理。但我们所处的环境属于 VUCA 时代[VUCA 是 Volatility（易变性），Uncertainty（不确定性），Complexity（复杂性），Ambiguity（模糊性）的缩写]，变化是这个时代的主旋律，在这样的时代，无论是组织还是个人，都需要拥有帮助自己拥抱变化，或处理变化的能力。

在企业管理中，任何人都会参与到项目中，或担任某个项目的项目经理。项目管理，就是使用科学的思路、方法、技巧和工具，裁剪影响效率的复杂，抛弃没有价值的繁忙，杜绝"瞎折腾"，避免"瞎忙活"。

为了方便读者更好地理解项目管理如何在企业中应用，下面会具体以某互联网公司如何做好内部跨部门项目管理为例为大家引入项目管理。

10.2 项目启动

10.2.1 什么是项目

项目可以来管理实际工作中的各个场景，比如：

- 筹备企业年会
- 一个线下门店的开业筹备
- 一套系统的实施交付
- 一本图书的编撰发行
- 直播筹备
- 部门日常工作
- 新员工招聘
- 部门 SOP 建立

......

在企业中，只要需要完成一个共同的目标，都可以通过项目的方式管理。

10.2.2 项目启动

1. 项目前准备

一个项目刚启动的时候，可能会很混乱，如何在混乱中建立秩序是非常重要的能力。可以使用如图 10-2 所示的 5W2H 原则在混乱中建立秩序梳理思路。想清楚要实现的目标、执行的计划、交付的成果、负责人和参与人、起止时间、实施方案等内容。

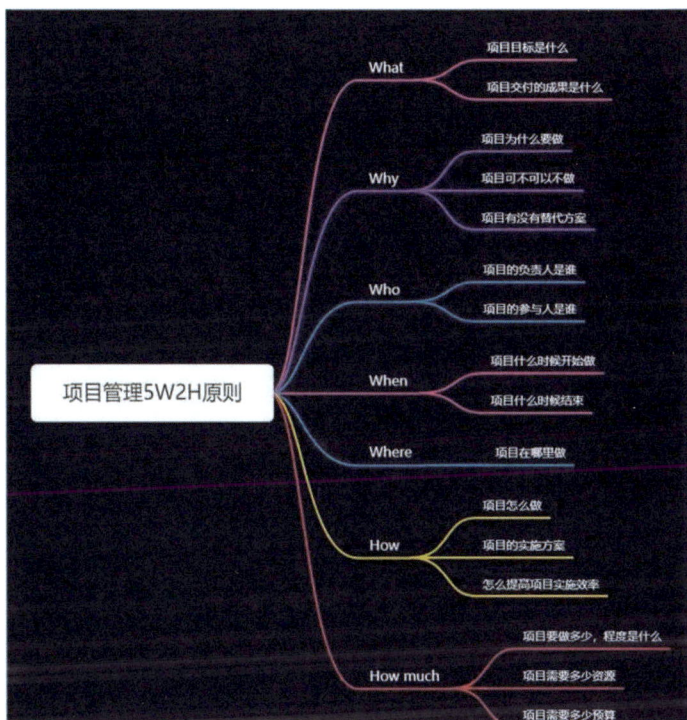

图 10-2　5W2H 原则

使用 5W2H 原则进行设问，可以发现解决问题的线索，准确抓住问题的本质，确定出核心问题，从而提高工作效率，避免遗漏重要问题，高效且高质量地完成项目。

项目经理需要在最开始就和需求方确定好 5W2H 的关键信息，尤其是目标、质量、时间、成本，如图 10-3 所示。

图 10-3　项目知识库

2. 成立项目组

在整个项目管理过程中，项目经理扮演着至关重要的角色。项目经理一般负责的事情有：

- 与客户（包含内部客户）协商沟通，明确项目需求和所需资源；
- 挑选适合的项目组成员；
- 设计有效机制激发成员积极性，指导成员完成项目任务；
- 在实施过程中不断了解客户需求；
- 保证与项目相关方的沟通并汇报项目进度；
- 监控项目进度，保证项目按时间计划执行。

项目组成员主要负责项目执行，项目组成员的责任一般有：

- 参与项目计划制定；
- 保持与项目经理的沟通，积极主动参与项目；
- 服从项目经理的指挥，执行计划分配的任务；
- 树立主人翁意识，对自己负责的项目任务负责；
- 协同其他项目组成员，团队合作。

3. 召开项目启动会

项目启动会是项目管理过程中最重要的一环，决定项目能否顺利推进。

（1）召开项目启动会的意义。

项目启动会，不止可以激励团队，对于项目经理而言，这是一个正式的授权过程，意味项目经理可以在项目过程中调动资源，让后续的执行和监督过程更加顺畅。启动会的意义如表 10-2 所示。

表 10-2 项目启动会对各角色的意义

角色	启动会意义
团队	让团队成员明白项目的重要性，提高参与度和凝聚力
项目经理	是一次展示的机会，树立形象并建立威信
领导	给甲方和乙方的高层领导留下好印象

（2）项目启动会前的准备。

- 确认参会人员，如核心领导、部门负责人、骨干员工必须参与；
- 安排时间地点和会议方式；
- 确定会议议程，提前沟通好会议的流程，每个节点要做什么，把握好节奏；
- 提前发放会议资料，像项目的商业价值、里程碑、项目目标、干系人等；
- 项目启动会通知，先通知最重要的领导，根据他/她的时间做会议调整，等确定好了，再全面通知。

（3）项目启动会内容。

- 进行项目的介绍，包括项目背景和商业价值，客户的需求是什么；
- 明确项目的目标，包括进度、成本、范围和质量的目标；
- 确认初步的核心团队，包括项目经理的授权、团队成员的职责；
- 项目的相关方有谁，需要谁支持，客户的接口有谁；
- 项目管理计划、里程碑计划、风险计划，列出问题清单；
- 明确可交付成果，对其做一个整体的策略和行进流程；
- 如有必要可以签订军令状，增加项目仪式感。

（4）项目启动会需要注意的事项。

- 全员参与，项目经理不要一言堂；
- 尽量邀请双方更高级的领导参与会议；
- 提前与相关部门沟通项目目标，保证一致性，避免会上冲突争吵；
- 一定要确定好边界，避免遗漏造成项目交付不及时；
- 制定信息同步机制，一开始就要明确如何做到项目信息同步。

（5）项目启动会会议要点。

- 会议简介：参与人员、地点、时间、名称、主持、部门等；
- 会议目的：项目背景、需求调研、目标和要点；
- 会议内容：可以用会议管理中提到的工具进行过程记录；
- 行动计划：关键里程碑(各个环节的关键时间点)；
- 结论：待处理的、下一步行动点。

项目启动会除了统一思想，调动大家积极性，还可以根据项目的保密程度发布相关公告，让全员知悉，进行有效监督。可以在公告中体现项目目的、目标、时间节点、参与人、项目反馈通道等，如图 10-4 所示。

图 10-4　立项公告

10.3　项目规划

项目启动阶段想清楚要做的事情后，开始项目规划阶段。项目规划阶段是用项目计划去推动项目目标的落地，优化各个角色的协同过程。规划是项目管理中非常重要的一个过程。

在项目规划阶段，需要制定一个全面的、可贯穿项目全部阶段的执行方案，并且设置关键节点和截止日期。将整体任务分解为可消化的小任务，让每一个执行者都能按时保质保量在预算内完成任务。

这一阶段主要有七个要点，如表 10-3 所示。

表 10-3　项目规划的七个要点

要点	主要内容
范围说明	明确业务需求、项目目标和可交付成果，确定项目管理的范畴
项目组织结构	内外部组织/相应的人力资源/各个角色的职责/沟通方式和要求

续表

工作分解	通过工作分解结构，将任务细分为多个小步骤，并确定任务的优先级及关联性，以便管理
进度计划	估算任务的持续时间，制定进度计划，利用甘特图将所有任务和截止日期以时间轴的格式直观地展示出来，在重要的时间节点设置里程碑与交付物
风险管理计划	识别项目进行过程中可能遇到的风险，并对其进行分析以确定风险等级，制定应对方案
活动清单和次序	所有工作的清单及优先级
沟通计划	确定任务进行中负责人和成员之间的沟通计划，制定高效的沟通方式，并确定好项目的例会制度

1. 计划阶段的主要任务

计划阶段的主要任务是做工作任务分解、任务工期估算、时间进度安排、风险与沟通计划、项目整体计划。可以使用甘特图、里程碑图、网络图、思维导图等工具输出项目统计表、项目基本信息表、项目进程表。

2. 计划阶段的关键点

在这个阶段，需要以结果为导向，通过协调、沟通，明确项目全部范围及具体任务。作为项目经理要加强全员的风险意识，并且识别出来各关键人员，避免项目失败。

常见的问题主要有：

（1）项目计划不够具体；

（2）对任务分解不充分；

（3）风险意识不强；

（4）没有及时沟通计划；

（5）计划没有和项目组达成共识。

3. 工作任务分解注意事项

对于执行任务的人来说，得到的任务更加具体和明确，更有利于完成任务。在分解任务时，需要注意以下事项：

（1）要做的事情太多，可以"大事化小"，分解到可预测、可管理的最小单元；

（2）分解任务时可以在团队内部头脑风暴，任务要完全穷尽，彼此独立；

（3）任务呈现形式可以用目录式或图形式，更有利于他人理解；

（4）最小颗粒度要具备3项特征：清晰的责任人、能够估算工期和工作量、有任务完成的标准。

有了规划，在项目实施过程中才有参照，并通过对规划的不断修订与完善，使后面的规划更符合实际，并准确地指导项目工作；有的企业会用表格来做项目计划，也有的会直接使用数字化工具，这里举两个例子供读者学习参考。某公司项目规划如图10-5所示。

图 10-5　项目规划

使用数字化工具事半功倍，首先有丰富的模板可以一键复用，模板都是各行业的最佳实践，可以在模板的基础上优化。企业内部高频的项目活动如产品研发、新店筹备、举办营销活动等，也可以自定义项目模板，形成项目标准，方便后续规范化执行和管理。举例：产品研发项目规划如图10-6所示。

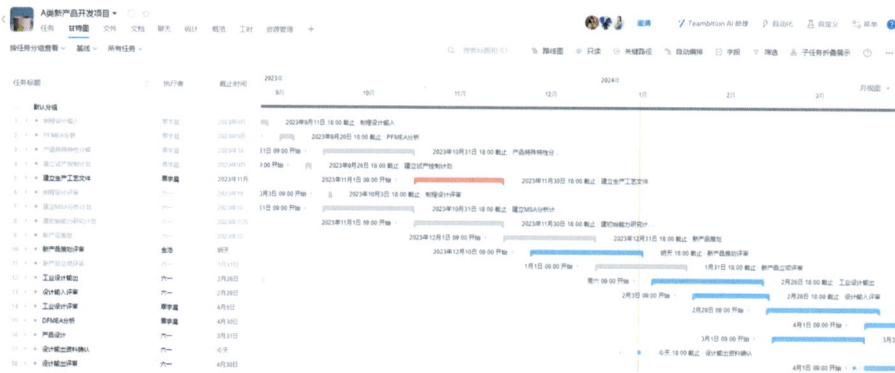

图 10-6　产品研发项目规划

10.4 项目执行

这个阶段占用了大量的资源而且充满风险，比如某个项目成员被另一个更高优先级的项目拉走了，比如时间过半、进度缓慢等。想要避免风险的发生，就必须保证项目实施过程中不出现偏差。一旦出现偏差，就要及时分析原因，并对项目计划或项目基准进行合理的修改。

执行阶段主要是完成项目规划，虽然在规划阶段做了很多准备，但是这并不意味着前方会一路平坦。在项目执行过程中需要重点关注的事项有 4 项。

（1）定期会议：可以定期举行周例会，如回顾前一周的执行情况，讨论未来三周计划与风险，确保项目在正确的轨道上各个环节按照规划进行。常见的会议类型还有项目讨论会、成员进度汇报、项目周例会等。项目会议内容和成果都需要沉淀，钉闪会和知识库这样的数字化工具可以帮助我们高效管理项目会议。项目会议沉淀如图 10-7 所示。

图 10-7 项目会议沉淀

（2）知识沉淀：任务进行中，我们会积累下丰富的经验，不论是成功的经验还是失败的经验，都是宝贵的财富，需要对其进行管理。知识沉淀方式可以参考知识管理篇，便于对知识更加高效地利用。

（3）任务管理：项目的最终成果取决于每一个小任务的完成情况，而团队中每一个成员的工作决定了任务的总体质量，所以，我们需要切实地建设和管理团队的沟通方式，确保每一位成员都能高效、积极地工作。任务的拆解、派发、进度反馈等都十分重要，数字化工具可以帮助项目组成员在线协同，大幅提高效率。任务看板可以让项目组成员拥有整体视角，看到整个项目的阶段和任务，方便项目组成员更清晰自己任务的重要性以及与其他任务之间的关联。项目组成员可以根据自己的使用习惯选择看板视图、列表视图、表格视图中的任何一种。

如图 10-8 所示产品研发看板罗列每个阶段要做的具体事项，并用任务卡片承载。项目经理只需将任务指派下去，项目成员收到任务后做推进和完成即可。团队工作可视化地呈现出来，团队成员可以随时知道谁，在什么时候，要做什么，是否已完成。信息不再碎片化、孤岛化，变得公开透明。

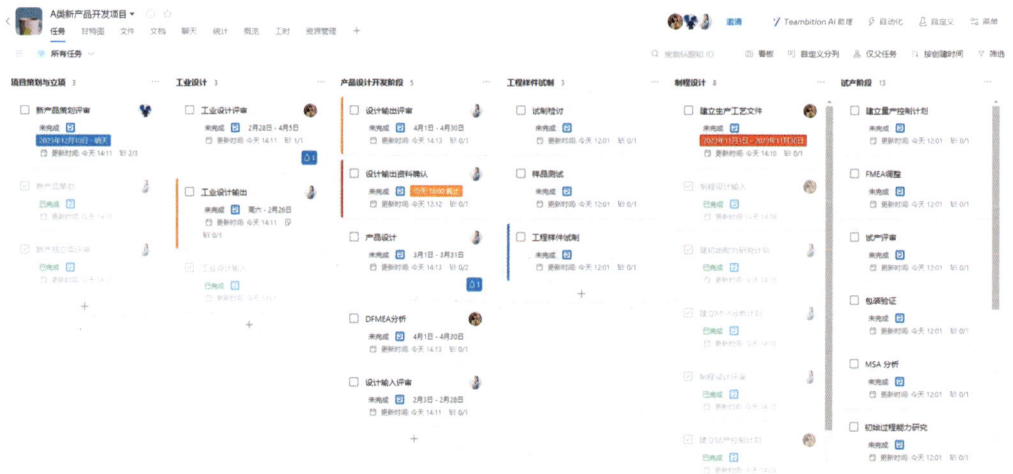

图 10-8 项目任务看板

为了让执行者可以更高效地完成任务，派发者可以在发送任务时尽可能详细地添加任务信息，如任务优先级、标签、提交时间、与该任务相关的其他资料等，也可以添加提前提醒时间。如果某些任务的交付成果是要经过审核，或者任务和某些审批有关，也可以在任务中关联钉钉审批，只有当审批通过后该任务才可以完成，以此来加强对任务成果的管控。项目成员可以从"我的任务"中快速了解自己的待办任务。

项目的沟通大部分是在项目群中进行，创建项目时可以创建对应的项目群，智能的数字化工具会每天在群内推送项目日报，反馈项目进度、提醒预期任务的执行人，项目组成员可以从项目日报中直接进入项目中执行与反馈，以此实现群体协同。项目任务提醒如图 10-9 所示。

10-9 项目任务提醒

除了以上任务管理方法外，还可以建立一套项目管理积分机制，通过积分客观地衡量每个人的表现，在项目最后也可以根据积分情况进行奖惩。这样做的好处是将任务成果的反馈时效缩短，任务数量和质量被量化并且与每个人切实相关联。无法被量化就无法管理，积分机制会很大程度激发项目组成员争优的意识，将被动接受任务转变为主动获取任务。项目经理可以根据自己项目的特点做个人积分或者结对子、小组积分等多种形式，用机制来减少项目组成员划水、部分人拿成果等现象。积分看板如图 10-10 所示。

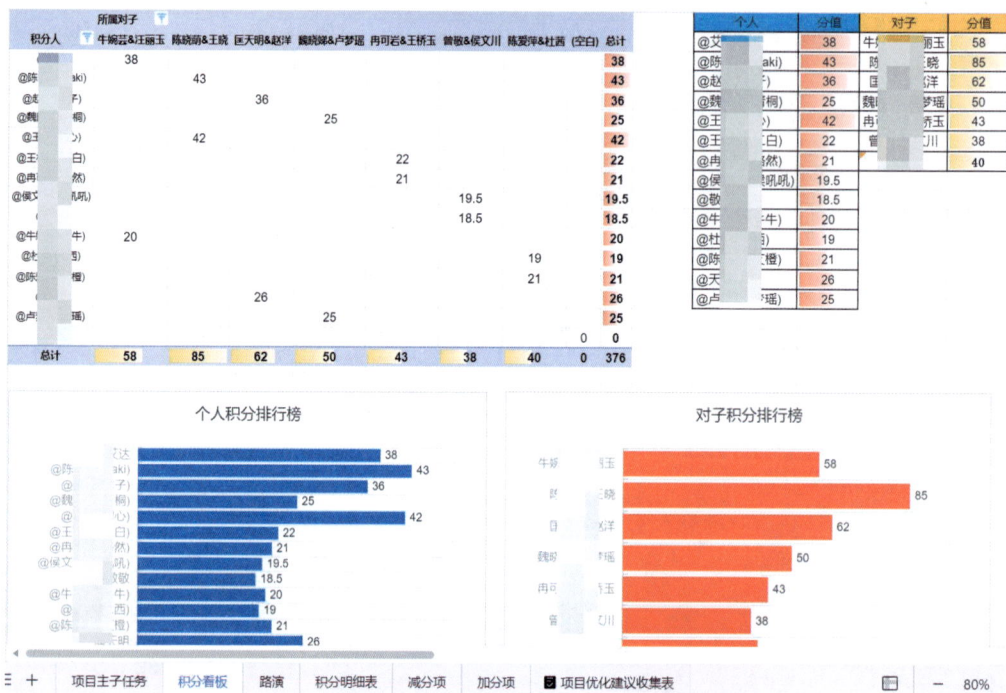

图 10-10　积分看板

（4）风险管控：项目执行过程中如果遇到风险，要及时实施风险应对策略以确保项目正常进行。

在项目执行阶段，项目经理需要注意以下 5 件事，便于项目团队相互配合，确保项目顺利执行。

①不要假设利益相关者会相互沟通。在 56%的失败项目中，沟通不良是一个促成因素。可以用 3 个问题检测一下团队沟通情况：团队中的每个人都知道他们的同事关注什么吗?所有任务依赖关系都清楚吗?你的客户知道项目的当前状态吗?如果任一回答为否定，就需要思考如何将项目进度线上化、透明化。

②在团队中明确职责。如果项目责任和义务没有在早期得到定义，当遇到问题的时候，就容易发生互相指责的情况。项目管理执行过程很少是静态的，一些任务和优先级会发生变化，范围会有调整。花时间沟通谁对项目的哪一部分负责，团队成员将更容易进行更有效的沟通和合作。

③不要忽视团队中的懒惰者。为了不影响团队的士气甚至生产力，项目经理需要控制他们的资源，确保不会让任何人超负荷工作或闲置在一旁。可以通过项目管理工

具知晓项目组成员哪些人可以承担额外的任务。

④定期检查项目进度。成功执行项目管理的关键在于获取实时数据。当你知道在任何时间点，你的项目发生什么时，你遇到意外或瓶颈的可能性会很低。

⑤不要轻易范围蔓延。范围蔓延代表客户在启动项目后添加到项目中的新任务、功能和需求。所有这些"更新"通常会转化为额外的成本时间和资源限制。一定要在任务启动和规划阶段预先定义项目范围，并让客户或利益相关者对此达成一致。

项目在执行过程中会产生大量的文档，当出现可复用的文档后，可以直接存为模板，其他人再新建文档时，可以直接使用模板，在成功的基础上做创新，提高工作效率。

10.5　项目监督

项目监控存在于项目的每个阶段，项目经理要及时跟踪、审查和报告项目进展。整个阶段，需要监督和控制每个过程、每个阶段、整个生命周期的工作，识别目前的进度与计划之间的偏差，当发生问题时，要适时地调整以适应过程的变化。

比如前面提到的人力资源冲突，发现风险，都是在监控过程中发现的，那发现后就要及时调整，又比如发现质量不达预期，要重新返工等。计划不可能制订的完美无瑕，执行也不可能做到滴水不漏，所以在执行过程中有偏差是很正常的，加强对执行过程的监控很有必要。

监控的主要内容有以下 7 点。

（1）项目进度：监控项目的整体进度，识别偏离的部分，掌握可能导致项目延期的情况，及时调整进度表；

（2）偏离矫正：偏离部分采取矫正措施，必要时重新调整项目活动，使实际进度与计划保持一致；

（3）项目相关方：监控相关方需求的变化、接受和评估相关方的变更请求并及时处理变更；

（4）项目资源：监控资源使用和成本使用，确保资源合理分配，及时维护成本基准，必要时调整资源水平；

（5）人员表现：监控人员表现，确保成员之间、成员和相关方之间的沟通是高效的；

（6）高风险任务：监控风险并识别新的风险，及时更新风险管理方法，评估风险管理效果；

（7）项目范围：得到授权者批准后，变更项目范围，调整项目目标并记录。

为了更好地进行过程跟踪，可以用更高效的方法管理，如表 10-4 所示。

表 10-4　项目过程跟踪方法

监控方向	事项	方式方法
管事	监控项目任务	每日站会，保持跟进 让所有成员知晓项目进展 及时发现问题，找到问题原因
管人	监控项目成员	了解项目成员表现 表扬、认可与批评 及时复盘 保持沟通，确保信息同步透明
管钱	监控项目开支	记录项目开支流水 预算与风险管理

在整个执行过程中，高频出现的问题有：

（1）需求变更管理不善，导致变更频繁，项目组运作混乱；

（2）跨部门项目组成员绩效考核与激励机制不够完善；

（3）项目组的沟通和跨部门协作难度较大。

项目经理常见的处理方式主要有以下 3 种：

（1）根据沟通计划和相关方进行良好的沟通；

（2）严格把控进度，及时协调解决问题；

（3）重点跟踪监控高风险任务，并采取有效的防范措施。

内部项目推进时，可以使用日报的方式进行过程通晒，让项目相关方都知道进度，促进跨部门协作。过程监督反馈可以分为结果维度，如项目进度、人员辅导情况、项目最新动向。如图 10-11 所示。

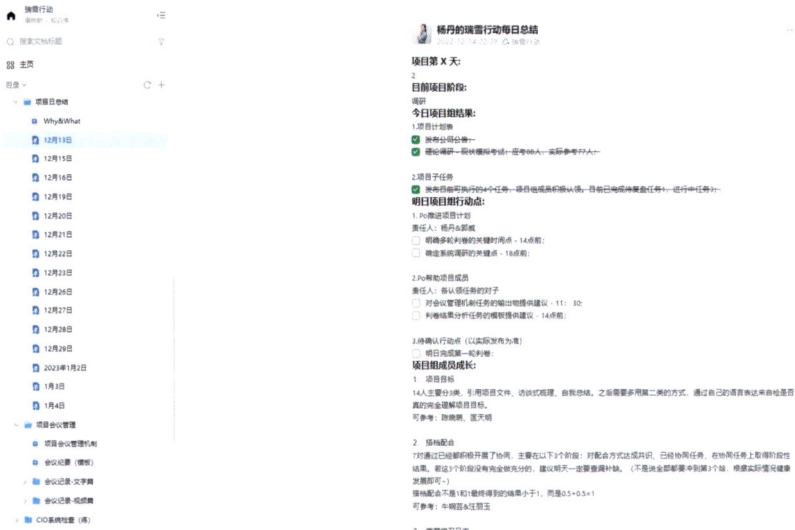

图 10-11　项目日报

通过数字化工具来进行项目管理时，项目经理和项目成员都可以活动自己权限下的数据看板，以此来实现自检和他检。项目相关人更应该养成看项目数据的习惯，项目组成员可以从"个人分析"中了解自己的任务总数、未完成数量、今日到期数量等，还可以根据截止时间查看。如果项目经理不仅仅负责某个单一项目，更是项目集经理或者项目组合经理，他可以从企业总览或多项目报表中统筹管理。可视化的统计可以为企业管理者和员工提供直观的项目数据展现。项目数据看板如图 10-12 所示。

图 10-12　项目数据看板

10.6 项目收尾与沉淀

项目收尾是正式结束项目的过程。项目收尾阶段包括客户对项目的验收、交付、总结和评估。也包括项目团队对公司的总结和经验教训的复盘，以便未来项目的改进。

很多人将复盘等同于总结，实则不然。总结的目的是"回顾过去"，而复盘是为了"着眼未来"。复盘不仅能够帮助我们系统总结成功经验，把潜在的经验转化成显性的能力，更能有效地促进我们去深入反思问题和教训，关注和挖掘实践中的盲点。从实践上看，项目是天然适合做复盘的主题。无论是在项目进展过程中，还是在整个项目结束之后，都可以进行复盘，从中学习，理解、掌握项目的规律和关键要素，提升项目管理能力和组织协同能力。

当今的环境变化越来越快，我们既要把握趋势，找准定位，又要抓住关键，不断迭代。通过复盘的方式把经验沉淀下来，长在个人身上，同时也要把经验变成组织的能力。

项目复盘的主要流程如下：

（1）回顾项目目标：当初目的或期望值的结果是什么，最好同时确定可量化的目标或有里程碑的标志；

（2）评估项目结果：对比目标和结果看是否有达成的最初目标（包含里程碑目标），分别罗列项目过程中的不足；

（3）叙述项目过程：通过过程再现，将任务一系列场景呈现出来，从而了解出现问题的环节；

（4）得失反思分析：使用 5W2H 法、鱼骨图法进行多角度分析，挖掘出助力成功或引起不足的客观原因；

（5）寻找规律/改进点：针对问题寻找其中的规律，提出创新或改善方法，形成后续项目的应对方法；

（6）经验沉淀归档：将复盘结果萃取成文档，或提炼成模板/SOP 等，落实到后续的个体/任务/项目中。

项目和钉钉文档打通，可以直接在项目中创建新的文档或绑定已有文档。可以在项目进展过程中就把项目资料在线化。如果资料沉淀内容复用性高，可以直接设置为企业模板，作为企业知识资产。

第 **11** 章

目标管理

■ 学习目标

学习 OKR 新理念，运用数字化工具进行 OKR 管理。

（1）认知目标管理，了解 OKR 与 KPI 的区别。

（2）学习制定目标、关键结果、跟踪执行和复盘总结的方法。

（3）掌握 OKR 工具，运用数字化工具实现目标管理在线化。

11.1 认知目标管理

11.1.1 目标管理的重要性

目标管理承接的是组织的使命、愿景、战略，启发的是项目与任务。目标管理使各级人员负起责任，横向拉通纵向对齐，保持长期和短期利益之间的平衡。

11.1.2 目标管理的常见误区

目标管理的常见误区如表 11-1 所示：

表 11-1　目标管理的常见误区

是什么	不是什么	备注
明确自己的职责	目标设定不明确或过于笼统	目标应该具体、明确，能够被衡量和评估，否则很难衡量进展情况，并可能导致失败
带结果的闭环管理	没有对目标进行跟踪和评估	跟踪和评估目标的进展情况是非常重要的，这有助于了解目标是否实现，以及是否需要调整策略或计划。如果没有跟踪和评估，目标可能无法实现
横向拉通，纵向对齐	仅完成个人目标	通过 OKR 的制定和执行，每个团队成员都能明确自己的职责和如何与其他团队协作以达成公司整体目标

11.1.3 解决方案

（1）目标制定时遵守 SMART 原则，也可参考常见的剥洋葱法或目标树形图法。

（2）不要仅仅只看结果，更多的也要在过程中利用数字化工具进行监督，目标对齐。

（3）善用数字化工具做 OKR 管理。

11.2　OKR 与 KPI 的区别

11.2.1　OKR 方法

O 是目标，回答的是"我和我的团队想要完成什么"。KR 是一系列可衡量的关键结果，回答的是"我如何知道自己是否达成了目标"。1954 年彼得·德鲁克在《管理的实践》一书中首次提出目标管理的概念。德鲁克预见到，现代企业中的专业人员数量会急剧增加。他担心管理者会依据员工的专业水准和对企业做出的实质贡献来评估绩效。这样一来，员工将专注个人成就而非企业的目标。为了解决这些困境，他提出"每位管理者都需要有明确的目标，而这些目标应当总是源于企业的整体目标"。

OKR 发展到现在，已经成为一种标准化的目标管理方法。其主要目的是让下级充分理解上级的作战意图，最大限度地发挥各级的主观能动性目标用来明确方向，关键结果则用来量化目标，使团队和个人聚焦在一个有挑战性的目标上。目标设定的是一段时间的目标，通常为一个季度；关键结果用来判定到期时目标是否达成。关键结果要使用那些振奋人心的语言并且需要量化。如图 11-1 所示，企业需要用 OKR 的方法来做目标管理。

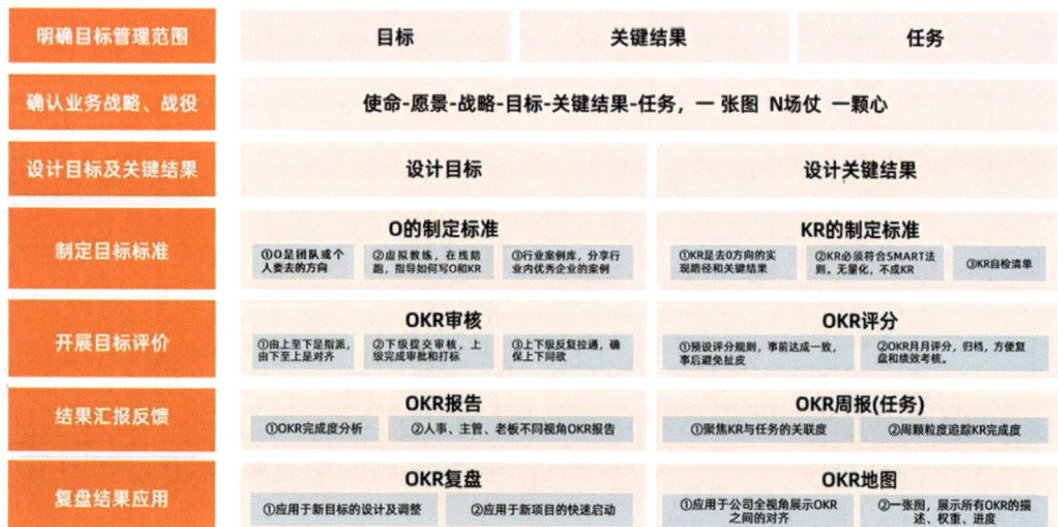

图 11-1　OKR 方法一览图

11.2.2　OKR 与 KPI 的差异

对管理者来说本质都是管理工具，OKR 关注目标，KPI 关注指标，使用 OKR 的时候，我们的第一反应是"我的目标是什么"，而使用 KPI 时，我们的思维是"我们的职责是什么"，如果我们将思想固化在当前职责，那就不会去审视整个环境的变化，也就不会及时根据实际情况调整。

OKR 让我们做正确的事情，KPI 让我们正确地做事情。具体区别如表 11-2 所示。

表 11-2　OKR 与 KPI 的差异

维度	OKR	KPI
思维方式	因果思维	结果思维
追求	实力	结果
注重	方法	责任
关注点	组织	个体
重点关注	目标	指标
动静态	动态/变化	静态/不变
由来	自下而上&自上而下	自上而下
员工	激发下属的创造	变成压力，自己私下完成指标
过程	灵活应变，重过程、可修改	关注结果完成，过程忽略
公开	是	否
结果	一定和方向有关	有可能和方向无关，指标好、结果差
考核	否	是
职责边界	无	有

以程序员为例，如果我们关注目标，我们会想接下来应该做什么事情，是要解决产品的卡顿问题，还是可以引入大数据来做精准推荐；而如果关注指标，因为我们的工作是编程，那我们就会想哪些指标可以衡量编程工作呢？我们想到的是代码行数、bug 数、单元测试覆盖率等。

以足球运动员为例，如果关注目标，我们会想到夺冠、四强、保级；如果关注指标，那我们就会想到进球数、助攻数、跑动距离、比赛场次等。

以滴滴和快的为例，如果关注目标，快的的目标应该是超越滴滴；如果关注指标，快的的指标应该是司机数量、订单数、乘客数等。

11.2.3　KPI 与 OKR 的选择应用

OKR 的本质并非要考核团队或者员工，而是随时提醒每一个人，当前与未来的任务分别是什么。也就是说，KPI 与 OKR 其实并不冲突，只要不把 OKR 视为绩效评估的工具，一个组织内，可以同时实施这两套体系。而且，OKR 还能适度弥补 KPI 的缺陷。

KPI 强调在时限内完成待办事项，并依据评分标准给予赏罚，能激发、提升工作效率。

OKR 要求目标与关键结果必须高度吻合，聚焦好目标，发现到底有哪些事情，让全部门愿意一起努力、前进，而非拼命达成绩效。

OKR 和 KPI 适用于不同的业务流程类型，在不同的工作场景下发挥作用，不是一者优于另一者、此存则彼亡，而是强强联合，从不同的维度发挥作用共同驱动绩效提升。

"知识密集型"工作的内容大致可分为创新发展、规模效益和人才匹配。创新发展这一部分工作更适合用 OKR 而非 KPI 进行管理，所以 OKR 考核主要适用于以下三种类型的企业。

1. 创业型公司

创业型公司的战略目标并不清晰，需要不停地探索来确认，因此运用 OKR 的管理模式可以帮助管理层不断试错，并通过阶段性的复盘来修正。此外，创业型公司缺人、缺钱、缺知名度，OKR 的模式可以使得公司的有限资源更加聚焦。

2. 创新驱动型公司

由于 OKR 具有鼓励创新的特点，所以非常适合互联网、高新技术等创新型公司。这些公司的员工大多是高素质知识型人才，自我价值驱动法能够在员工中获取较好的反馈，并且公司也具备这样持续创新的企业文化。

3. 转型变革期的公司

公司处于转型变革时更能从上到下对齐，从公司层面出发，消除成长的制约，发掘新的增长机会。

"劳动密集型"工作也可分为标准流程、改善优化和人才匹配三个部分，标准流程的部分可以通过结果 KPI、过程 KPI 和任务 KPI 管理，这里的 KPI 可以根据产能投入来明确，可以与奖惩机制结合来发挥有效驱动。

11.3 设定目标

11.3.1 设定目标的原则

1. 目标要聚焦

一次说太多，就和什么都没说一样。最初实施 OKR 时，聚焦目标，深度思考。能做减法，就不做加法，把精力用在刀刃上。

2. 目标要有挑战

只有一半把握能达到的目标，才更能激发团队、带领团队尽最大努力实现它。如果目标完成的把握只有 30%，那完不成的概率太低可能影响士气；如果目标完成的把握有 70%，挑战不够高，难以激发大家的干劲和热情。

3. 目标要明确而且鼓舞人心

好的目标能让人大清早兴奋地从床上跳起来，忍不住赶紧去完成它。

4. 目标要有时间限制

比如一个月或者一个季度，要让团队明确地朝目标冲刺。不建议设定 1 年目标，这样的目标很可能是一个战略或者使命了。

5. 有独立的团队来执行目标

目标要独立到团队或个人，避免将最终实施的结果归咎到其他团队或个人身上。

有了明确的目标，它能给我们带来什么价值呢？它能促使我们每天盯着它、重点完成它，能避免我们被其他诱人的金苹果吸引而走偏。

11.3.2 设定目标的方法

可以用公式的思维来设定目标，如表 11-3 所示。

表 11-3　设定目标的方法

类型	举例
目标=动词+名词	优化销售流程
目标=动词+形容词+名词	打造旗舰产品

续表

目标=副词+动词+名词	大幅提升公司的品牌影响力
目标= What（动词+名词）+ Why（动词+名词）	变革绩效管理，激活组织活力
名词往往从企业 KPI 指标库中而来，或者是和 KPI 强链接的指标	

11.4　设定关键结果

在制定关键结果时，要始终以目标为起点和中心，制定关键结果。

（1）按策略制定关键结果—公式法。

围绕目标，分析影响目标实现的关键驱动因素。这些关键驱动因素体现了完成目标的逻辑假设，按照预期，只要达到这些关键结果，就能实现目标。首先，检查这些关键结果是否符合商业逻辑。在商业实践中，有一些成熟的商业逻辑，可以依据商业逻辑来确定关键成果。

例如商业逻辑：销售收入＝流量 × 转化率 × 客单价，按照这个商业逻辑，我们可以制定如下的 OKR。

O：提高销售收入。

KR1：通过加大宣传，提高日流量至 X 人。

KR2：通过数据分析、优化体验等方式，提高转化率至 X%。

KR3：通过产品组合优化、促销活动等方式，提高客单价至 X 元。

（2）按照驱动因素制定关键结果。

例如以"提高客单价"为目标，按照专业经验有 4 种方法：价格刺激；销售推荐；关联销售；产品组合。

按照上述分析，我们可以制定如下的 OKR。

O：提高客单价。

KR1：通过价格刺激措施，新增收入 X 元。

KR2：通过关联销售设计，实现收入 X 元。

KR3：通过产品组合设计，实现收入 X 元。

KR4：优化销售推荐话术，每周对所有销售人员进行一次培训。

（3）按目标的衡量维度制定关键结果。

O：打造一款旗舰手机。

KR1：设计新颖，在 10 家行业主流媒体获得高度认可。

KR2：摄像头达到超大超广角、超微距效果。

KR3：实现超级快充。

（4）按照里程碑节点制定关键结果。

若完成目标的实施路径非常清晰，可按照里程碑（任务完成时间）制定关键结果。

O：顺利导入 OKR。

KR1：1 月底前，选择外部顾问组织管理层培训。

KR2：2 月底前，完成管理层 OKR 撰写辅导。

KR3：3 月底前，组织 OKR 复盘。

按策略制定 KR，可以显示完成目标的关键要素；而按任务方法制定 KR，仅关注任务完成时间。一般，我们建议采取按策略制定 KR，可以让我们对目标的完成逻辑有更清晰的思考，在目标完成过程中更有针对性。"想得清楚，执行得更好。"

11.5 用数字化工具制定 OKR

1. OKR 的制定周期

由大到小。以公司级 OKR 来举例，需要先设定好年度 OKR，再设定一个小周期的 OKR，如季度 OKR 或双月 OKR，需要再缩短周期的话设置月度 OKR。如图 11-2 所示。

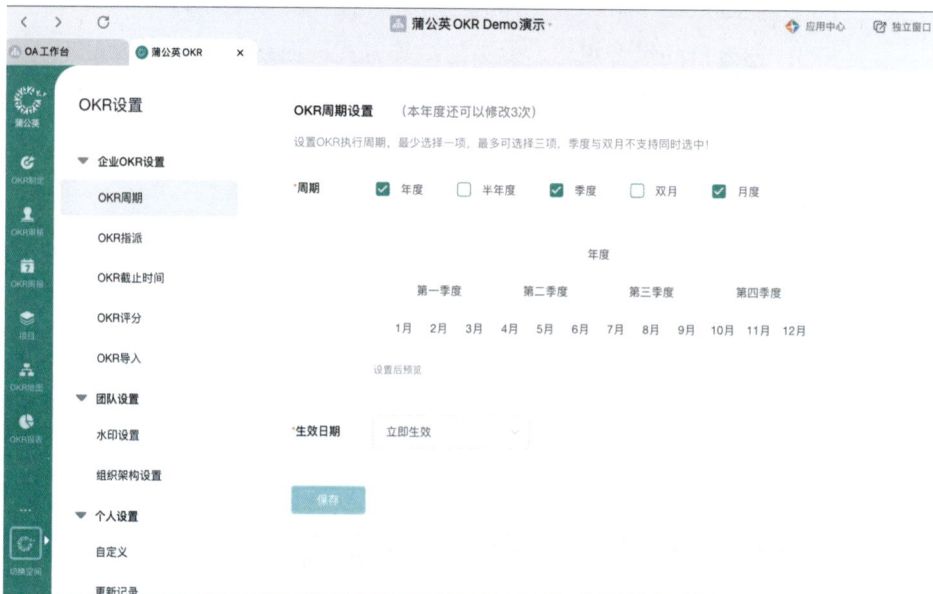

图 11-2 OKR 制定周期

2.OKR 的制定层级

由高到低。先设定公司级，其次部门级别，最后才是个人级。

3.OKR 的制定会议

OKR 不仅是一个目标管理工具，也是一个沟通工具，它的沟通作用就体现在 OKR 共识会中，能够让大家拉齐认知，站在彼此的角度理解问题，最终确定出 OKR 的目标。

企业内部可以组织"圆桌会"和"共识会"来制定 OKR。圆桌会是第一个环节，也是让所有成员对目标以及和自己工作的关系有深刻理解，这个环节非常关键。

（1）圆桌会。

确定 OKR 成员：如对中小企业，除了高管外，应该下沉到中层管理，包括专业决策环节的专家型员工，以及有意培养和提拔的潜力人才。

三两结对，小会起草：分组预讨论公司当下的主要问题和瓶颈，为了获得更多开放性和批判性思考，通过小型会议的方式来起草第一个版本的 OKR。

成员会议确认 OKR：在小组讨论之后，会产生若干组不同的 OKR，再通过所有成员的聚合对每组草拟的 OKR 进行讨论分析，取精华去糟粕聚重点，最终形成 OKR。

（2）共识会。

自上而下公示传达：确定好公司的 OKR 之后，接下来需要公示给全体员工形成共识。让所有人明确公司在下一阶段最重要的目标是什么，并了解决策的背景和逻辑。

自下而上对齐一致：部门管理者和员工再根据公司的 OKR 主动向上对齐，制定部门级和个人级 OKR，并上下达成共识，保证全员在一个方向上。

4.用数字化工具制定 OKR

数字化工具会展示优秀案例启发使用者制定 OKR，如图 11-3 所示。

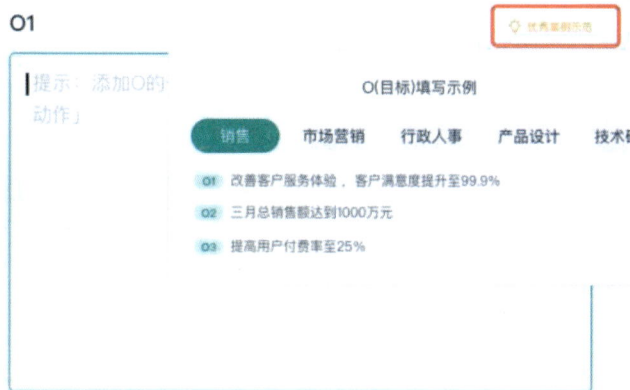

图 11-3　优秀案例示范

为了帮助新使用 OKR 的人员更好上手，数字化工具还提供了 OKR 教练能填写指引，对新人非常友好。OKR 提交时还会出现 OKR 制定的判断标准，让提交人自检。智能填写指引如图 11-4 所示。

图 11-4 智能填写指引

制定 OKR 时，既可以自下而上对齐，也可以自上而下指派，下级可直接继承上级 KR 为 O，轻松对齐，如图 11-5 所示。

图 11-5 OKR 指派

数字化工具还能通过审批流程、标签系统、评论机制，实现 OKR 的深度对齐。审核通过后可快速执行。若不通过，修改后重新对齐。OKR 审核如图 11-6 所示。

图 11-6 OKR 审核

OKR 制定后，可以在 OKR 地图中看到自己权限范围内的所有 OKR，让员工具备更全局化的视角。OKR 地图如图 11-7 所示。

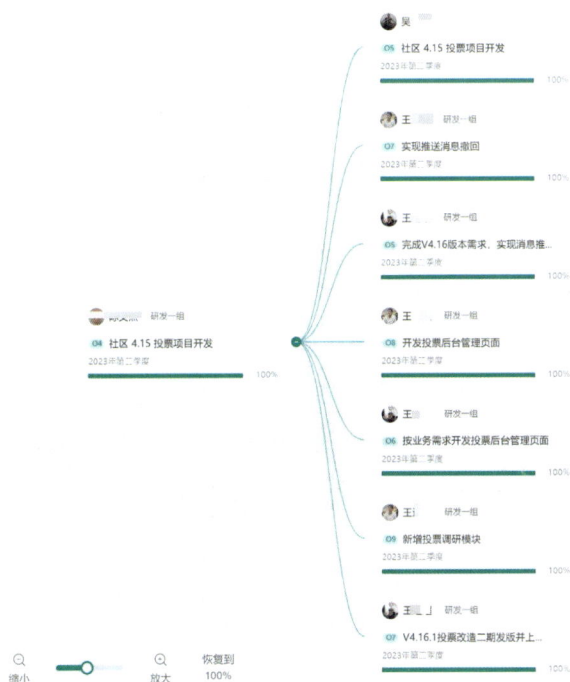

图 11-7 OKR 地图

11.6 跟踪执行

完成 OKR 制定以及公示后，下一阶段就是执行和评估了。使用 OKR 目标管理并非是一蹴而就，而是一个过程，需要所有成员进行定期的进度跟进以及评估。将战略目标按周、月拆解到具体的关键任务上，高层看整体进展，中层看执行进度。整个组织无论是规划还是执行，都可以实时追踪、高效协同。了解进度，探究原因，关注结果，适当支持。

每当 KR 有进展时，都应该及时更新进度，每次更新后，系统都会实时同步，历史更新记录和附件全部留档，过程复盘更快捷。如图 11-8 所示 KR 进度更新。

图 11-8 KR 进度更新

在关键结果的执行过程中，也可以关联到项目或更细化的具体的任务，如图 11-9 所示。

图 11-9　KR 关联项目或任务

OKR 跟踪还有一个有效方式是周报，通过一报一会的方式，保证 OKR 进度更新频次。在周报内将 KR 落实到工作计划，执行落地不跑偏。OKR 周报如图 11-10 所示

图 11-10　OKR 周报

11.7 复盘总结

OKR 复盘的关键是能够将过去成功和失败的经验教训，落地为日后的行动计划，最终将团队过去的经验转化为团队现在的能力。

如果复盘个人 OKR，可以通过数字化工具进行 OKR 评分，可以自定义评分方式，例如评分权重、评分登记等，通过量化手段辅助管理者和员工总结复盘。OKR 评分如图 11-11 所示。

图 11-11 OKR 评分

如果团队要复盘 OKR，可以按如下步骤进行。

第一步：设计复盘会议，提前准备复盘材料。

首先，需要确定参与 OKR 复盘的成员、复盘的具体时间和地点。其次，需要根据参与的人员数量，估算复盘会议的时长。最后，需要确定本次会议的主持人也是会议的引导者，可以是 OKR 教练，也可以是团队的任意成员。确定好复盘的时间地点后，提前通知与会人员。并提醒与会人员根据个人 OKR 复盘的步骤，完成各自 OKR 的复盘。

第二步：主持人开场。

主持人开场，需要声明 OKR 复盘的目的、规则以及相关注意事项。主持人也可以组织一些预热活动，营造适宜讨论的氛围。

第三步：顺序研讨，深入挖掘。

与会人员轮流分享各自的 OKR 复盘结果，期间任意成员有任何疑问都可以随时举手提出。主持人需要做好引导，对于一些无关紧要或超出 OKR 复盘会议范围的讨论要及时制止；而对于有价值的问题或学习点，要组织成员深入讨论。具体流程如下：

（1）审视目标。

先问自己几个问题，为何当初自己要制定这样的目标而不是其他目标，你所制定的目标现在达成了吗？如果没有达成，现实和预期之间的差距在哪里？就这些问题，我们每个人都必须做出一个明确的回答，可以请大家公开表达，每个人限时三分钟。

（2）回顾过程。

此时我们需要回答几个问题，比如整个目标的执行过程是如何执行的，大致分为几个阶段去执行的，每个阶段中发生了什么重要事件，这个步骤仍然需要每个人去讲述，此时可以给大家三分钟时间提前思考并在纸上写下自己即将要发言的核心内容，如果审视目标的过程中发言是顺时针方向，那么回顾过程中可以是逆时针方向发言，每个人可以用五分钟时间去阐述、回顾自己目标执行过程。

（3）分析得失。

这次 OKR 周期中哪些方面你做得很好，为什么好，哪些方面做得不够好，为什么不好呢?此时仍然需要控制时间，建议每个人的发言不要超过 10 分钟。刚刚开始做可能效果不是很好，但是你会发现，每次都会比上次好了很多，请记住整个复盘流程都是你在做话术引导，并不断把控会议节奏，当然你完全可以请值得培养的伙伴做会议主持人从而也能帮助他快速提升领导力。

（4）整理并分享复盘结果。

当所有成员分享完自己的 OKR 复盘后，主持人需要简明扼要地进行总结，并对大家的积极参与表示感谢。此时你需要像一个教练一样问你的队员们，如果再次做同类事情，你会怎么做，通过这次交流对我们后续的工作有什么指导，我们收获了哪些规律、原则、方法。会议结束后，需要对会上团队所认可的经验和教训进行总结，形成文档并共享到团队的知识管理系统中。

（5）跟进实施，推动落地。

对于会上所确定的待办事项，要责任到人，并在日后的 OKR 周期内做好落地执行。对于落地过程中出现的新问题或困难，要做好及时反馈，协调资源，进而推动落地。

（6）评估与改善。

在待办执行一段时间后，针对其落地执行情况进行评估，并讨论后续的改善措施，最终将团队经验转化为团队能力。

数字化工具还会自动生成 OKR 报表，可以帮助管理个人高效复盘 OKR。OKR 报表如图 11-12 所示。

图 11-12 OKR 报表

11.8 激励落地

OKR 刚导入公司的时候，为了使 OKR 能够更好地落地，可以在组织中设置一些奖项，鼓励员工和管理者运用 OKR。这些奖项可以在年度进行评选，评选可以参照以下标准。评选完毕后，可以在集体会议上阐述先进事例、颁发奖项（奖状和奖金）。

（1）OKR 大使奖：能深入理解并正确制定 OKR，愿意主动分享和辅导他人。

（2）OKR 优秀团队奖：能正确制定、实施 OKR，并取得一定的成果为其他团队带来良好的示范作用。

（3）团队协作奖：在较长的一段周期如年度，可以设计一些激励措施，增加与组织绩效挂钩的因素，促使全体员工共同关注组织绩效实现状况，"把蛋糕做大"。

（4）全员认可奖：设计全员认可项目，鼓励相互协作。

（5）团队庆功奖：在 OKR 的推进过程中，可以在团队经过一段艰苦工作的时间后，或者取得重大成就后，由管理者组织团队予以庆功。

（6）OKR 优胜项目奖：在组织的项目管理中推进 OKR，根据项目完成结果给予奖励。

第12章 财务管理

■ 学习目标

掌握财务管理的思维，把管理者培养成经营者。

（1）了解 ROE、ROI 和阿米巴模式。

（2）学习财务内部管理工具。

（3）掌握费用报销的财务管理工具。

12.1　认知财务管理

12.1.1　财务管理的重要性

财务管理是企业基础管理的中枢，确保财务活动有序进行。有效的财务管理可以帮助企业识别和管理风险，降低潜在损失，最终通过财务数据支持决策制定，推动企业发展。

12.1.2　财务管理的常见误区

财务管理的常见误区如表 12-1 所示。

表 12-1　财务管理的常见误区

是什么	不是什么	说明
财务人员要具备管理者思维	只做单纯的事务性工作	财务人员要成为业务团队的合作伙伴
经营的参与者	数据的记录者	财务需要参与到企业的战略制定中，而不是纯粹地执行
需要使用高效协同的工具	确保财务部门自身效率即可	财务需要为业务提供工具，便于业务高效展开

12.1.3　财务管理的解决办法

数字化财务管理是现代企业不可或缺的重要部分。为了实现企业财务管理的目标，需要在三个方面全面深入地探索和应用数字化技术，这些技术分别为：管理方法的确定、制度流程的设计和评价分析报告的生成。

（1）确定管理方法是实现财务管理目标的前提。企业应该清楚地确定经营目标，并据此制定相应的财务管理方法。例如，可以采用精细化的管理策略，从成本控制和利润最大化的角度出发，实现企业财务管理目标。同时，在数字化时代，财务管理还需要考虑到风险管理，建立有效的风险管理机制来控制风险。

（2）设计制度流程是实现数字化财务管理的关键。企业应该建立完善的制度流程，确保内控有效。例如，建立会计核算制度，明确会计核算程序和处理流程，规范财务管理流程，提高管理效率。同时，为了更好地实现数字化财务管理，企业还应该建立内部控制制度，确保财务管理流程规范，有效管控风险。

（3）评价分析报告是数字化财务管理的重要结果。企业需要定期对财务数据进行评价分析，以了解企业价值和管控风险。例如，通过财务分析工具对企业的盈利能力、偿债能力和运营能力进行评价分析，为企业管理提供有力的参考依据。

12.2　财务管理思维

财务部是企业管理中非常重要的一个部门，财务部门的主要职责是制定公司的财务政策，进行预算管理、资金筹集、投资决策、成本控制、税务管理等方面的工作。通过对公司财务数据的分析和研究，财务部门能够提供准确、全面的财务信息，为公司的管理决策提供支持和指导。

12.2.1　ROE（股东权益回报率）

财务部的使命是要保证价值最高、风险最低，确保公司能够做到 ROE[Return on Equity（股东权益回报率）]最大化。ROE 是衡量企业经营效益的重要指标，它反映了企业投资回报率的高低。财务部门需要通过财务分析和预算管理，优化公司的资本结构和经营管理，提高公司的投资回报率，从而实现 ROE 的最大化。此外，财务部门还需要制定相应的财务政策，鼓励公司积极投资，提高公司的盈利能力，进一步提高 ROE，如图 12-1 所示。

图 12-1　ROE

为了确保 ROE 最大化，财务管理需要做好 3 个基础。

做好账房先生：核算好公司的利润，让报表准确；

做好幕僚先生：参与公司管理，让公司资金运转更快；

做好战略伙伴：保障公司资产和股东权益，投融资风险管控。

数字化财务管理，不仅在于财务软件的使用，为了 ROE 最大化的目标，还需要让每一个财务提升数字化管理思维、掌握财务管理方法、善用数字化财务管理工具。

12.2.2 阿米巴模式

为了保障 ROE 最大化，老板需要回归投资者身份，把公司管理者都变成企业的经营者。最常见的管理模式是阿米巴模式。阿米巴经营模式是一种日本企业经营模式，其核心理念是将企业组织划分为若干个独立的小组织，每个小组织都可以独立制定计划、管理和运营，以实现自我发展和增长。管理者和经营者的对比如图 12-2 所示。

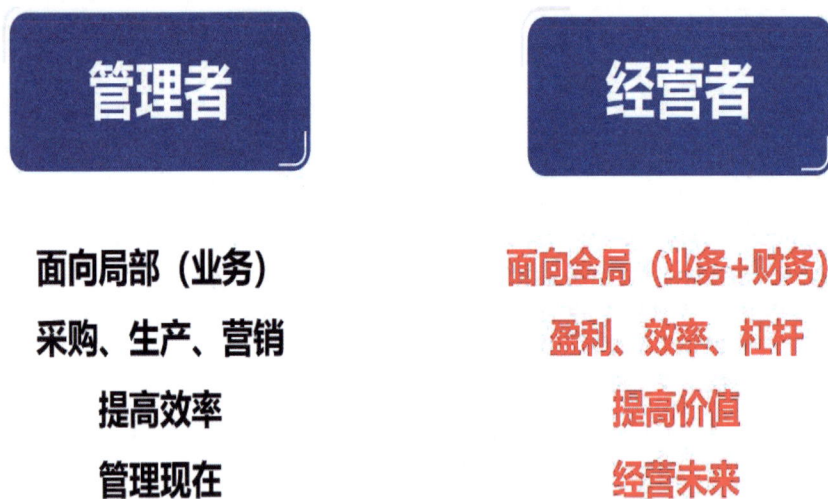

管理者

面向局部（业务）
采购、生产、营销
提高效率
管理现在

经营者

面向全局（业务+财务）
盈利、效率、杠杆
提高价值
经营未来

图 12-2　管理者和经营者的对比

阿米巴模式不仅可以保障 ROE 最大化，对于企业来说还有以下 4 个价值：

（1）分析经营数据：阿米巴管理方法能够将公司内部各个部门看作一个独立的经营单位，公司管理者通过对其业务流程和财务数据的分析，可以更好地了解公司整体的经营情况，为制定经营策略提供依据。

（2）增强企业文化：阿米巴管理方法注重培养企业内部的员工自我管理意识，

企业可以定期对员工进行培训，通过对员工自我管理能力的培养，可以提高企业内部的凝聚力和员工的归属感。

（3）实现责任共担：阿米巴管理方法将公司内部各个部门看作一个个独立的经营单位，使每个部门的责任和利益都得到了充分的考虑和分配，从而实现了责任共担。

（4）增强管理效率：阿米巴管理方法能够让公司内部的各个部门在相互协作的同时，管理者和员工也能够更好地进行自我管理和自我约束，从而提高了管理效率。

在阿米巴经营模式下，企业组织被划分为一个个阿米巴，每个阿米巴都是一个独立的利润中心，负责自己的经营和管理，包括人员、生产、销售、采购等方面的工作。每个阿米巴都可以自主决策，追求最大化的利润。

12.2.3　ROI（投资回报率）

阿米巴模式是一种灵活、创新的企业管理模式，旨在提高企业的竞争力和盈利能力。在阿米巴模式下，员工的 ROI（投资回报率）计算变得更为准确、精细。

ROI 计算方法为：（年度净收益 ÷ 员工投资）× 100%。其中，年度净收益是指员工带来的利润总额，包括薪资、奖金、福利等所有相关支出；员工投资则是指企业为员工所投入的人力资源成本，包括招聘、培训、管理等所有相关支出。这种计算方法可以使企业更加准确地评估员工的贡献和价值，并为员工的晋升、加薪等问题提供更有力的支持和依据。

然而，需要注意的是，员工的 ROI 计算是基于一定的假设和假定条件，如员工的工作效率、产出等。因此，ROI 的计算结果应该作为参考而不是绝对的衡量标准，不能完全依赖 ROI 来决定员工的晋升、加薪等问题。企业应该综合考虑员工的实际表现、工作经验、能力水平等多方面因素，制定公正、合理的评价标准，确保员工的福利待遇和发展空间的公平性和合理性。

12.3　财务内部管理

一般情况，财务的工作分布主要在会计核算、费用统计、评价分析上，日常重复性工作占据大多数工作时间。数字化财务会充分利用工具，把财务从日常重复的劳动中解放出来，把更多的精力投入更有价值的工作中去。财务工作占比如图 12-3 所示。

财务工作内容	会计核算	费用统计	评价分析
传统财务	60%	30%	10%
数字化财务	30%↓	0%↓	70%↑

图 12-3　财务工作占比

财务数据是企业运营和管理的重要依据，也是投资者评估企业价值的重要指标。能够展示出来的各类财务报表只有 10%，大部分财务数据都沉睡在企业内部的各种文件、记录和信息系统中，仅仅依靠财务报表很难了解企业的真实状况。这也就意味着，如果我们能够将这 90%的沉睡数据唤醒，就能更加全面地了解企业的运营情况，进而更好地做出决策。

12.3.1　部门协作线上化

建立财务部门知识库可以帮助企业更好地管理财务，提高工作效率和质量。财务部门日常工作包括财务报表的编制、资金管理、税务筹划、内部控制等多个方面，如果能够将这些知识进行归纳总结并共享，就可以降低员工重复工作和犯错的可能性，同时提高部门的工作效率和减少成本。

建立财务部门知识库可以帮助员工更好地了解公司的财务状况和财务管理制度，提高他们的财务素养和专业能力。手册中应该包括财务报表的编制方法、会计政策、内部控制等内容，并对常见问题进行解答。

知识库中也可以建立日常工作任务表，管理财务部门的项目及任务，每个人都可以一目了然地知晓目前的任务、项目和进度。所有财务管理节点透明化，当出现可调整或优化的内容，财务部门同事可以根据自己权限范围进行调整并在知识库中进行记录，便于部门追溯问题与定期复盘。

建立财务部门知识库还可以帮助企业实现财务信息化管理，提高企业的财务管理水平和效率。通过知识库中的财务信息，企业可以更好地了解自己的财务状况，并及时调整财务管理策略，提高企业的财务管理水平和效率。财务知识库如图 12-4 所示。

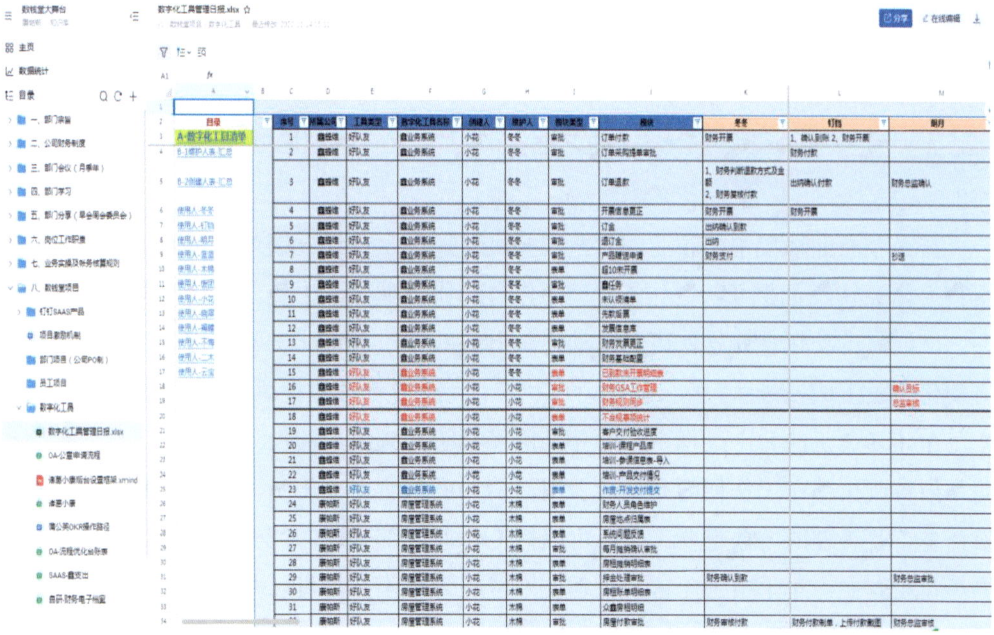

图 12-4　财务知识库

高效透明的管理方式是提高团队效率和协作能力的重要途径。通过这种方式，团队成员能够更加清晰地了解任务目标、进度和完成情况，从而更加高效地完成任务。同时，高效透明的管理也可以协助团队成员更好地成长。通过知识库内容沉淀，团队成员可以自行学习，积累经验，从任务执行者逐渐转变为经营参与者。

12.3.2　管理工作线上化

在财务部门日常工作中，琐碎的事务往往会占据大量的时间和精力，从而影响工作效率和质量。而通过引入在线化工具，可以有效地解决这一问题，让财务部门更加高效地完成各项任务。

例如，财务部门可以通过在线化工具自建应用对公司印章、合同等进行规范化的管理。在合同管理方面，可以使用低代码平台自行搭建系统，对合同进行分类、归档和查询。这样不仅可以减少纸质合同的存储和管理成本，还可以提高查找效率和合同归档的准确性。

此外，财务部门还可以使用在线化工具对各种票据、凭证进行管理和核对，从而确保账目的准确性和规范性，可以有效地提高工作效率和减少错误率。财务部门具备搭建在线化工具能力，并将其有效地应用于工作中，可以更加高效地完成各项任务，提高工作效率和准确性也是提升自身竞争力和为公司创造更大价值的重要途径。

12.4 财务管理工具

在当今商业环境中，企业的 ROE 和 ROI 是评估企业经营绩效的重要指标。通过使用数字化工具，企业可以将财务管理工作自动化，减少人力资源的浪费，提高工作效率。例如，自动化会计软件可以自动记录财务数据，数字化工具还可以帮助企业进行自动化报表生成，快速了解公司的财务状况，为企业管理者提供更加准确的决策支持。

在计算员工的 ROI 过程中，财务部门和员工高频经历的场景是费用报销。费用报销是指企业员工在工作期间产生的费用，例如餐饮费、差旅费。对于企业而言，费用报销是企业管理的一项重要工作，可以规范企业内部管理，减少不必要的经济损失，提高企业效益。对于员工而言，合理使用费用管理工具，可以减少垫付资，提高工作效率和满意度。各角色的痛点如表 12-2 所示。

表 12-2 各角色报销管理痛点

角色	管理者	员工	财务
痛点	费用到底是多少？ 分析做好了吗？	费用能报销吗？ 审批到哪了？	怎么又填错了？ 是什么费用？
工具价值	实时、多维度查看数据	简单、易操作、随时随地可以报销	入账合法合规，分析有理有据

12.4.1 费用管理工具

相对传统的费用管理，需要人工进行费用的分类、归纳、统计和分析，工作量大、效率低下，而且容易出现错误。费用管理工具可以将各种费用信息整合在一起，实现自动化管理，节省人力和时间成本，大大提高了管理效率。如图 12-5 费用管理工具看板所示。

图 12-5　费用管理工具看板

在费用管理系统中，财务人员可以根据财务管理要求，设置各项费用标准，支出类别、项目以及单据流程，员工按照规则进行提报，各项费用自动对应到不同的费用报表，便于管理者随时查看。

如果财务部门需要将员工提交的各项费用单据在财务系统中生成凭证，也可以采用连接器的方式做系统对接，进一步提高财务部门的工作效率。

12.4.2　差旅管理工具

企业差旅标准如酒店、机票、用车，均可以通过差旅平台进行设置，员工发起出差申请后，即可按照差标预定。每月发票和行程单等由商旅平台统一开具。差旅报表如图 12-6 所示，详细的差旅管理可以查看本书第七章。

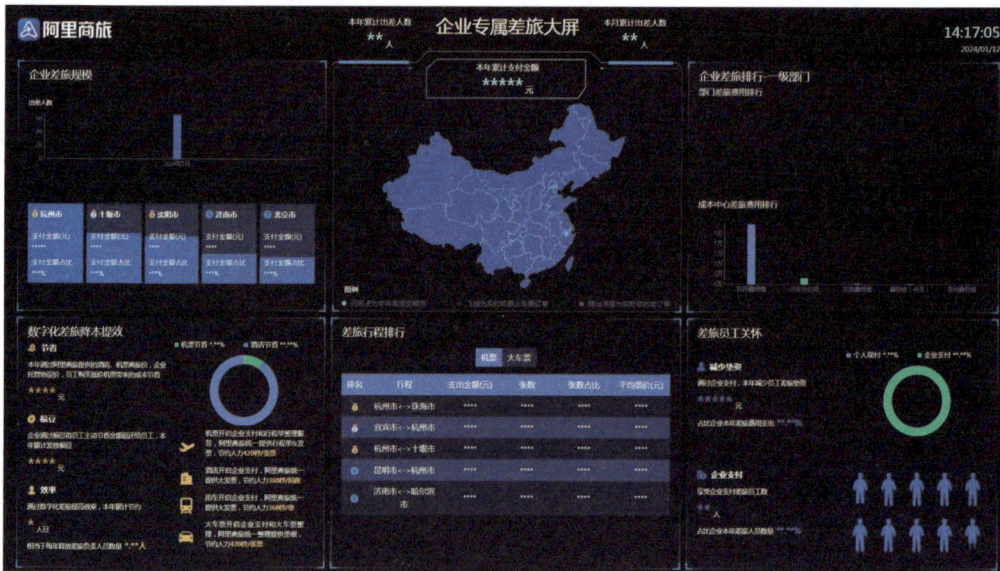

图 12-6　差旅看板

12.4.3　财务问答工具

对于很多员工来说，对于财务相关流程的认知程度不一，可能会出现违反财务规则的情况。财务部门通过培训的方式来提高员工的财务认知。还可以为员工提供一些实践操作的机会，让他们亲身体验和理解财务流程。

为提高员工使用财务流程或工具的效率，财务部门可以使用 FAQ（常见问题解答）的方式，将员工经常遇到的问题和解决方法记录下来，并将其录入问答机器人，员工在遇到问题时，采用机器人自助问答的方式，可以减少等待时间和人工干预的需要。同时也可以提高问题解决的准确性和效率，避免出现由误解财务规则而导致的错误。

第13章

业务数字化咨询规划

■ 学习目标

认知业务数字化，学习业务数字化咨询规划的方法。

（1）学习规划业务数字化的方法。

（2）了解业务数字化发展的不同阶段。

（3）通过案例更深入了解业务数字化咨询规划给企业带来的变化。

13.1 认知业务数字化

13.1.1 什么是业务数字化

随着数字化时代的到来，越来越多的企业开始将传统业务转化为数字化的方式，以适应市场和客户需求的变化。这不仅仅是一种技术上的变革，更是一种管理和组织方式的转变。数字化业务的核心在于实现信息化和自动化以及智能化，业务数字化是指将传统的业务流程、数据处理、客户服务等环节转化为数字化的方式，采用数字技术改造，将人力、物力、财力等资源进行优化配置，提高生产效率和产品质量，通过数据分析、数据决策来指导经营业务，从而获得更大的商业价值。

数字化可以通过 SaaS、PaaS、云计算、大数据分析、AI 大模型等技术实现。业务数字化可以使企业更加灵活、高效地应对市场变化和客户需求，同时也可以提高企业的数据安全性和隐私保护能力。

数字化业务的实现需要从多个方面入手，包括企业的管理、组织、流程、技术和人才等。首先，企业需要建立起完善的数字化管理体系，明确数字化战略目标，制定数字化转型计划和路线图，加强对数字化业务的投入和支持。其次，企业需要重新规划组织架构，调整人力资源配置，打造高效的团队协作机制，以确保数字化业务的顺利实施和推进。同时，企业还需要采用现代化的信息技术，合理科学地选择各种信息化工具，匹配数字化战略的落地实施，提升业务数字化的水平和效率，最终实现企业的战略目标。最后，企业还需要重视数字化安全和隐私保护，建立完善的数据安全体系，保护客户和企业的利益和安全。

业务数字化可以在许多场景中进行优化和提效。

（1）客户服务：通过使用聊天机器人或自动化的客户服务系统，企业可以提供 24/7 的客户服务，同时减少人工客服的工作负担。此外，通过数据分析，企业可以更好地理解客户的需求和行为，从而提供更个性化的服务。

（2）销售和营销：通过数据分析，企业可以更精确地定位客户，实现精准营销。例如，通过分析客户的购买历史和行为，企业可以推送最相关的产品或服务信息给客户。此外，数字化还可以帮助企业实现销售流程的自动化，如自动发送销售提醒、自动跟踪潜在客户等。

（3）供应链管理：通过使用物联网（IoT）技术，企业可以实时追踪产品的生产和运输过程，从而提高供应链的透明度和效率。此外，通过数据分析，企业还可以更好地预测需求，从而优化库存管理。

（4）人力资源管理：通过使用人力资源管理系统，企业可以自动化许多人力资源管理的流程，如招聘、培训、考核等。此外，通过数据分析，企业还可以更好地理解员工的需求和行为，从而提高员工的满意度和效率。

（5）财务管理：通过使用财务管理工具，企业可以自动化财务管理的流程，如账单处理、报税等。此外，通过数据分析，企业还可以更好地理解其财务状况，从而作出更精确的财务决策。

总之，业务数字化是企业在数字化时代中获得竞争优势和商业价值的关键之一。企业需要全面认识和理解业务数字化的重要性和实现方式，积极采取数字化转型措施，提高业务数字化的水平和效率，从而推动企业的可持续发展和创新。

13.1.2　业务数字化的重要性

企业在各个阶段都可以进行业务数字化。在初创阶段，企业可以从一开始就采用数字化的工具和流程，从而提高效率，减少错误，并为未来的扩展做好准备。在增长阶段，企业需要通过数字化来应对增长的挑战，在成熟阶段，企业可以通过数字化来保持竞争力，如通过改进客户体验，优化供应链，以及通过数据驱动的决策来提高效率。

13.1.3　业务数字化的常见误区

业务数字化是企业关心但又不太熟悉的模块，所以在误区中我们多罗列了一些，希望帮助读者建立更清晰的认知，如表 13-1 所示。

表 13-1　业务数字化的常见误区

是什么	不是什么	说明
一把手工程	业务主管推动	由于业务数字化如站在业务的全局视角进行规划和设计，所以一定是一把手工程，而不是让某个业务单元的主管去推动
业务变革+技术变革	技术变革	需要进行全面的规划和实施，避免过度关注新的技术，而忽视了如何实现业务目标
数字化战略	数字化项目	一些企业可能只关注某一部分的数字化，而忽视了全面的战略

顶层设计规划	缺啥补啥	一些企业总是哪里出现问题，就买对应的工具解决问题，但往往会再次引发新的问题，导致买了很多工具却始终存在问题
长期性	短平快	一些企业过于追求短期效益，没有做好长期投入的准备，导致数字化转型难以取得预期的效果。企业应该有耐心，持续地投入和改进，而不是期待立即看到显著的效果
注重内部培养人才	过度依赖外部专家	如果企业忽视员工的参与和培训，可能会导致员工对新技术的抵触，因此，企业需要进行数字化培训、咨询等服务，积极培养和引进数字化人才，提升员工的数字化技能和素养

13.1.4　业务数字化的四大阶段

通过了解业务数字化的重要性和常见误区，我们明白了业务数字化是一场长期的变革，而且这个变革有着必经的阶段，业务数字化不是一蹴而就的，各个阶段的典型特征说明如下。

（1）工具化：对于系统的理解更多是 Excel 表的延伸，不具备太多流程化的信息能力。

（2）信息化：看起来系统貌似各个环节都有，但是各自为政的情况比较多，而且数据底层的连通性较差。

（3）自动化：建立在信息化的基础上，目的是提高系统间的协同能力，这里包括一体化的中台能力，底层的数据架构。从根本上来说自动化是通过系统的协同完成完整的线上作业流程，从而降本增效。

（4）数智化：智能化决策、数据中枢等智能化系统的搭建已完成，可以从业务数据层面，辅助业务做出明确的判断和决策依据。

图 13-1 为一家集产供销一体的业务数字化规划图，每个阶段历时 1-2 年，累计为期大约 5 年，企业实现了全面的业务数字化转型。

图中文字内容：

数智化 / 经营决策

经营驾驶舱：

战略追踪	营销分析	销售分析	生产分析	产品分析	客户分析	人事分析	财务经营分析
业务员维度 客户维度 产品维度 部门维度 时间维度	各类营销投产比、ROI 各营销方式线索质量评估 转化链路数据分析	业务员维度4X5检查表 客户维度-销售过程数据 产品维度-售卖情况数据 渠道维度-各类渠道销售数据	生产效率分析 生产人效分析 生产ROI分析	各产品研发SOP数据 各产品销售-复购 好评-转介绍全周期数据	客户画像 潜在客户分析 成交客户分析	招聘数据 绩效数据 人效数据/人均ROI	部门ROI数据 流程效率数据

自动化 / 统一平台业务提效

业务数字化中台：

业务一体化管理：营销-客户-销售-订单-生产-研发-采购-发货-售后全生命周期管理

将实际业务场景中的涉及使用到的系统功能，统一入口操作
场景举例：
1、营销目标下发给业务员（营销系统）-业务员跟进（CRM系统）-提交订单-订单制造（ERP）-售后服务（售后系统），销售员可看到面向客户需要的订单、生产、交付周期等数据。
2、下单客户资质自动判断，提醒业务员需要知道所更新或上传资质
3、实现全业务数据打通，生产数据、库存数据、采购数据实时同步

数据中心 / 数据清洗 去除冗余

客户中心	资质中心	销售中心	订单中心	生产中心	研发中心	人事中心	财务中心	流程中心
统一客户数据 客户唯一ID	统一资质数据 唯一ID	包含业务员、渠道商等数据	统一订单数据 订单唯一ID	统一服务数据 服务订单打通建立唯一ID	统一研发项目唯一ID	各系统中与人事有关的数据 用于人事分析	各系统中与财务有关的数据 用于财务分析	各系统中流程有关的数据 用于流程效率分析

统一账号体系，企业员工唯一ID

信息化 / 数据流程在线

业务系统：

业务信息化系统 / 管理信息化系统

小程序	CRM	ERP	MES	财务	钉钉	鑫资产	云课堂	低代码
商城	营销中台	低代码						

连接器

数据模型+云服务IT架构

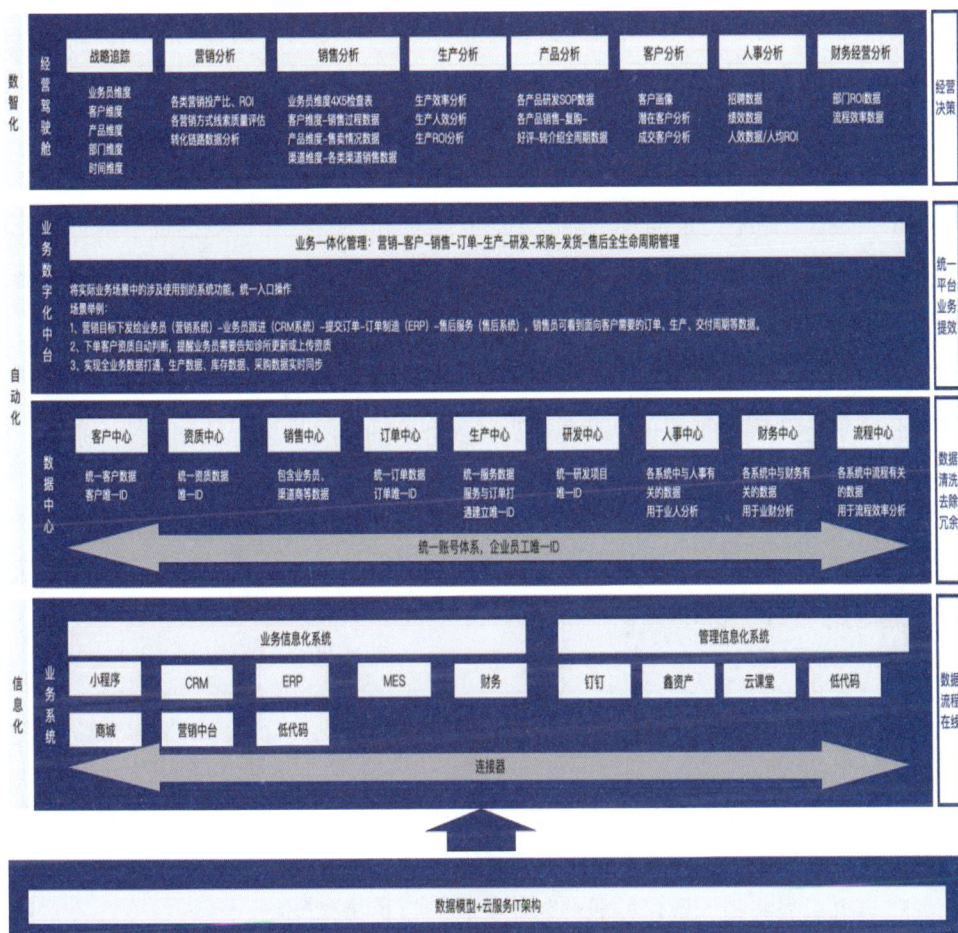

图 13-1　业务数字化规划图

13.2　制定业务数字化战略

13.2.1　BSC（平衡计分卡）共创组织战略

具体步骤如下。

（1）确定战略目标：明确企业的战略目标，确保所有员工都了解并认同这些目标。

（2）制定关键绩效指标：根据平衡计分卡的四个维度（财务、客户、内部业务过程、组织发展），确定关键绩效指标，用以衡量企业的战略目标是否得到实现。

（3）制定行动计划：针对每个关键绩效指标，制定具体的行动计划。计划中明确责任人、时间表和实施路径。

（4）实施行动计划：各级员工需要积极参与到实现关键绩效指标的过程中。管理层需要给予支持和监督，确保计划的顺利实施。

（5）监控与调整：定期对实施效果进行监控和评估，分析数据以了解平衡计分卡的执行情况。根据实际情况，对行动计划进行调整和优化，确保其与企业的战略目标保持一致。

（6）持续改进：企业应不断寻求改进机会，通过平衡计分卡所提供的数据和分析，发现潜在的问题和机会。这有助于企业持续优化战略目标和行动计划，实现更好的绩效。

（7）营造绩效文化：通过平衡计分卡的实施，企业可以逐渐形成一种以绩效为导向的企业文化。这种文化鼓励员工关注企业的战略目标，积极参与实现这些目标的行动计划，并持续改进和创新。

13.2.2　明确各类目标的实现路径

在组织战略中，业务数字化战略是一个至关重要的方面。它需要确保业务的所有方面都能够得到数字化，并在数字化的基础上实现业务管理目标。企业要确保业务数字化战略与组织战略相一致，并能够为业务管理目标提供支持。

通过各业务部门内部共创，或者寻找数字化咨询公司支持，建立业务战略目标与数字化战略目标的匹配管理制度，并且明确实现路径，以下以表 13-2 来简单举例。

表 13-2　业务目标实现路径

业务战略目标	实现路径
提高客户满意度	1.建立客户数据平台，收集和分析客户数据，了解客户需求和行为；2.实现全渠道客户交互，包括移动端、Web 端、电话等；3.利用人工智能、机器学习等技术提高客户服务自动化程度；4.实施客户忠诚度计划，提高客户留存率
提高生产效率	1.实现生产线的智能化改造，引入物联网、工业互联网等技术；2.利用大数据分析技术对生产数据进行挖掘和分析，优化生产计划和调度；3.通过数字化工艺流程优化生产过程，降低浪费和成本
拓展新市场	1.通过互联网、社交媒体等渠道开展数字化营销活动；2.利用大数据分析技术对市场趋势进行分析，为产品研发和市场推广提供支持；3.通过跨境电商等平台拓展国际市场

续表

降低成本	1.通过云计算等技术实现 IT 基础设施的云化改造，降低 IT 成本；2.利用大数据分析技术对业务流程进行优化，降低运营成本；3.通过自动化、智能化等技术提高生产效率，降低制造成本

13.2.3　匹配的数字化工具实现业务指标

业务数字化战略落地需要工具来承载，企业需要了解对应目标的数字化工具，如图 13-2 所示。

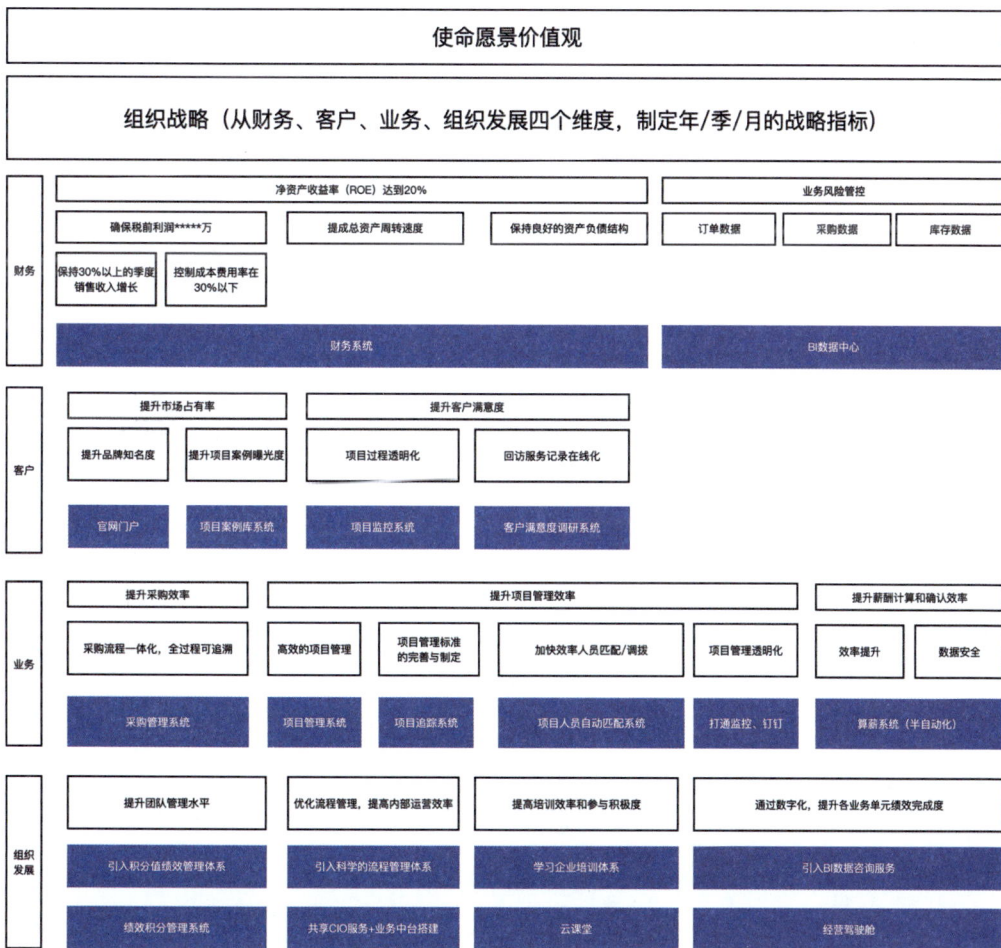

图 13-2　数字化工具

下表 13-3 为常用的工具与可能影响的业务指标对照。

表 13-3　业务指标和工具对照表

工具	业务指标
CRM （客户管理系统）	客户满意度、客户保留率、销售转化率、客户生命周期价值（CLV）、响应时间、交叉销售和升级销售、客户投诉率
项目管理系统	客户满意度、项目成功率、资源利用率、风险管理、沟通效率、成本控制、质量保证
ERP （企业资源规划）	订单准时完工率、库存周转率、生产计划完成率、成本毛利率、财务管理、供应链管理
PLM （产品生命周期管理）	产品开发效率、产品研发质量、协同研发能力、技术状态管理能力、数据管理能力
MES （制造执行系统）	生产效率、质量管理、生产周期时间、设备利用率、物料管理标准化程度、生产人员任务管理、生产数据分析与优化
APS （高级计划排程）	生产效率、交货准时率、库存周转率、成本控制率、质量管理、资源利用率
QMS （质量管理系统）	产品一次检验通过率、产品质量良品率、客户满意度、质量风险控制、生产效率
WMS （仓储管理系统）	库存准确性、订单准确性、缩短订单处理时间、库存周转率、空间利用率、减少损耗率
SRM （供应商管理系统）	缺料率、降低采购成本、缩短采购周期时间、供应链风险管理、供应商合格率
合同管理系统	合同履行效率、合同违约率、合同成本效益、合同风险控制、合同审计效率、客户满意度、合规率
财务管理系统	财务信息透明度、财务管理效率、财务预测准确性、成本控制能力、税务合规性、风险管理能力、决策支持能力、现金流管理效率

13.3　工具化—信息化

13.3.1　信息化系统选型方法论

（1）梳理业务流。

（2）明确业务流程卡点。

（3）确定投入预算。

（4）调研工具，明确各工具优劣势。

（5）根据业务目标匹配工具优势，确定选品。

（6）部分业务场景无法通过第三方工具来实现，还需要选择定制与集成的方式进行系统开发。

13.3.2 评估信息化建设的 ROI

企业从经营指标出发，量化计算数字化投入带来的企业经营价值，如图 13-3 所示。

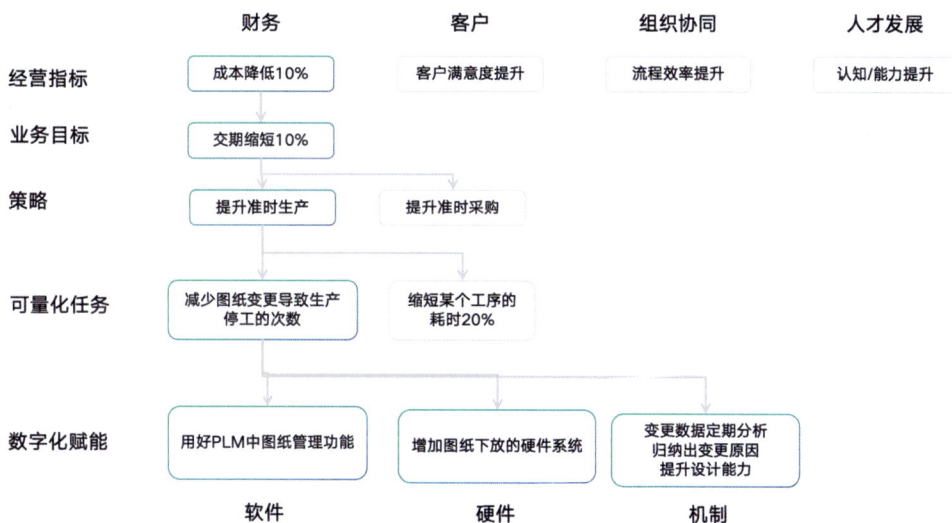

图 13-3 ROI 评估

13.4 信息化—自动化

当企业完成各业务单元的信息化建设后，已经可以通过信息化工具解决大多数业务低效的问题了，但这个时候新问题又会随之而来，比如工具之间的数据不流通，形成了一个一个数据孤岛，想看数据就要切换系统；业务人员操作的软件工具越来越多，账号管理、权限分配、数据反复录入等问题频繁发生，开始影响工作效率；总是感觉各类数据都有，但就是拉取分析时很麻烦，还是要导出 Excel 人工去处理，耗时又费力；每个系统总有一些用着不顺畅的地方，但又找不到原因；各个系统都有流程审批，消息都看不过来，想要统一流程审批平台等。

这些问题需要通过如图 13-4 自动化来解决。

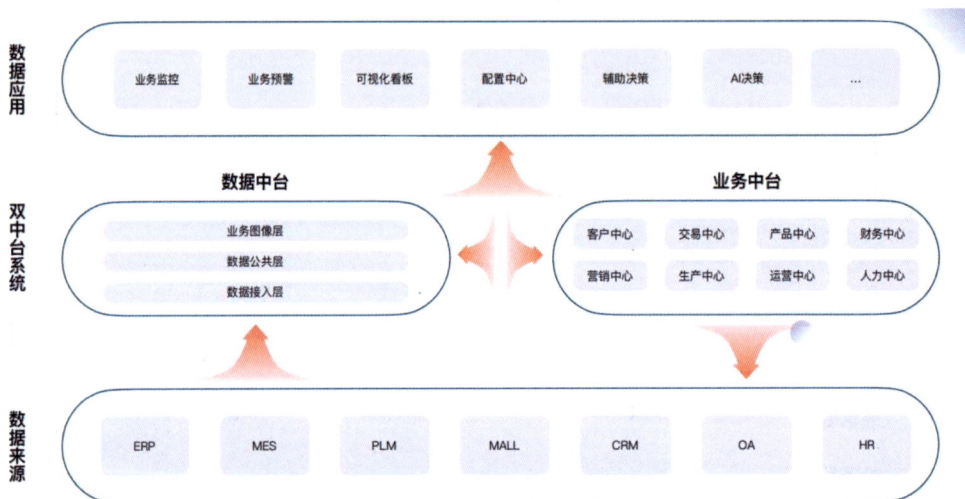

图 13-4　自动化规划图

13.4.1　连接器——让数据流转起来

1.连接器介绍

连接器 iPaaS 是一款开箱即用、安全稳定与多场景适用的一站式企业级应用集成平台。基于云原生基座，通过预置连接器、可视化流程编排和 API 治理等能力，将企业内外部、不同的业务、活动、应用、数据、设备连接起来，实现各个系统间的业务衔接、数据流转、资源整合，高效实现企业上下游、内外网应用系统的数据互通，助力企业敏捷创新发展和数字化转型升级。

2.连接器在数字化战略落地中发挥的核心价值

连接器是解决信息化卡点的一个重要产品，它通过集成上千款信息化系统的 API 接口，构建成一个链接各个系统之间的桥梁，让数据像水一样，流动起来，从而让系统与系统之间实现数据流转，让数据发挥更大的价值。如图 13-5 所示。

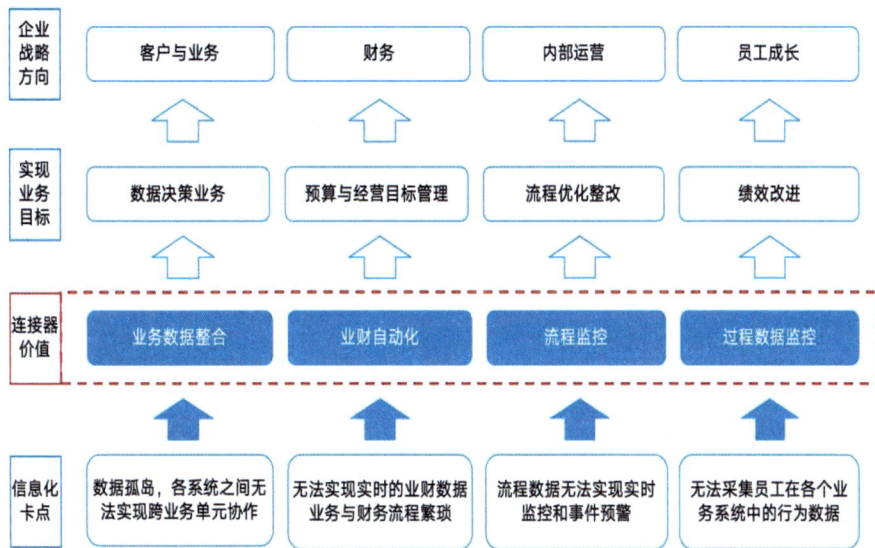

企业战略方向	客户与业务	财务	内部运营	员工成长
实现业务目标	数据决策业务	预算与经营目标管理	流程优化整改	绩效改进
连接器价值	业务数据整合	业财自动化	流程监控	过程数据监控
信息化卡点	数据孤岛，各系统之间无法实现跨业务单元协作	无法实现实时的业财数据业务与财务流程繁琐	流程数据无法实现实时监控和事件预警	无法采集员工在各个业务系统中的行为数据

图 13-5　连接器的价值

13.4.2　数据中心

1. 建立数据中心的时机

在信息化健全的情况下，就可以筹备搭建数据中心，为企业数字化做准备。比如：客户 ID 在 CRM 里是一个编码，在 ERP 里也是一个客户编码，在钉钉审批里也有一个客户编码。

2. 数据中心的价值

建设数据中心目的就是将散落在各个系统的客户数据整合起来，重新建立一个属于客户的唯一编码，并且清洗客户数据（去除对经营分析无用的数据），结构化存储到数据中心，比如订单编码、采购编码、物料编码、合同编码、付款编码。有无数据中心的区别如图 13-6 所示。

老板要一个客户分析数据

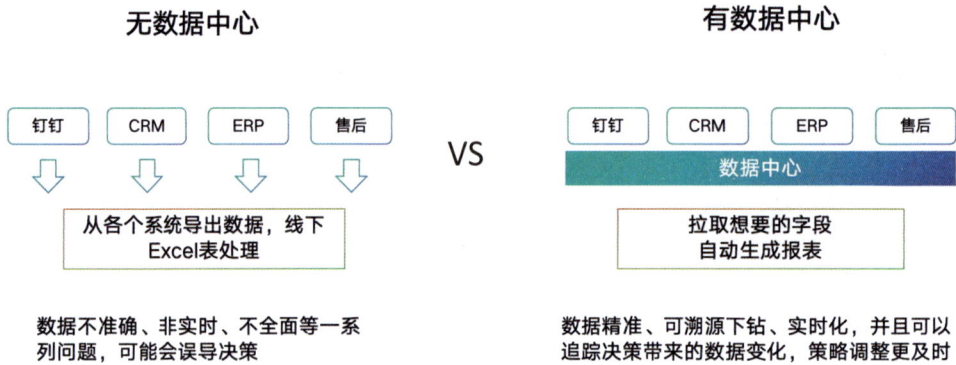

无数据中心   有数据中心

| 钉钉 | CRM | ERP | 售后 | VS | 钉钉 | CRM | ERP | 售后 |

数据中心

从各个系统导出数据，线下 Excel表处理   拉取想要的字段 自动生成报表

数据不准确、非实时、不全面等一系列问题，可能会误导决策   数据精准、可溯源下钻、实时化，并且可以追踪决策带来的数据变化，策略调整更及时

图 13-6　有无数据中心的区别

13.4.3　业务中台

将原本在各个业务系统中的清洗后数据（数据中心的数据）汇总到业务中台，企业运营者统一在业务中台处理核心业务流，无须再切换到各个业务系统处理业务、整理数据、分析数据、制作报表。业务中台往往需要企业寻找外部开发团队或企业自身组建软件开发团队进行定制与集成开发，这里需要内外合理，既要梳理清楚企业整体的业务流程和数据需求，还要有扎实的软件开发能力和长期的开发迭代规划。整体结构如图 13-7 所示。

图 13-7　业务中台结构图

13.5　自动化—智能化

13.5.1　BI——构建符合业务指标的经营驾驶舱

经营驾驶舱的数据来源于业务中台上的业务行为，真实有效。经营驾驶舱可以帮助决策者和管理者快速了解业务结果，及时进行管理。如图 13-8 所示。

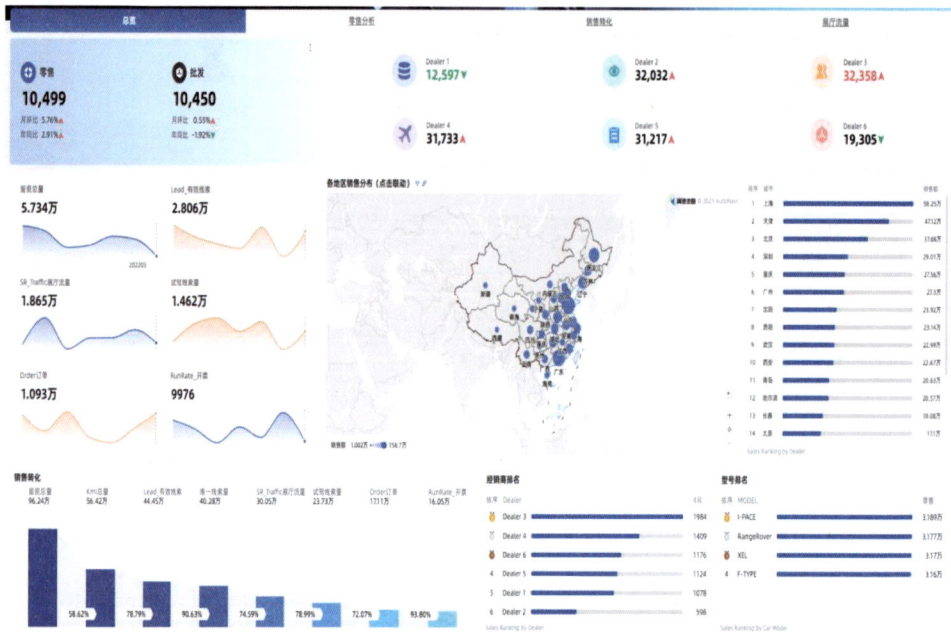

图 13-8　经营驾驶舱

构建经营驾驶舱需要经过以下步骤：

（1）明确业务目标和关键业务指标：指标是经营驾驶舱的核心内容，确保目标明确且与企业战略紧密相连，有利于驾驶舱的有效使用，避免信息过载和分心。

（2）整合数据源与数据治理：企业管理驾驶舱的数据来源多样化，要确保数据的准确性、完整性和一致性，通过数据治理和数据清洗，排除噪声和冗余，以确保驾驶舱中的数据是可靠且有效的。

（3）选择合适的 BI（Business Intelligence 商业智能）工具：根据企业的需求和数据特点，选择合适的 BI 工具和可视化方式是至关重要的。同时，选择仪表盘、报表等呈现数据，帮助管理层快速理解业务状况，助力决策。

（4）设计智能化的数据分析和预警机制：BI 管理驾驶舱不仅仅是一个静态的展示平台，更应具备智能化的数据分析和预警功能。通过引入数据挖掘、机器学习和人工智能技术，驾驶舱能够对大量数据进行实时分析，挖掘潜在的业务趋势和问题。同时，设置预警机制，及时发现异常和风险，帮助管理层在第一时间做出响应。

（5）提供个性化的用户体验：不同层级的管理者对数据的需求和关注点是不同的，要设置权限和角色，让管理者访问和分析与其工作相关的数据，避免信息过载和混淆。同时，用户界面的设计也应简洁直观，易于操作和理解。

（6）持续优化与改进：BI 管理驾驶舱的构建是一个持续优化与改进的过程。企业应该密切关注驾驶舱的使用情况和反馈，不断进行改进和升级，以适应业务的变化和发展。定期地培训和培养数据分析人才，提高员工的数据素养，也是持续优化的重要环节。

13.5.2　AI——如何结合行业大模型来做智能决策

数字化的终局是数据辅助决策，让企业能力沉淀在数据上，而非人的脑子里。如图 13-9 所示。

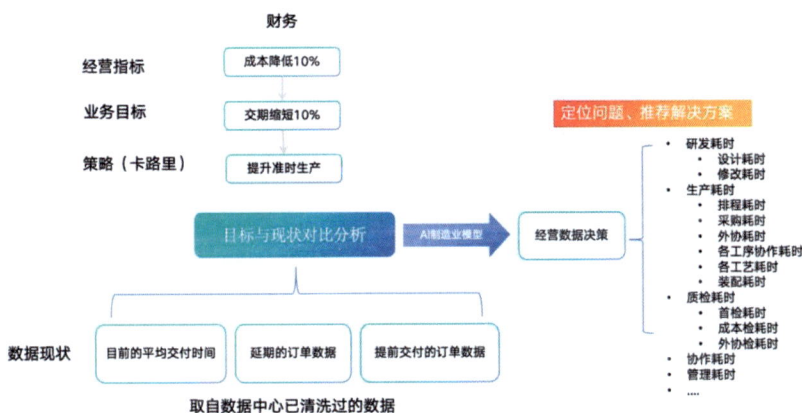

图 13-9　经营数据决策

行业 AI 大模型可以通过以下方式帮助企业实现数据决策。

（1）数据整合与分析：行业 AI 大模型可以快速整合企业内外部的数据，并进行深入分析。这包括从不同的数据源获取数据，清洗和整理数据，以及进行数据挖掘和趋势预测等。通过这种方式，企业可以更好地了解市场需求、客户行为和业务状况，从而做出更明智的决策。

（2）智能预测与决策：基于大量数据和先进算法的 AI 大模型，可以预测未来的市场趋势、销售业绩等，帮助企业提前做好规划和准备。同时，AI 大模型还可以根据历史数据和实时数据，分析业务规律和趋势，为企业提供最佳的决策建议。

（3）自动化决策执行：行业 AI 大模型还可以帮助企业实现自动化决策执行。通过机器学习和深度学习等技术，AI 大模型可以自动识别和分析数据，并根据预设的规则和阈值自动做出决策。这种方式可以大大提高决策效率和准确性，同时减少人为干预和错误。

（4）数据安全与隐私保护：在使用行业 AI 大模型进行数据决策时，需要注意数据的安全性和隐私保护。行业 AI 大模型需要采取严格的数据加密和安全防护措施，确保数据不被泄露和滥用。同时，企业也需要制定相关的政策和法规，保护客户的隐私和权益。

（5）持续学习与优化：行业 AI 大模型不是一成不变的，它需要不断学习和优化。通过引入新的数据和知识，AI 大模型可以不断完善自身的算法和模型，提高预测和决策的准确性。同时，企业也需要不断关注市场变化和业务发展，调整和优化 AI 大模型的应用场景和方法，以保持其适应性和有效性。

13.6 案例分享——制造业

1. 工厂现状

商业模式：生产纺织行业流水线机床、机器人等相关产品，根据纺织工厂流水线情况设计定制的制造设备。属于订单驱动的离散制造类型。

（1）行业：机械臂、机器人、光伏；

（2）销售模式：客户定制化需求，技术研发支持出方案，项目立项、工厂生产、交付使用培训；

（3）生产模式：研发+生产，工序多，调试，装配，售后—安装；

（4）采购模式：零散式订单采购；

（5）售后服务：安装、调试、售后维护；

（6）数字化阶段处于工具化到信息化的过渡阶段；

（7）业务管理系统只有 ERP，但是推进了 1 年也没用起来；

（8）未使用低代码、各系统数据打通和数据分析。

2. 业务数字化咨询规划成果展示

首先，通过业务流程规范化，利用信息化系统，把业务流程线上化，提高工作效率，设计和改造柔性生产流程；其次，通过 PLM+ERP+MES，实现生产过程数据信息化，并使用硬件设备进行执行数据采集，降低系统使用成本，提高数据准确性；最后，通过建立数据中心获取各种决策支持信息，包括市场动态、产销、财务、库存、物料等信息，进行产销一体化管理，该系统最终实现可以智能分析用户生产需求，指导新品研发方向，预测备货指导，自动化计算生产成本等目的，最终全面实现从工具化到数智化的数字化转型。规划如图 13-10 所示。

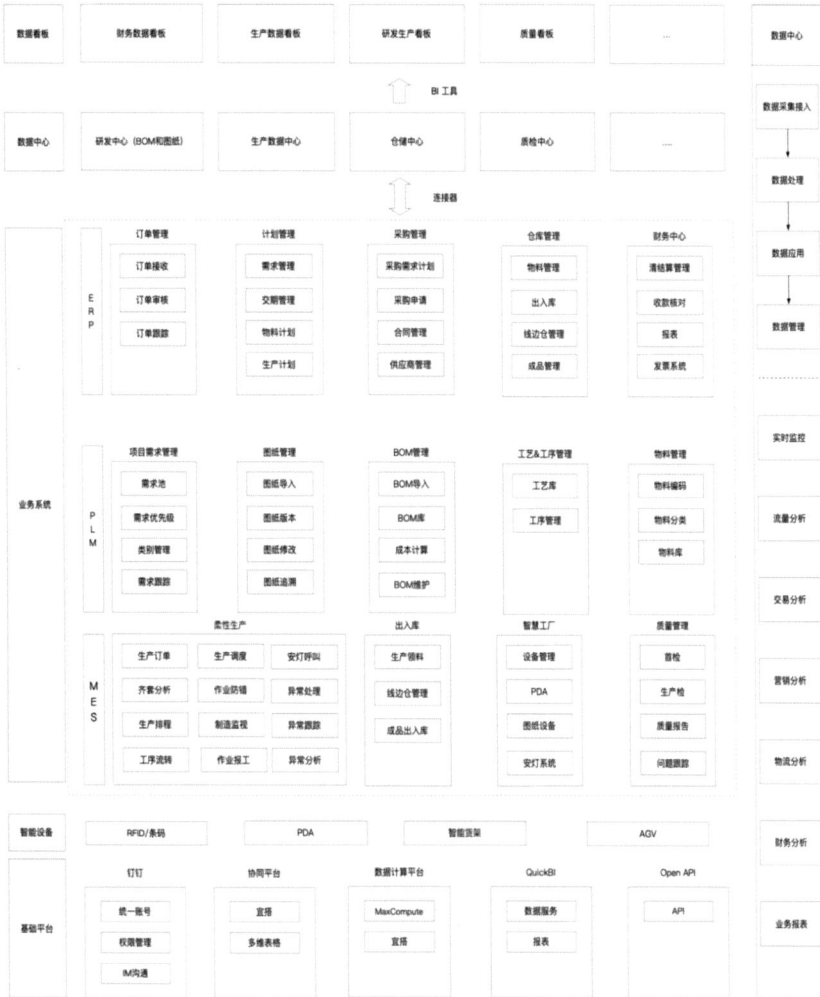

图 13-10 规划图

3.咨询诊断并分析业务流程卡点

业务流程卡点分析如图 13-11 所示，标红的表示出现问题的节点。

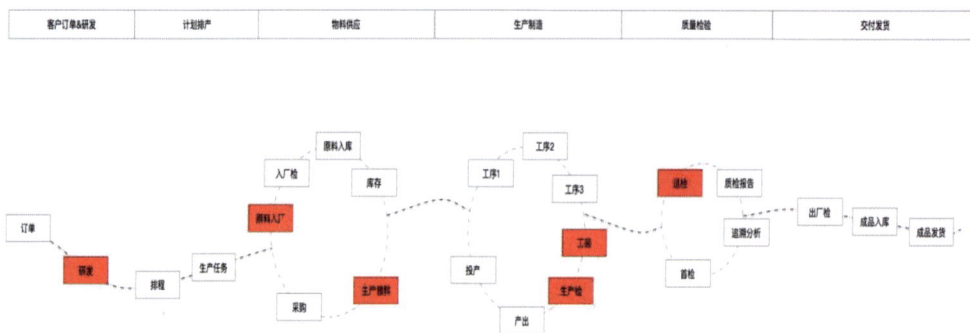

图 13-11 业务流程卡点分析

4.业务流程重构

原始的业务流程如图 13-12 所示。

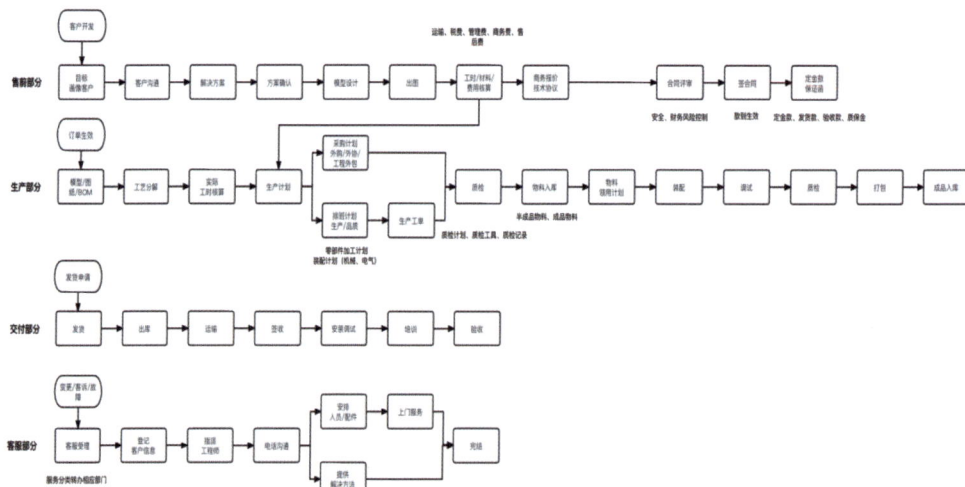

图 13-12 业务流程现状

基于数字化战略优化后的业务流程图如图 13-13 所示。

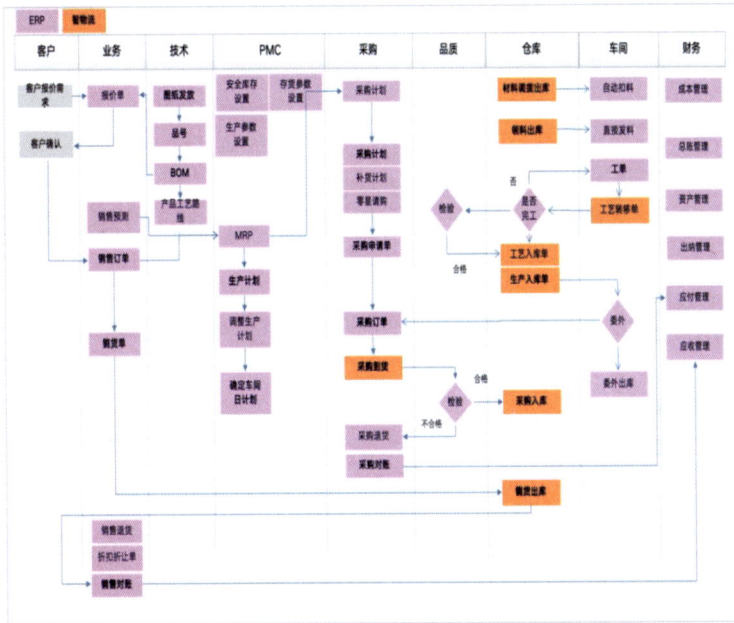

图 13-13 咨询诊断后的业务流程图

5.搭建看板

搭建数据看板如图 13-14 所示。

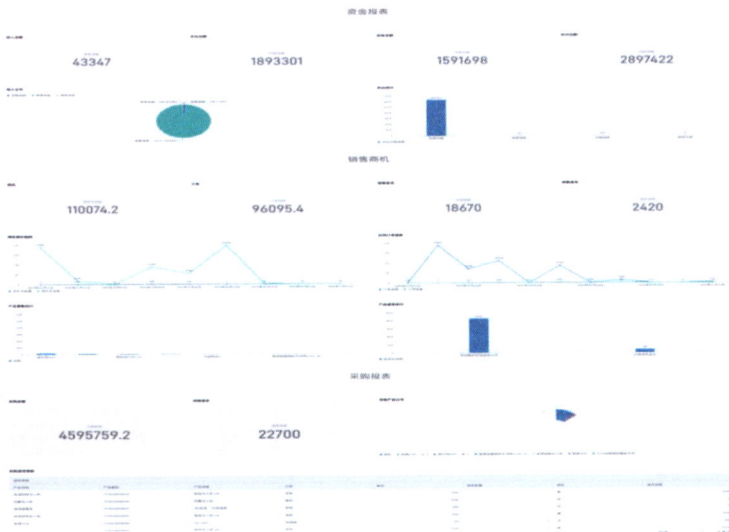

图 13-14 数据看板

6. 借助外脑

上述操作企业是很难自己完成的，需要专业的人做专业的事情，可以寻求专家服务来进行业务数字化咨询规划和落地。如图 13-15 所示。

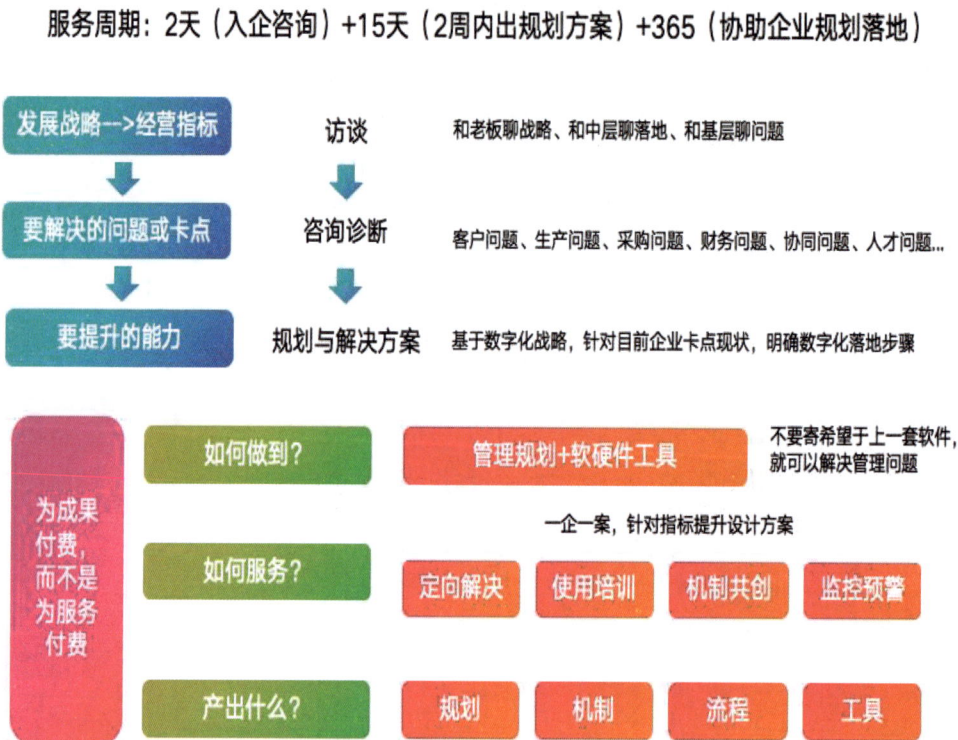

服务周期：2天（入企咨询）+15天（2周内出规划方案）+365（协助企业规划落地）

图 13-15 业务数字化咨询规划和落地

■ 学习目标

认识业务数字化工具的应用价值，掌握表单、流程及业务报表的搭建方法，加速企业数字化转型、提升应用开发质量。

（1）数字化应用低代码开发平台对于企业业务转型的价值意义。

（2）学习数字化应用搭建三步法，敏捷构建应用的表单、流程及数据仪表盘。

（3）掌握数字化应用能力，通过业务需求分析完成应用自建，使用零代码系统创建个性化管理流程。

14.1　认知业务数字化工具

14.1.1　业务数字化应用的重要性

数字化应用低代码开发平台是一种基于图形化界面、模块化组件和预构建模板的快速应用开发工具。它可以帮助企业管理者快速构建业务管理应用，对于企业数字化转型有着重要作用。

主要体现在加速数字化转型、提升应用开发质量、降低开发门槛和成本、实现业务快速响应、促进团队协作和创新、优化管理决策，以及增强用户体验等多方面。

14.1.2　业务数字化应用的常见误区

业务数字化应用的常见误区如表 14-1 所示。

表 14-1　业务数字化应用的常见误区

是什么	不是什么	说明
搭建简单，上线周期短	代码开发，实际构建周期长	组件化拖拽设置，无须代码编写，周期以小时计
系统随需调整	依赖厂商需求排期，流程冗长	随业务变动灵活修改，即时上线
订阅收费，按需应用	部署环境、技术开发成本高	性价比高，业务人员管理系统节省技术维护成本

14.1.3　业务数字化应用搭建

低代码的应用构建主要分三步：表单设计、流程设计、仪表盘。如图 14-1 所示。

图 14-1　数字化应用搭建步骤

应用由各个表单组成，表单由各个控件组成，例如日期控件、图片控件、人员控件等。表单用于填报数据，并作为流程审批的基础。通过拖拉拽的方式，将控件拖入，设置控件属性和表单属性后，保存即可完成一张表单的设计。

流程可以让表单和数据按照业务流程和规则在不同成员之间流转，表单流程由经办节点、审批节点、汇合点、抄送节点、子流程、连接线组成。

系统搭建支持生成多种报表类型，如明细表、汇总表、折线图、柱状图等。不需要手动收集数据做统计，只需要利用日常工作记录的业务流程数据，通过自定义报表功能，新增数据源，并把需要的表单字段拖入报表内保存后，前台即可实时获得动态更新的报表。

14.2　搭建业务数字化平台

14.2.1　单一业务场景

制造行业传统的设备管理主要是以人工抄写记录存档的模式运行，它存在着操作速度慢、散乱、复杂等一系列缺点与不足，很可能出现文案丢失的情况，而且查找也不方便，给管理工作人员带来很大程度的管理滞后，增加了成本，降低了企业生产力。

设备管理系统是一个以设备为中心，对设备从入库、点检、保养到维修报废的一个完整的全生命周期中所发生的各种事件进行跟踪的一个管理信息系统，系统可以为企业提供一个简便使用的管理平台，将设备全生命周期的管理工作信息化，有效地进行设备管理工作，提高工作效率，节约人力资源，直接为企业创造价值。

设备管理应用分为三大部分：基础信息、日常管理、统计分析。详细功能清单如

图 14-2 所示。

日常工作	系统功能模块	主要功能点
设备档案管理	设备台账	● 设备档案、状态统一集中管理，方便设备管理员工作顺利开展 ● 每台设备拥有唯一二维码
日常工作	设备点检	移动端操作二维码扫描直接填写，高效便捷，方便查询
	设备保养	● 移动端操作二维码扫描直接填写，高效便捷，方便查询 ● 定期提醒相关人员，避免遗漏
	设备报修、维修	● 移动端操作二维码扫描直接填写，高效便捷，方便查询 ● 为设备保养项调整提供的切实有效的数据支撑
	设备报废	移动端操作二维码扫描直接填写，高效便捷，方便查询
统计分析	统计报表	根据日常操作，系统自动按既定模板自动生成数据分析报表，为设备管理员省去大量的做数据统计分析的时间。

图 14-2 设备管理

14.2.2 全链路业务管理平台搭建实例

安徽某知名乳品制造企业，入选"专精特新"，创建于 20 世纪 50 年代，省重点龙头企业、市政府"菜篮子工程"的重要基地，高层领导高度重视企业数字化转型，将生产的全流程、全链路搬上了低代码平台。

通过流程数字化重构，该企业实现了从牧场、生产、采购、质量、销售等各个环节的全链条追溯，实现从原料供应到生产销售的全链路数字化，如图 14-3 所示。

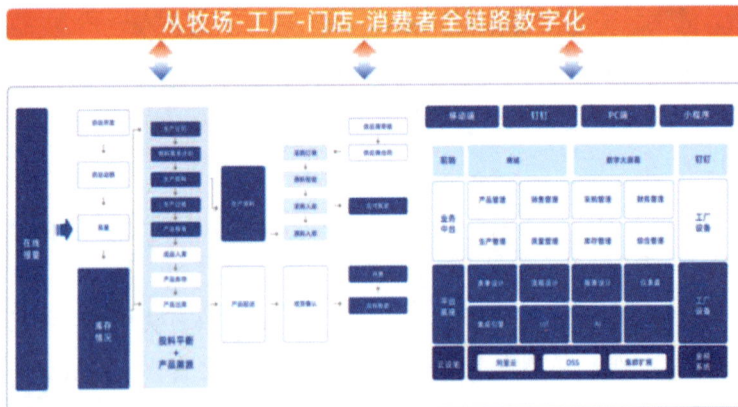

图 14-3 全链路业务管理平台

在牧场端，该乳品企业完成 300 多个应用场景的低代码开发应用：运用物联网，通过先进的挤奶设备、计步器、牧场管理系统等，实现了奶牛从出生到离场全生命周期管控。

在生产环节，完成了 500 多个低代码应用场景的搭建，生产业务计划、工艺、质量、执行、统计、分析全过程数字化管理和控制，数据层层关联，实现了每一罐奶的全生产过程数据记录和传递。

14.3　数据驾驶舱

数据是企业分析经营状况的前提，氚云仪表盘内含有 13 种图表，有柱状图、条形图、饼图、面积图、雷达图、透视图、指标图、折线图、漏斗图、堆叠柱状图、散点图、双轴图，提供多种数据源实时采集，帮助企业决策分析。如图 14-4 所示。

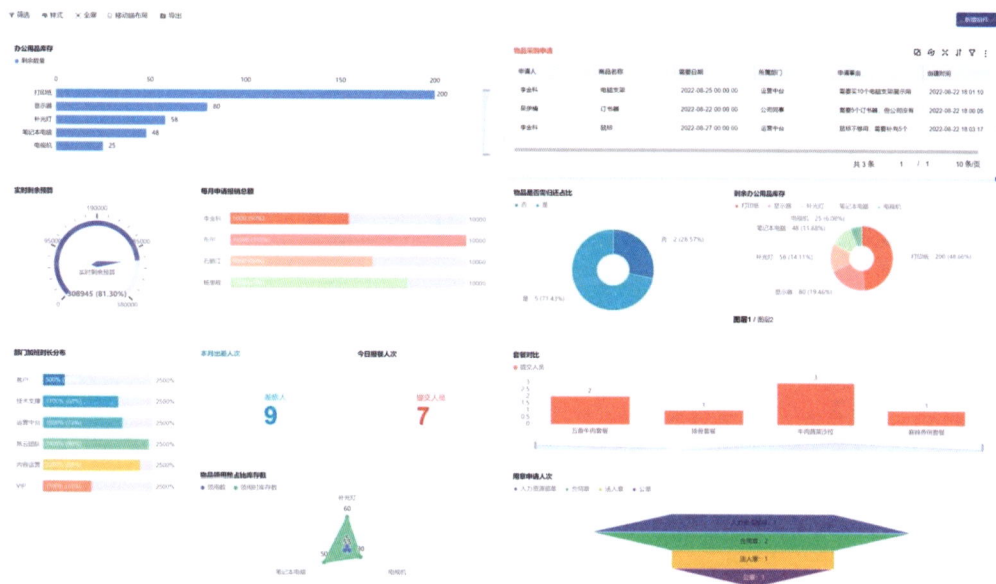

图 14-4　数据驾驶舱

14.4　制造行业落地案例

14.4.1　项目背景

江苏省镇江市某汽车零部件研发制造企业，是一家专注于汽车起动机定转子研发、制造、技术咨询的制造企业。企业服务客户有重庆五十铃、浙江新柴以及中国中车等国内知名的机车设备制造企业。

早期的质检部门背负着庞大的数据管理压力，因为检验记录需要长期管理，需要额外安排人力使用 Excel 定期对记录进行汇总和归纳管理，现状与成果如表 14-2 所示。

表 14-2　业务痛点与转型成效

业务痛点	转型成效
订单信息动态多变，客诉处理效率低下	自定义审批流程及权限，相关人员可及时查看处理进度，协同响应更加智能敏捷
质检数据信息纸质存储困难	数据信息管理在线化，系统存储免除纸质存档之痛，线上保存，支持关键词一键查找提取信息

14.4.2　解决方案

目前，公司应用系统能力搭建的场景应用有 10 个，覆盖生产进销存、设备运维、质量管理、生产资料管理、计件工资报工报时等多个业务场景。如图 14-5 所示。

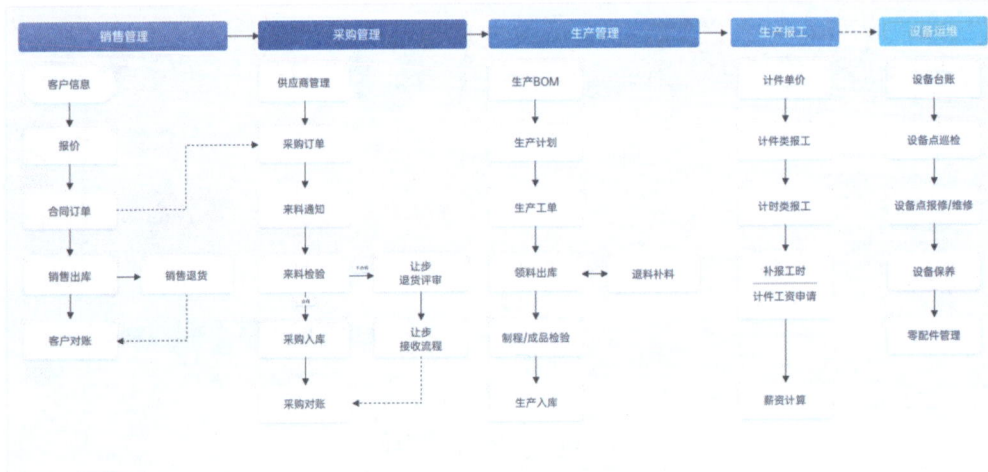

图 14-5　业务数字化应用落地规划图（部分）

14.4.3　关键应用场景

1. 订单管理

企业目前重点服务了十余家国内知名的机车设备制造企业，企业针对这些客户专门建立了客户信息档案，详细记录客户信息及历史订单详情。每一笔订单出库时，同步关联客户信息、销售订单信息，出库货品的单价、产品要求、货品数量等信息会在系统内动态更新。如图 14-6 所示。

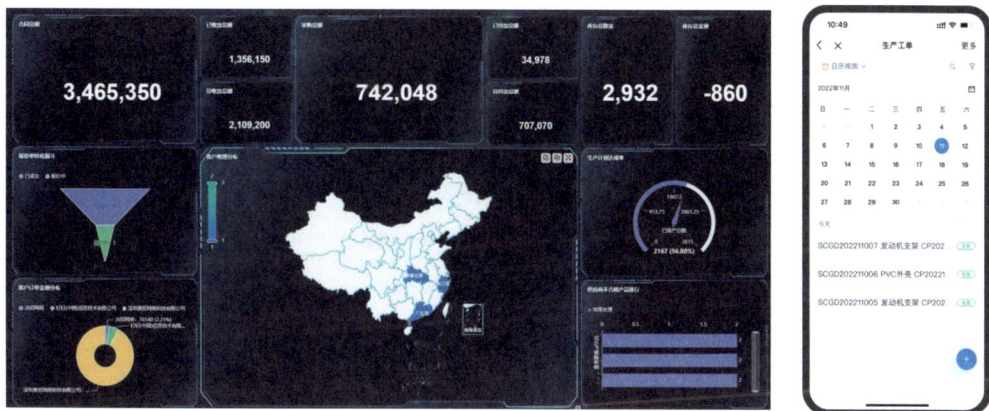

图 14-6　订单管理看板

2. 生产质量管理

制造业品质管理实际操作中，经常存在人员执行不到位的情况，如首件检验被放在后面再补做、漏做甚至是忽略不做的情况。为了确保实际生产的第一件或首批产品符合规范和要求，从而避免后续批量生产中出现不良品，公司专门搭建了"生产质量管理"应用，如图 14-7 所示。

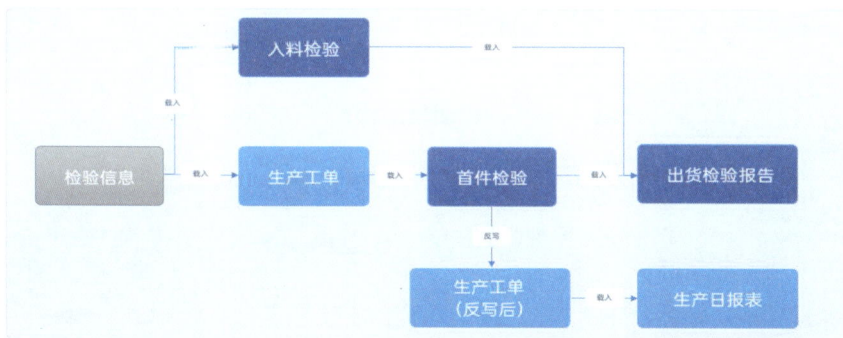

图 14-7　生产管理流程梳理

每件物料在系统形成唯一料号的区分，相关信息在检验过程中同步在系统中沉淀存档，既方便人员进行检索查找，又可以关联至入料检验单、生产工单进行实际使用，自动化的信息集成提高了操作的准确性和效率。确保检验过程无疏忽，降低产品不良率，还极大提升了出货报告的制作效率。首件检验记录表如图 14-8 所示。

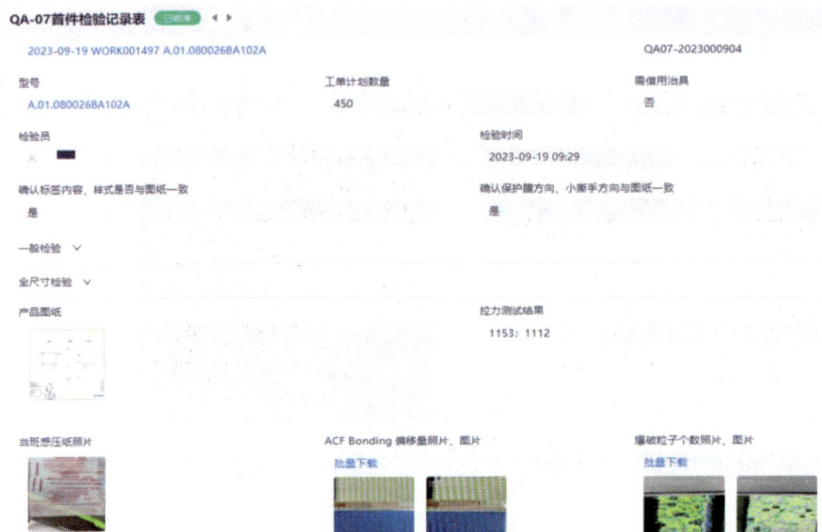

图 14-8　首件质检记录表

原先检验一件物料需要 30 分钟的时间，现在使用了线上系统后，检验时间只需要 10-15 分钟就可以完成，缩短了检验人员核对信息、临时翻找检验记录的时间。

同时，企业按照传统的纸质记录标准，自定义设计了打印模板，需要纸质文件时直接在系统内打印表单信息即可，如图 14-9 所示。

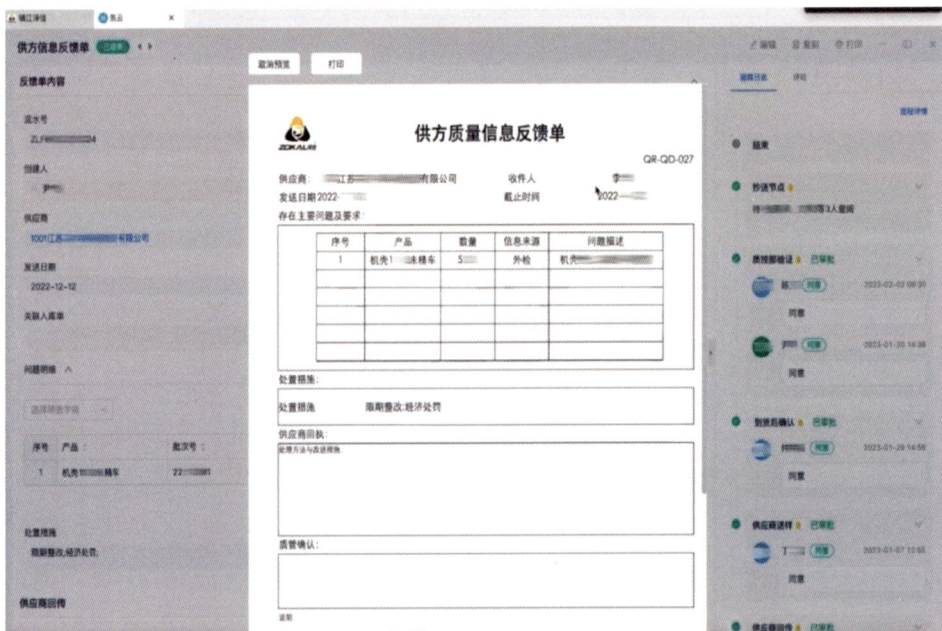

图 14-9　自定义打印表单

细致的质量管理流程，可以帮助企业不断提升企业管理水平，并产生实际的效益，2022 年营业额同比增长 50%，创下历史新高。

14.5　建工行业落地案例

14.5.1　项目背景

上海某家以园林景观工程施工为主的专业综合性园林建造公司，主要为房地产企业提供高端园林室外景观施工服务，是龙湖、融创的战略合作伙伴。

近年来，随着业务规模不断扩大，供应商数量越来越多，结算统计愈发困难。由于各业务流程、数据无法关联，基层需要重复录入，工作量大且效率低下，难以满足公司快速发展的需求。现状和成效如表 14-3 所示。

表 14-3　业务痛点与转型成效

业务痛点	转型成效
供应商数量多难管理	实现 1000 多家班组/供应商闭环管理
项目数据缺乏互联互通	实现项目数据全链接，数据打通实现业务闭环管理
苗木养护设备损耗严重	标准化管理提升资源利用率，节省近 20 万元五金损耗费用

14.5.2　解决方案

公司从供应商管理、项目管理等重点板块着手，陆续在系统上搭建了招投标管理、项目管理、合同管理、财务管理等十多个业务系统，实现项目立项——项目管理——对甲合同管理——对乙供应商管理——财务管理的全业务流程闭环管理，如图 14-10 所示。

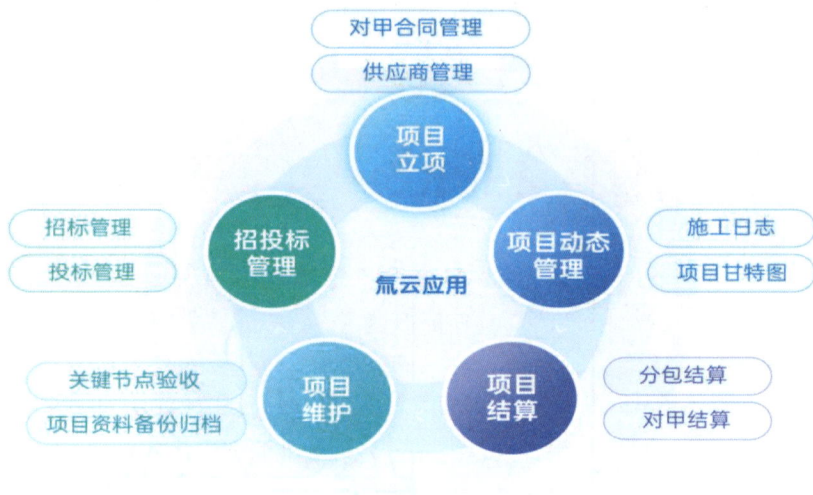

图 14-10　建工项目管理场景

14.5.3　关键应用场景

1. 供应商管理

工程项目企业需要管理庞大的供应商网络，案例公司的供应商数量多达 1000 家，其中每个项目均有多个供应商参与，涉及各种复杂的业务流程、审批申请流程，包括供应商注册、资质审核、产品目录管理、订单跟踪等方方面面。

为此，公司在系统上搭建了供应商信息管理系统，实现供应商信息的统一管理和维护，将供应商的审核准入——费用结算进行端到端的闭环管理。通过定义业务流程和规则，低代码平台可以减少人工干预，提高工作效率。场景梳理如图 14-11 所示。

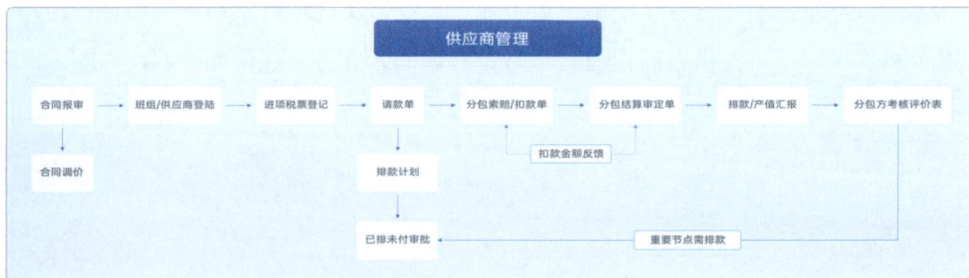

图 14-11　供应商管理

同时，通过历史合作记录产生的数据，利用系统可视化工具完成分析，进行供应商评估与择优。通过对供应商的历史业绩、产品质量、交货周期等数据的分析，企业可以更准确地了解供应商的实力和信誉，从而做出更明智的决策。

2.项目管理

为确保项目的顺利推进，企业通过氚云搭建了项目管理系统，涵盖物资申购、现场质量巡检、项目部罚款、施工日志、工作周报、项目甘特图、关键节点验收、资料备案归档。

施工日志在线管理是管理层直观掌握项目推进情况的管理方式。通过系统搭建规范化的施工日志表单，施工人员通过手机端记录每日工作内容、完成情况、明日计划、每日产生费用等信息；项目经理上传项目进展、遇到的问题、解决方案等，以确保总部在质量、成本和进度方面得到有效管理和监控。施工日志如图14-12所示。

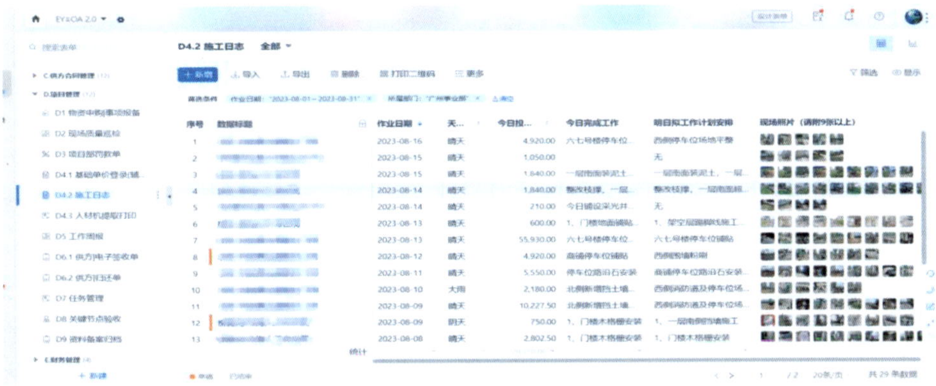

图14-12 施工日志

同时，收付款结算情况也会在系统内动态生成数据汇总，施工进度和款项进度（客户分期付款）实时更新，待收款项临期预警和提醒功能可以确保财务管理的有序开展。

通过关联表单，上至项目立项——对甲合同管理——对甲收款，下至项目立项——供应商准入——供应商合同管理——项目执行——供应商结算——财务排款计划，项目数据均实现自动填充、统计及可视化呈现，如图14-13所示。

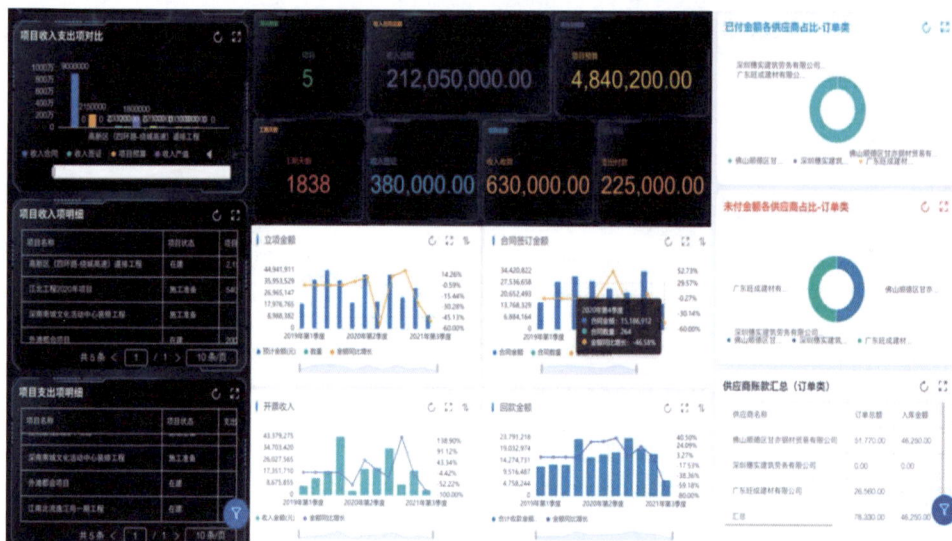

图 14-13　项目结算看板

3.物料管理

项目中采购的批次物料会通过系统的打印设置自动生成二维码，并将标签打印出来粘贴到物料架上。

采购员贴上二维码后，仓管员可以扫码确认物料的存放位置，查看库存数量以及确认物料具体在各个项目中的应用情况，了解物料的用途和余量，确保规范化用料，库存数据实时更新。

项目经理通过扫码即可领用物料，一旦被领用，系统自动更新数据，并通知项目负责人物料的使用情况，库存信息将自动更新并通知仓库管理员，环环相扣，打破部门的信息化壁垒。余料不足系统自动预警，以消息强提醒的形式通知项目负责人及采购人员，同时避免了库存积压或不足的问题。

14.6　贸易行业落地案例

14.6.1　项目背景

河南某贸易公司管理 35 家线下直营门店，经营范围包括百货、家用电器、厨具、家居用品的批发及零售，是河南信阳地区爱仕达、九阳、格力、美的、苏泊尔等知名家电品牌的经销商。

公司经营 35 家门店，商品价格、库存数据缺乏互通，其以采定销的业务模式，极容易造成资金占用、商品库存积压。现状和成效如表 14-4 所示。

表 14-4　业务痛点及转型成效

业务痛点	转型成效
35 家直营门店缺乏统一管理	多维度数据帮助管理层根据不同产品销量，策划创意营销活动吸引客流，促进以老带新，提升客户黏性
进销存各业务部门缺乏高效协同	通过氚云集成 OA 办公软件，全体员工在线协同办公，采购、销售、仓库、财务等各部门高效协同

14.6.2　解决方案

企业使用了氚云进销存模板，对商品从采购、入库，到销售、出库、交货、收款全过程跟踪管理，提升了商品周转效率，并推广应用至 35 家门店，大力提升了企业经营运转效率。场景分析如图 14-14 所示。

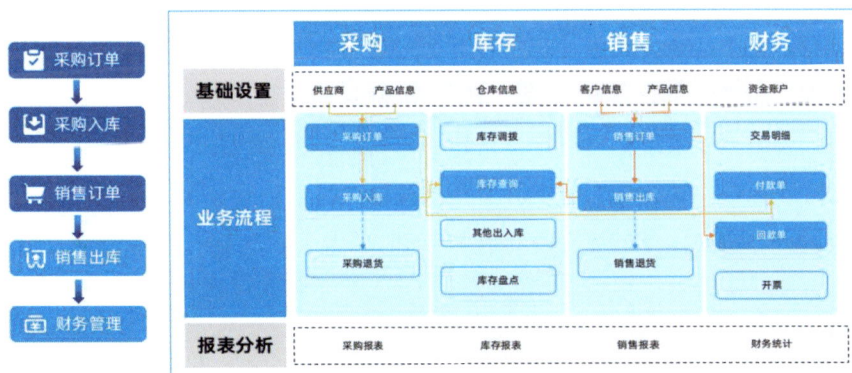

图 14-14　贸易行业场景分析

14.6.3　关键应用场景

1.采购管理

采购人员通过 PC、移动等多端口进行线上管理，商品信息明细、付款金额、入库时间、供应厂商等信息，提交上级领导进行审核通过后，自动进入采购入库流程。同时，采购入库表单自动关联物流表单、来货清单，在采购入库申请时，自动录入并统计物流信息，物流费用关联财务系统，财务结算费用有源可溯。

对采购下单——入库——退货的采购过程进行全线上管理，解决了过往手工记账采购条目不清、商品信息不全等问题，频繁漏单、错单等情况得到极大改善。同时，财务人员成功与采购接轨，订单金额、物流运费等应付款一目了然，提升了各个部门的工作协同效率。

2. 销售管理

曾经销售直接将纸质销售单以图片形式发至微信群，同步仓库管理人员发货，极容易发生沟通不顺畅、订单信息遗漏、发货不及时、订单物流状态不清晰等问题。

目前公司销售在氚云上设置"销售订单"，将客户订购的商品 SKU、库存数量等商品明细进行关联录入，多笔订单做批量在线管理。销售提交订单类型、出库数量后，系统自动根据客户地址关联识别出附近仓库，进行发货审批，缩短了订单发货周期，提升了客户体验。

3. 库存管理

在每年的销售旺季，35 家门店既是卖场也是仓库，商品的调拨非常频繁，亟须进销存系统对多仓库、多门店进行统一管理。过去全公司通过人工的方式去统计库存，多仓库管理，门店库存信息不同步，数据不准确且易出错。

为此，公司基于系统能力自定义搭建了"商品库存余额报表"，通过多维度的数据展现现有库存量，动态更新，实时可查，管理者可以查看各个物料品类的库存占比情况，也可分析企业月/年的库存变化趋势，随时随地了解最新的库存情况，如图 14-15 所示。

图 14-15　实时库存看板

14.7　教育行业落地案例

14.7.1　项目背景

浙江某学院是融高等教育、中职教育和社区教育于一体的综合性院校，由"中国十大品牌教育集团"管理。

自 2016 年起，学院一直探索数字化管理方式，但因为校内涉及管理场景复杂多变，固定的系统无法满足个性化的业务需求，额外开发定制成本也比较高。现状和成效如表 14-5 所示。

表 14-5　业务痛点及转型成效

业务痛点	转型成效
校务数据日积月累难统计	可视化仪表盘搭建"驾驶舱"
学生信息在校状态无法动态管理	业务规则设置及时更新学生信息
海量教务数据亟待整理	系统自动计算一键汇总

14.7.2 解决方案

目前，学院通过氚云进行师生档案管理、教务信息管理、考勤内务管理等各类行政场景的有序线上化管理。现已基本实现了 95% 的内部常态化运用，教师职工熟练应用系统进行线上化管理与数据信息的互通协同，打破"数据孤岛"现象。

14.7.3 关键应用场景

在校师生数量大，流动性强，当班级出现临时插班退学情况，或是教师岗位临时调整，则会面临因人数变动无法实时同步、调岗教师对学生信息掌握不及时而导致的教学事务管理混乱。

学院通过氚云仪表盘功能搭建的学院数据中心管理"中台"，可以实现全体师生综合信息的查询和管理。如图 14-16 所示。

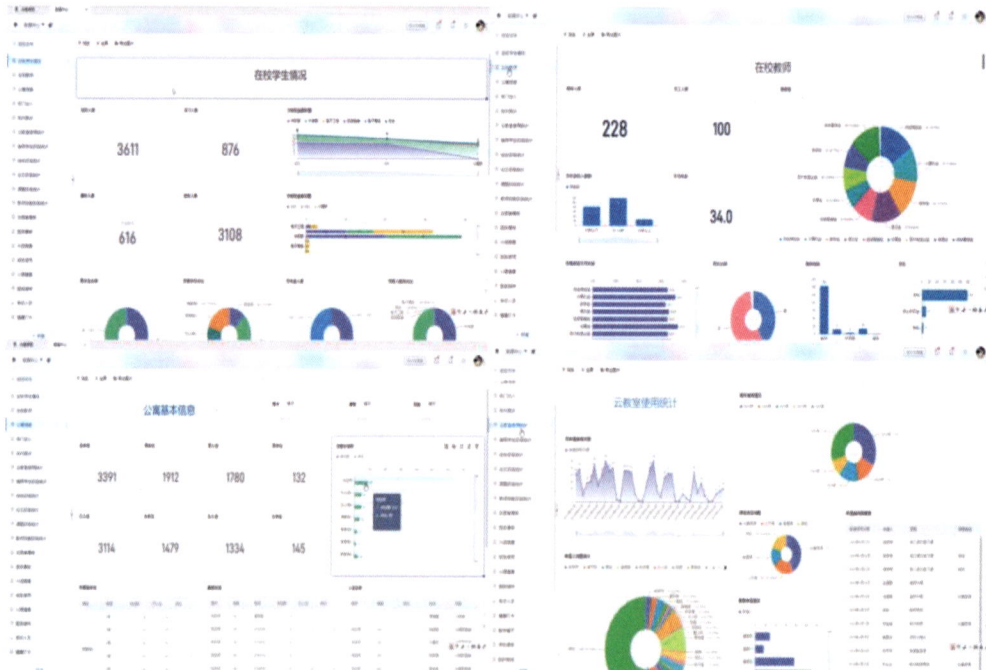

图 14-16　数据看板

第15章

AI 助理

■ **学习目标**

学习 AI 助理使用场景方法，培养员工使用 AI 助理的意识，提升企业使用 AI 助理的能力，高效工作。

（1）掌握 AI 助理智能沟通的方法。

（2）熟练应用 AI 助理智能协同的办法。

（3）学习智能管理，通过 AI 助理实现数据洞察和 AI 差旅等多种使用场景。

15.1 认知 AI 助理

15.1.1 AI 助理的重要性

AI 应用目前正在蓬勃发展，未来每个行业都会跟 AI 发生关系，随着数据积累增加、工具能力提升、推理能力再进一步增强，算力支撑到位，每个行业都会因此而发生变革。每个企业都应该提前掌握超级 AI 助理的运用，而不是被迫接受 AI 带来 的改变。

15.1.2 AI 助理的常见误区

超级 AI 助理的常见误区如表 15-1 所示。

表 15-1 超级 AI 助理的常见误区

是什么	不是什么	说明
要主动使用 AI 助理	现在技术不成熟，不用了解	未来大量的工作会和 AI 结合，这是不能回避的现实
AI 是提高生产力的工具	AI 可以代替人	替代人的不是 AI，而是会用 AI 的人
辅助和提高创意和创新能力的工具	一种威胁	人永远要做有创新创造力的事

15.1.3 AI 助理的三大能力

目前，钉钉基于企业基础场景，开启了 AI 能力的探索，未来还会有更多的工作场景 AI 化。未来随着大模型能力的持续提升和用户需求的持续泛化，后续魔法棒将可以执行跨多个场景、调用多个 AI 应用、长时段运行的任务，而这要求魔法棒套件内的 AI 产品，能够获取钉钉所有数据、调用钉钉全部能力。AI 可用在多个场景，如图 15-1 所示。

钉钉将全场景开放 AI 的接入能力，超级 AI 助理会有三个核心的组成部分。第一个是感知系统，在智能时代钉钉丰富的场景是一个非常重要的资产，足够丰富的场景可以让 AI 感知到外界的客观数据，让我们的幻觉更大程度上被遏制。钉钉有非常好的输入系统，接受语音、文字图片的多模态的各种输入。因为有了这些感知和输入，钉钉对外界的连接性会变得非常好。第二个核心的系统是行动系统，超级 AI 助理跟其他最大的区别是具备非常强大的行动能力。低代码将会成为超级助理行动的手和脚，也会成为核心的表达系统，支持表单来表达，也支持用户操作介入来表达。可以生成，可以问答，可以调用，可以系统性地分析。第三个核心系统是我们的思考系统，因为有了超级助理的感知，有了行动系统的介入，有了人的介入，可以让我们的思考兼具快思考和慢思考的能力。大模型是一种典型的快思考，一输入就输出，这个不见得是件好事情。就像人开车经过一个十字路口的时候，如果判断转角可能有一辆消防车过来，就会提前靠边。但是大模型感知不了，它的感知能力没有这么强大的多模态的支撑。思考系统可以支撑短期记忆，支撑长期数据，支撑公网的互联网公开数据，同时具备非常好的行动规划能力。

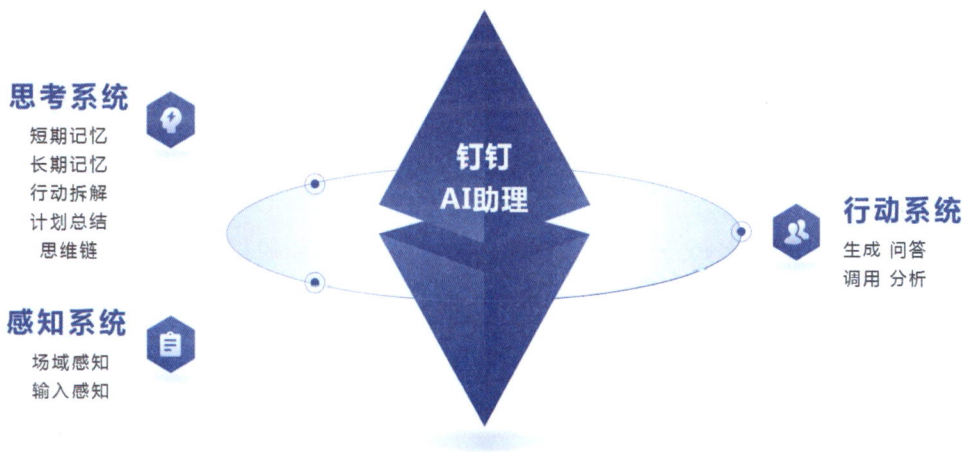

图 15-1 AI 助理的三大能力

15.2　智能沟通

化繁为简，有问必答。写文案、做摘要，帮你提效的 AI 助手通过智能化能力，让你的沟通更简单。

15.2.1　钉钉助手

钉钉功能丰富，有的人会困扰于需要点好几步才能找到自己需要的应用，现在直接可以在 AI 助理中输入你的问题或诉求，聊天 AI 将理解你的提问，并为你提供合适的服务，一键触达，高效用钉。如果想要请假，也可以直接告诉 AI 助理相关信息，预览没问题之后可以直接提交，如图 15-2 所示。

图 15-2　钉钉助手

15.2.2　工作概览和待办

使用 AI 助理之后，回顾工作无须翻找聊天记录，只要问 AI 助理"今天有什么事情""我有哪些重要消息"就可以轻松概览工作内容。还可以通过 AI 助理随时随地管理待办，召唤他创建、完成、查询待办事项。如图 15-3 所示。

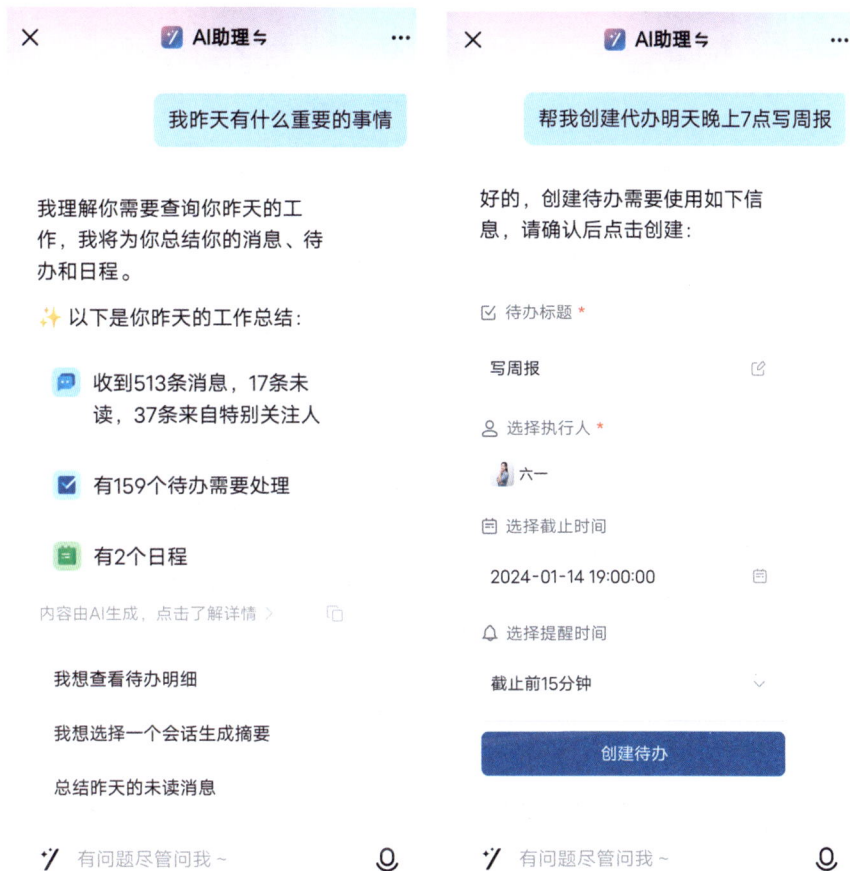

图 15-3 工作概览和待办

15.2.3 消息总结

消息总结可以避免爬楼，快速总结群内消息，目前有按会话生成、按发言人生成、按时间生成三种方式，如图 15-4 所示。

图 15-4 消息总结

15.2.4 智能问答

基于 AIGC 技术，通过大量数据训练，实现以自然语言处理（语义理解、推理）和上下文分析的答疑能力，智能问答可以链接企业知识库，提供精准的企业知识库问答服务。

在企业对外服务场景中，智能问答可以帮助企业快速解决客户问题，提高客户满意度，减少客户投诉。同时，智能服务还可以帮助企业节省人力成本，提高工作效率。

智能问答的对话过程中，AI 可以根据用户的反馈不断学习和优化自己的问答能力，从而提升准确性和可靠性。相信随着技术的不断进步和发展，智能问答的能力也会不断提升，为用户带来更好的使用体验。

1. 主要功能及适用场景

（1）功能。

知识学习：基于钉钉知识库的非结构化知识学习。

知识问答：基于知识学习后的问答服务。

（2）适用场景。

企业内部——员工服务，如 HR 服务工作台、企业知识库问答……

企业外部——客户服务，如售前咨询、产品使用、售后服务……

AI 助理智能问答如图 15-5 所示。

图 15-5　AI 助理智能问答

2. 配置方式

（1）创建 AI 助理。

创建 AI 助理时，可直接使用助理市场中提供的 AI 助理，默认 AI 助理有解答各种生活问题的优秀同学、心理倾听师、短视频脚本生成、周报生成器、私人健身教练等。也可以根据实际需求创建个人或企业专属 AI 助理，创建路径：魔法棒——左上角 AI 助理——创建 AI 助理。如图 15-6 所示创建 AI 助理。

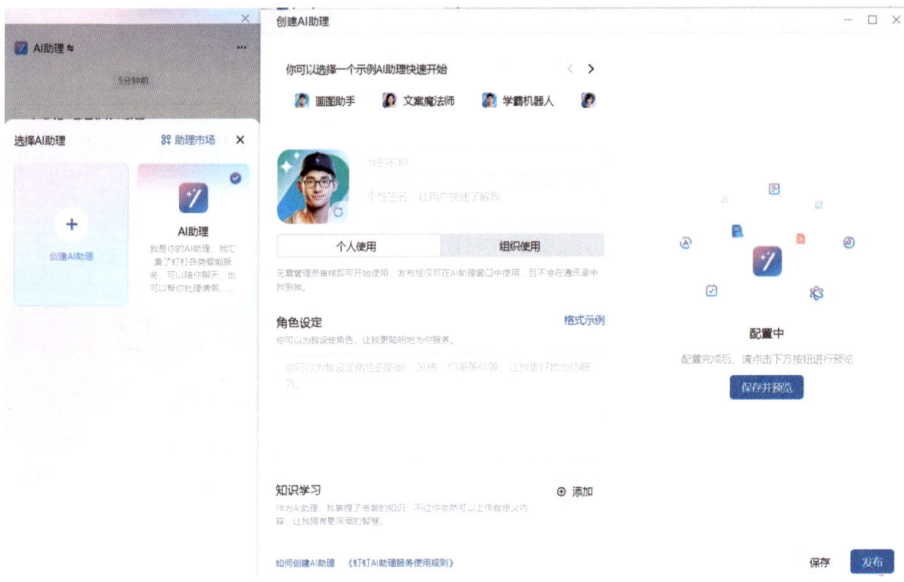

图 15-6　创建 AI 助理

管理员进入钉钉管理后台——魔法棒套件——智能问答——点击创建知识组。

（2）AI 助理能力学习配置。

可以根据实际场景，创建个人使用或组织使用的 AI 助理，并为 AI 助理设定对应角色以及知识学习内容，以及开启不同技能，AI 助理能力学习如图 15-7 所示。

图 15-7 AI 助理能力学习

企业 AI 助理生成后,可以在魔法棒中进行使用,同时也可以切换不同的 AI 助理。创建 AI 助理后，在通讯录 AI 助理部门中会生成对应的数字员工。在使用 AI 助理时，员工可以在通讯录中找到 AI 助理，直接进行一对一沟通。同时也可以基于企业沟通场景，把 AI 助理加入到钉钉群聊，在群内@AI 助理，增加 AI 助理使用的便利性，方便员工更加高效的使用。群内问答如图 15-8 所示。

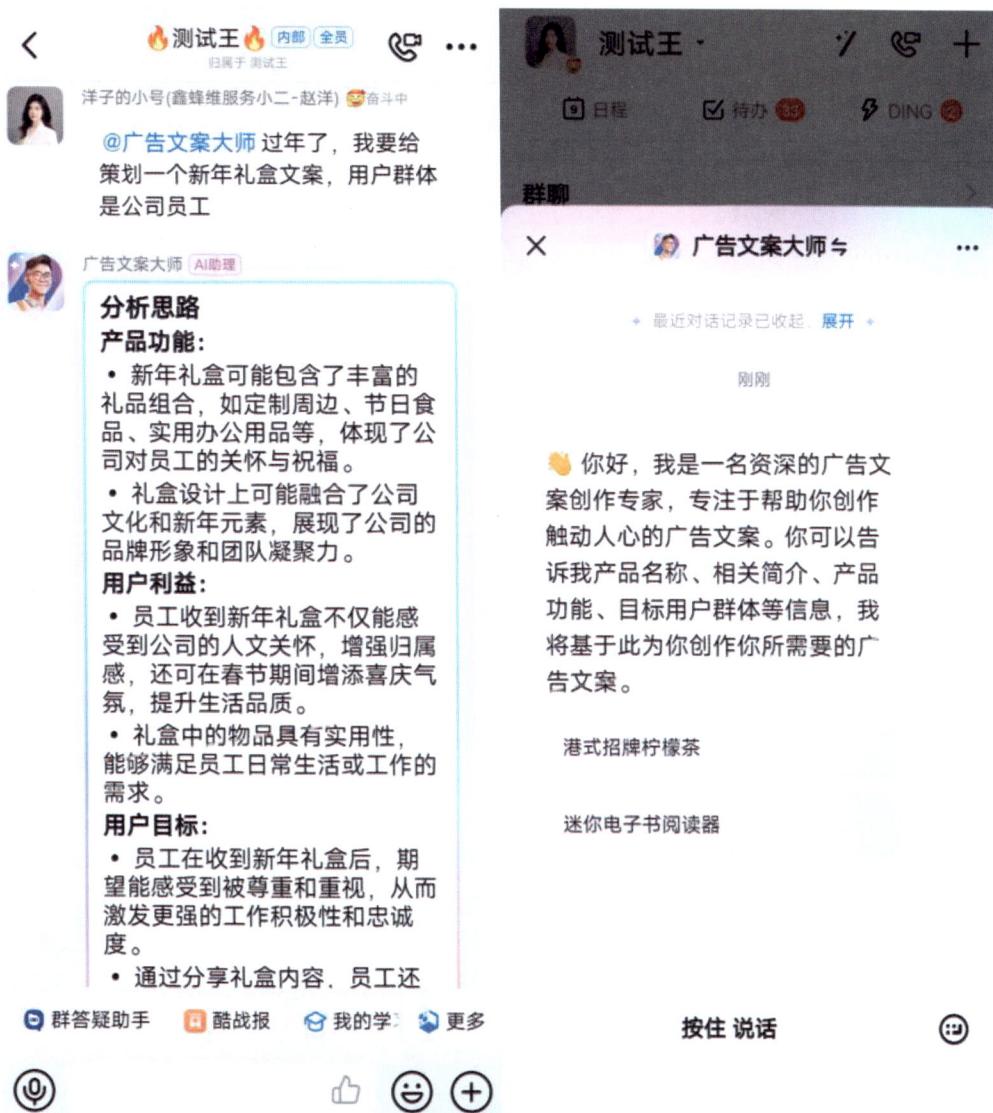

图 15-8 群内问答

15.3 智能协同

智能协同主要的应用场景是在文档、会议等功能内，文档中包含文档、表格、白板。提供超过50+创作指令，快速上手，一键轻松完成各种场景的文档内容创作。

15.3.1 AI助理+文档

1.文档创作

钉钉文档AI助理是钉钉文档与阿里巴巴通义大模型共同合作研发推出的基于大模型的文档辅助创作工具，可以辅助用户生成文字、表格、图片等各类文档内容，使用AI助理，玩转创意，轻松创作。

AI助理除了任意写，还提供辅助创作、生成图片、生成表格、快速生成和改写内容、基于文档生成内容共六类功能，可以满足不同场景下的内容创作需求，提高写作效率和写作质量，具体描述如表15-2所示。

表15-2 AI助理能力清单

功能分类	功能描述	输入示例
任意写	快问快答提供创意与灵感 输入你想操作的任意指令，向AI助理提问	地球是怎么形成的？ 黑洞会不会消失……
辅助创作	场景丰富，智能生成多种类型文档内容 头脑风暴、营销策划、创意故事、推广文案、职位描述、总结报告、竞品分析、利弊分析、产品说明、新闻稿、合同、大纲、待办清单、电子邮件、文章、诗歌	选择特定的创作类型，再输入主题 头脑风暴：北京春日游、亚运会环保活动主题 竞品分析：新能源汽车和燃油车 推广文案：写一篇关于春日奇异果饮品的推文 新闻稿：AIGC技术的应用……
快速生成和改写内容	风格多样，为你将内容转换多种表达方式	生成摘要、识别待办、继续写、帮我润色、丰富内容、精简内容、改写语气……

续表

生成图片	省时省力，为你生成生动有趣的图片素材 根据关键词或特定场景的描述生成图片	酣睡的小猫、奔跑的汽车、阳光下的沙滩、火星漫步……
生成表格	清晰直观，为你制作可视化数据表格 让 AI 助理用表格列出你想要对比的信息	新能源汽车的优缺点、中国各个城市之间的差异……
基于文档生成内容	言之有据，基于实际工作文档生成内容 基于已有工作文档，智能化生成更准确的内容	工作周报/日报/工作报告汇总分析 会议纪要重点

AI 助理支持知识问答、创意想法、思路梳理、运营策划、市场分析、人事招聘、新闻撰写、工作汇报、文案优化、文档配图、信息比对等多种适用场景，你可以在任何时候使用 AI 助理，帮你解决各类问题。适用场景如表 15-3 所示。

表 15-3　AI 助理适用场景

适用场景	对应功能	输入示例
知识问答	任意写	如：在线文档与本地文档相比有什么优势？
创意想法	头脑风暴	如：脑暴 5 个公益活动的名称和主题
思路梳理	大纲、待办清单	如：团队计划组织一场户外烧烤，需要准备哪些事情？
运营策划	营销策划、推广文案、创意故事	如：为运动饮料写一篇创意故事
市场分析	竞品分析、利弊分析	如：分析 macbook pro 和 macbook air 的优缺点
人事招聘	职位描述	如：为移动互联网产品经理写一篇职位描述
新闻撰写	新闻稿	如：围绕熊猫丫丫回国写一篇正能量的新闻稿

续表

工作汇报	总结报告	如：结合校园跑公益活动策划写一篇工作总结
文案优化	帮我润色、丰富内容、精简内容、改写语气	如：「选中文案」- 改写为更有吸引力的
文档配图	生成图片	如：生成一张流浪地球的图片
信息对比	生成表格	如：用表格列举主流电动汽车品牌及配置
……	……	……

在文档使用 AI 助理时，你可以参考以下步骤，帮助你提升创作效率，以下是详细的操作步骤。

（1）唤起 AI 助理：打开钉钉文档，通过输入斜杠"/"，或在工具栏唤起 AI 助理，如图 15-9 所示。

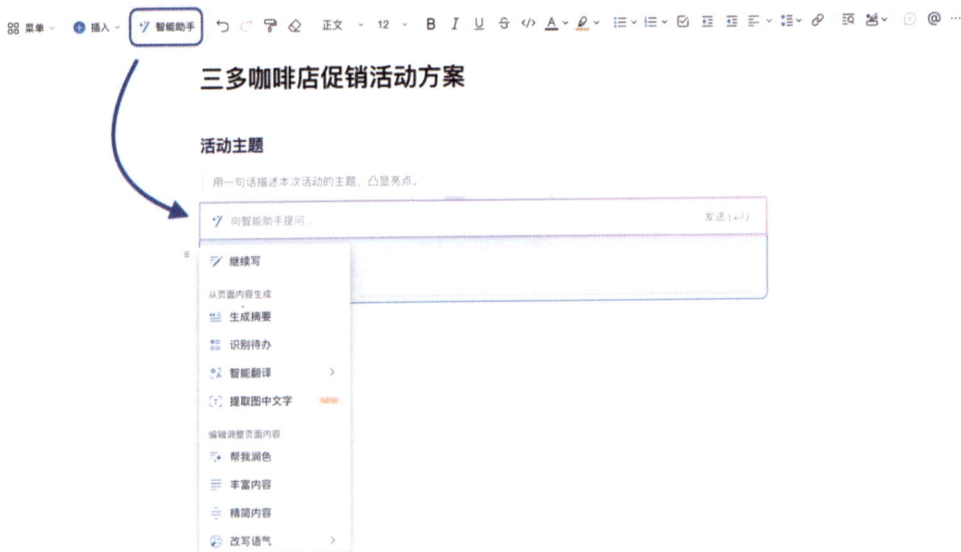

图 15-9　唤起 AI 助理

（2）输入写作指令：在 AI 助理输入框输入信息，选择所需的功能类型，让 AI 助理帮你完成内容创作。

（3）调整写作效果：AI 助理创作后，你可以选择"换一换"或者"继续写"调整内容，如图 15-10 所示。

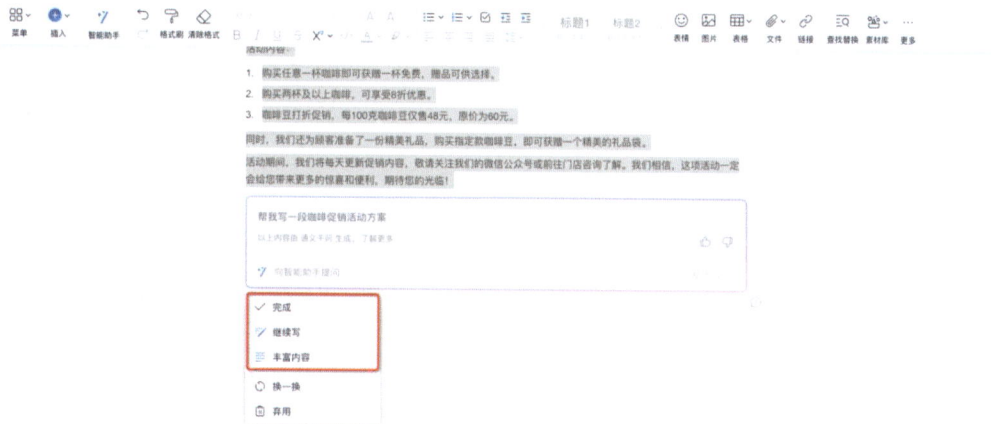

图 15-10　调整写作内容

（4）确认写作结果：当创作效果满意后，确认结果并应用到文档。

2. 表格数据分析

在钉钉表格内，使用 AI 可以帮助你降低透视表和图表的使用门槛，提高数据分析效率；也可以使用一键美化，减少表格内容排版的操作步骤，提高操作效率；还可以直接在表格内让 AI 批量生成和修改文案，提高内容创作效率。如图 15-11 所示。

图 15-11　表格数据分析

目前在钉钉表格，AI 支持数据分析、一键美化、智能创作三项功能，帮助你高效分析洞察数据、智能呈现美观图表。

目前支持多种使用场景，如财务分析、销售管理、数据可视化、数据报告、表格美化等，借助文档AI快速制作各种类型的表格，提高工作效率和数据分析能力。适用场景如表15-4所示。

表 15-4 适用场景

适用场景	对应功能
财务分析	轻松地制作财务报表，如资产负债表、现金流量表和利润表等，方便进行财务分析和决策
销售管理	创建销售数据报表，如销售额、销售渠道、客户分析等，方便销售管理和决策
数据可视化	将数据转换为可视化图表，例如柱状图、折线图、饼图等，方便数据分析和展示
数据透视表	通过 AI 自动处理数据透视表，并生成可视化图表
数据报告	当你需要生成报告时，AI 可以帮助结合表格数据创作内容，整理成易于阅读和理解的报告
表格美化	一键轻松将表格进行美化，如收支明细、课程表、考试成绩等多种场景表格数据更美观清晰

开启表格后，在表格工具栏左侧，点击"文档 AI"，即可使用 AI 功能处理数据。点击后，可在右侧可以按需选择"数据分析""一键美化""批量智能创作"功能。如图 15-12 所示。

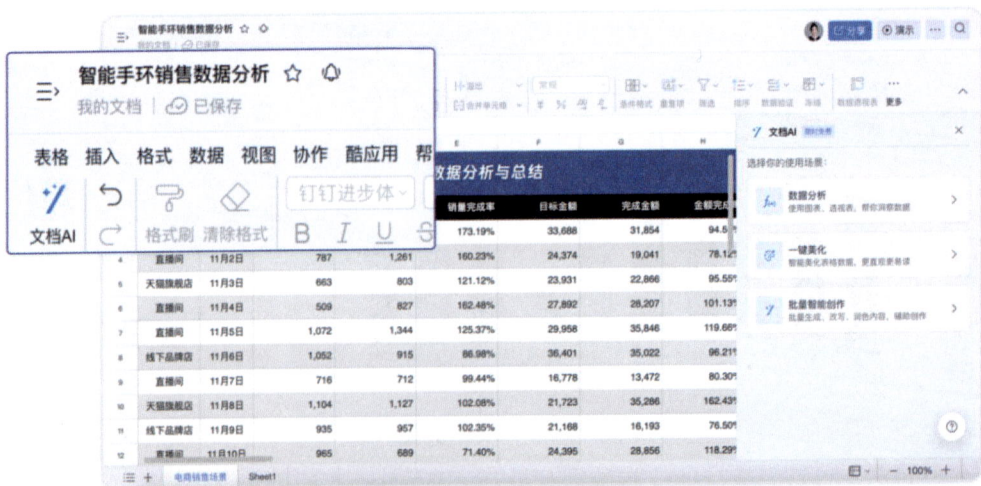

图 15-12 AI 美化图表

3. 白板协作

在钉钉白板上使用钉钉魔法棒，可以帮你完成多样化的场景创作，包括一句话生成演示文稿（PPT）、创作图片、智能写作。让 AI 给你的创意增添灵感，并且与团队成员在线协同创作，共享资源素材，让 AI 助理成为创作的"得力助手"，帮助团队提高工作效率。如图 15-13 所示。

图 15-13　白板协作

钉钉白板 AI 助理目前提供生成 PPT、生成图片、生成文本三个核心功能，满足不同场景下的内容创作需求，帮你拓展更多创作元素，并支持多人在线协同编辑，结合丰富的模板和设计元素，让内容创作更轻松。

（1）生成演示文稿。

一句话生成 PPT，让表达更丰富。

（2）生成图片。

生成丰富素材，激发无限创意。

（3）生成文本。

智能创作内容，轻松生成优质文案。

4. 脑图绘制

在钉钉脑图上，用 AI 助理帮你来一场高效的头脑风暴。一键启用「/智能创作」，让 AI 帮你快速创建思考的框架。可以为用户提供创作灵感和想法，根据节点内容自动生成完整思维导图，拓展无限思维能力，还能一键生成文章，高效完成内容创作。

脑图 AI 助理目前有智能创作、给我灵感、生成文章 3 个核心功能点。

智能创作：输入一个主题向 AI 助理提问，将自动新建一个主题和大纲，展现关键节点和重要信息，帮助你快速创建出思考框架。

给我灵感：基于原有的主题或者节点，继续进行创作，列出下一级节点内容，帮助你智能完善脑图的节点。

生成文章：基于脑图节点，生成完整文档。可以按照段落或全文一键进行内容创作，生成完整的一篇文章，并支持保存为在线文档。

脑图 AI 助理支持多种适用场景，如活动大纲、旅游攻略、思路梳理、文章撰写、物品清单、学习地图、工作计划、学习笔记等，你可以在任何时候使用 AI 助理，帮你提升工作与学习效率。适用场景如表 15-5 所示。

表 15-5　适用场景

适用场景	对应功能	输入示例
活动大纲	智能创作、给我灵感	如：钉钉产品发布会内容大纲
旅游攻略	智能创作、给我灵感	如：杭州旅游攻略
思路梳理	智能创作、给我灵感、生成文章	如：如何快速学习一个新的领域
文章撰写	智能创作、生成文章	如：为什么年轻人开始"摆烂"
物品清单	智能创作、给我灵感	如：爬山必备物品
学习地图	智能创作	如：新媒体运营知识体系
工作计划	智能创作	如：产品运营第二季度工作计划
学习笔记	智能创作、给我灵感	如：什么是产品驱动增长
……	……	……

举个例子，钉三多是公司的人事正在撰写产品经理的岗位职责及说明书，于是钉三多在钉钉脑图上使用 AI 助理，整理思路和构思，快速整理出了一份岗位说明书。

（1）智能创作：在撰写说明前，可通过智能创作，输入提问的问题，AI 助理即可帮你自动列出大纲，快速搭建出思维框架。

如：帮助你快速列出"移动互联网产品经理岗的工作职责"。

（2）给我灵感：创建大纲后，还可以帮你完善每个节点具体的内容，在工具栏中选择「给我灵感」，将每一节点继续丰富，让内容更清晰具体。

如：帮助你继续完善"产品规划"要负责的内容。如图 15-14 所示。

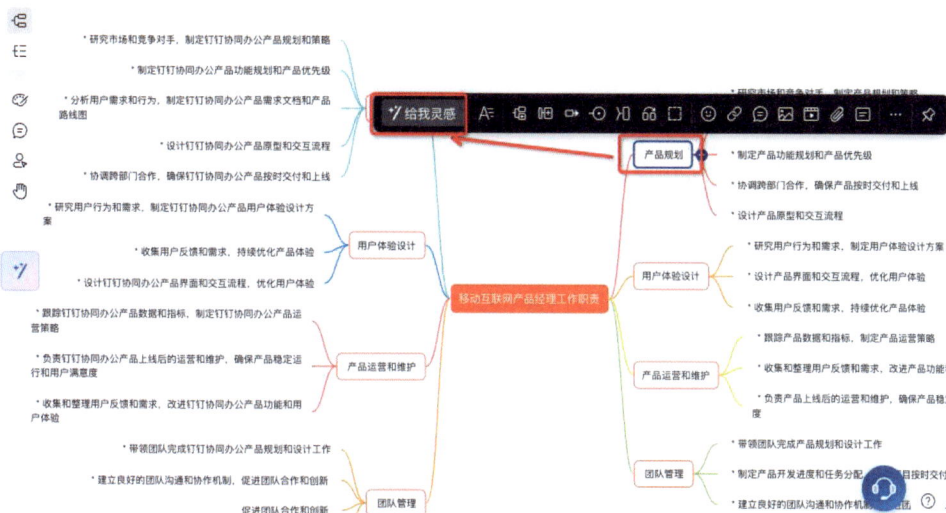

图 15-14　AI 智能完善大纲

（3）生成文章：用脑图梳理完成创作思路后，还想继续填充段落，可使用"生成文章"，根据需要选择标题、大纲、段落等，一键选择生成段落文章或生成全文文章，还可以生成在线文档，一步到位文档撰写。

如：生成完整的"移动互联网产品经理工作职责"文档。如图 15-15 所示。

图 15-15　AI 智能生成文章

15.3.2　AI 助理+日程

过去在钉钉内创建日程后只能通过日程二维码分享，信息单一，缺少丰富性。重要活动只有文字信息，制作海报烦琐且无法与日程信息关联。

现在可以创建一个智能海报，AI 润色内容，一键生成文字海报；照片智能抠图，轻松搞定人物海报，日程传播生动又省力！如图 15-16 所示。

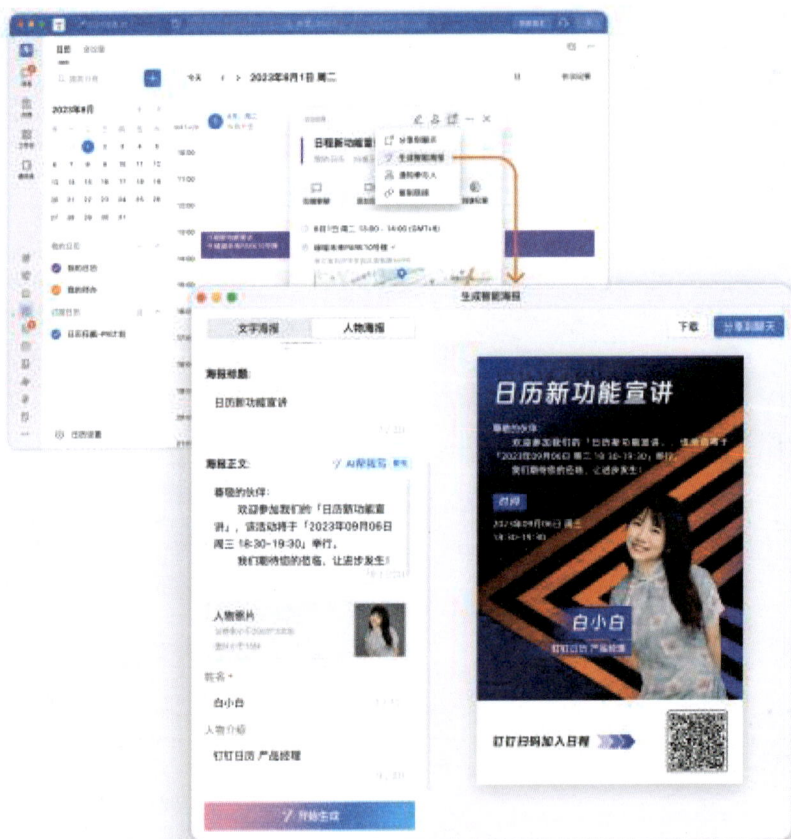

图 15-16　AI 创作日程海报

适用场景如表 15-6 所示。

表 15-6　适用场景

功能分类	功能描述
文字海报	背景丰富，支持选择多种风格背景图 上传会议品牌 logo，培训或组织文化，品牌宣传性更强

续表

人物海报	智能抠图，上传主讲人照片 AI 帮写，根据日程主题快速润色海报正文，文案轻松搞定
多种途径分享	分享到聊天，一键加入日程 下载高清图片，可用于制作线下物料

15.3.3 AI 助理+会议

1. 文生虚拟背景

文字描述你想要的背景，AI 助理根据你的需求设计虚拟背景图，彻底解放想象力。可以辅助用户生成好玩有趣的虚拟背景，使用会议 AI，玩转创意。

（1）主要功能和使用场景。

视频会中需要更丰富的虚拟背景，增加会议趣味性，打开会议 AI，唤起钉钉魔法棒入口，输入文字描述的想要的虚拟背景图，会议 AI 根据需求设计虚拟背景。

（2）使用步骤。

①在钉钉内发起会议后，点击会议 AI，右侧栏打开钉钉魔法棒容器；

②右侧栏中，可点击示例获取 prompt 或者自己输入想要的虚拟背景描述；

③会议 AI 根据需求设计虚拟背景图；

④选择喜欢的图片设置为虚拟背景。

2. 智能纪要

智能纪要（闪记）基于会议内容生成智能摘要，快速了解会议重点；后入会也可知道前面聊了什么；会后自动生成会议纪要，总结本次会议内容。

钉钉会议中，有两种使用场景，分别是会中实时闪记和会议云录制会后闪记。

会中实时闪记：为开会用户生成实时智能摘要、会中实时转录以及会后生成摘要。

会议云录制会后闪记：会中开启会议云录制，会后可以查看闪记，为用户生成会议内容撰写、智能章节、会后摘要。

15.4　智能管理

15.4.1　智能问数

对话式数据 AI，通过知识图谱、自然语言理解等，提供智能问答、智能推荐、预警归因等功能；旨在帮助使用者方便快捷查找数据，简单直观地解读数据、智能深入地挖掘数据，实现人人都有自己的专属数据分析师，提高数据查询及分析的效率。

15.4.2　AI 助理+数据分析

宜搭通过 AI 驱动低代码应用生成，打造「智能应用」。通过拍摄图片或描述你想要的业务场景，AI 帮你快速生成应用。你还可以按需对话微调应用，如图 15-17 所示。

图 15-17　智能应用

1. 快速搭建应用

为了提升您在移动端和网页端应用搭建效率，宜搭提供了以下 3 种不同的应用搭建方式。

（1）描述您想要的业务应用场景，智能推荐生成应用解决方案。

（2）一句话描述应用字段信息，快速生成应用。

（3）绘制手写表格或打印电子表单，拍照识图生成应用。

2. 对话方式微调应用

目前通过"一句话文生应用"和"识图搭建应用"方式创建的应用，您可以通过下述指令进行按需微调应用，直到符合您的业务预期。

3. 应用一键安装到群

应用搭建完毕后，您可以通过快速入群的方式，在群内简单高效收集信息，自动完成数据汇总。应用一键安装到当前群，如图 15-18 所示。

图 15-18　一键安装应用到群

4. 表单信息快速录入收集

安装到群的应用，支持以下功能：

（1）群内成员可快速填写表单并查看表单详情，同时也可点击群快捷栏应用直接提交表单信息；

（2）点击页面顶部操作栏，可快速进入"数据管理页"查看表单提交的所有数据。

5. 获得智能数据分析

宜搭通过 AI 赋能低代码应用，"宜搭问答"实现低代码领域"知识百事通"。"宜搭问答"跟随页面灵活切换，实现随处可用的帮助中心，自动供给答案，解决问题更轻松。宜搭 AI 的数据分析可以帮助管理者更高效决策，支持表单、视图表、跨应用、本地文件等多种数据集。还可以通过多轮对话来确认准确信息，返回数据分析结果，生成数据卡片，可以用于宜搭门户或者配置卡片播报。

15.4.3 AI 助理+商旅

数字化工具使企业差旅管理效率提升，智能差旅 AI 让每个人都拥有一个自己专属的出差小秘书，实现从出差到定票、定酒店事半功倍。智能差旅 AI 助手是钉钉智能差旅与阿里巴巴通义万相共同合作研发推出的基于大模型的问答智能助手，可以帮助企业在出差预定时更加便捷和高效，省去一系列烦琐流程和环节，只需四步就可完成预定：

（1）唤起差旅 AI：从工作台或搜索框进入智能差旅界面或者直接用魔法棒唤起。

（2）交代出差需求：和差旅 AI 对话，发起出差申请单。

（3）预定完成：AI 自动关联已经通过审批的出差单。通过和 AI 多轮对话可直接预定。

（4）日程同步：产生的行程自动同步到钉钉日程。

AI 助理和数字化工具的结合将会越来越深入，如 AI 助理+人事、AI 助理+营销。正如钉钉总裁叶军先生所说，截止 2024 年 1 月已经有 70 多万家企业组织和钉钉共创 AI，在钉钉超级助理帮助下，大型企业可以破解"规模不经济"难题，小型企业可以得到专业级能力支持实现跨越式发展。AIGC 引领的人工智能时代，一个人就可以成为一支队伍。超级组织，也将成为 AI 时代公司发展的必然方向。

企业家数字化组织打造心得

　　数字化转型是推动企业发展的必由之路，是现代企业的核心竞争力，只有不断创新、不断进步，才能在严峻的市场中立于不败之地。

云南天创能源材料有限公司

董事长　刘一书

　　数字化组织建设中的流程管理赋能公司的流程管理变革，从人力资源管理流程、行政管理流程、财务管理流程、供应链管理流程四个专业条线实施变革，在提高工作效率、降低成本浪费、管控运营风险方面效果显著，促进了公司数字化建设专项工作进入新阶段。

东莞市瀚森投资集团有限公司

人力资源总监　徐诗杰

　　本人进入工程建设行业三十多年，历经了行业的进入期、成长期、饱和期，在增量经济时代享受到了宏观经济的红利和产业的红利。自2017年起国家制定了"高质量"发展的方针，工程建设行业逐步进入存量经济时代，公司如何可持续发展成了必须思考的战略问题。

　　公司想要持续发展，除了商业模式的创新外，只能从企业内部管理入手——"降本增效"！通过与杭州鑫蜂维网络科技有限公司合作，在2022年底共建了数字化的管理系统，完成了传统粗放式管理模式向数字化管理模式的转型，公司全面走入高效、精细的数字化管理。

　　我们在产品质量、成本管控、现场安全管控、项目进度管理、工程造价管理等方面建立数字化管理模块，由数字化管理系统进行数据采集和分析，真正实现了大数据、云计算的现代化企业管理，解决了企业管理管什么、怎么管等问题，同时也很好地回答了企业管理如何"降本增效"的问题，为企业可持续发展指明了一个方向。

杭州新天地建设管理有限公司

董事长 竺毅君

数字化组织最难最有效，是管理者的坚持。

永赢金融租赁有限公司

副总裁 李翔

与鑫蜂维一起用钉钉做数字化组织升级，我们全面实现在线化办公之后，岗位职责划分更明确更清晰，公司工作业务实现标准化；行为在线化、流程在线化后，整个过程留痕，有迹可循，工作不推诿，效率数据可分析。

新疆鸿泰种业科技有限公司

总经理 路洋

数字化

小企业

向往和相信，让我们有了目标，
坚定不移的相信数字化管理就是生产力，加油！

杭州临安咔咔玛科技有限公司

董事长 储永伟

作为在中国互联网浪潮下长大的 90 后，我一直希望能用互联网数字化的工具来武装企业，以改变过去信息闭塞，协同滞后的状态，所以从 2018 年开始我就开始导入各种类型的软件以满足不同模块的工作需求。然而尽管看起来我们用上了好几款现代化的软件，但是由于必须在不同软件之间来回切换，导致实际的工作效率似乎并没有提升，反倒还让人力成本增加了不少，因此找到一款能够真正做好协同的工具成为了公司数字化进程上的核心痛点。直到钉钉的出现，才让我们找到了称心如意的数字化工具，其全面强大的功能让我们不用再在各种工具之间来回切换，让我们的沟通协同实现闭环，让我们的经营效能得到了巨大提升，可以说钉钉真正意义上让数字化的种子在我们组织里生根发芽。

福安市千喜食品有限公司

总经理 柳煜